현대사회와 글로벌세계

김용신 저

강현출판사

서 문

글로벌세계는 지능정보사회로의 전환이라는 새로운 시대를 맞이하고 있다. 4차 산업혁명으로 지칭되는 지식 생성 주체의 다양화가 인간 중심의 현실세계를 넘어서 구현되고 있다. 인공지능*artificial intelligence* 기반 기술 질서가 인간 생활의 기본 관점을 혁신적으로 변화시키는 시대가 도래한 것이다. 사물인터넷, 블록체인, 빅데이터, 인공지능 등이 융합되어 나타나는 지능정보기술은 인간의 존엄성을 보장하는 인권의 본질에 대한 논쟁과 성찰을 재현하고 있다. 지식 생성형 인공지능이 인간의 능력 범주를 초월하여 진화를 가속화하고 있으며, 인류의 전반적인 생활에 영향을 주고 있는 것이 현실이다. 지금까지의 기술 질서가 인간의 물리적 능력의 확장에 초점을 두고 진행되어 왔다면, 지능정보기술은 인간의 정신·정서적 세계를 고도화하는 신질서 체계를 만들어 내고 있는 것이 특징이다. 글로벌세계는 능히 인지하기 어려울 정도의 새로운 국면에 도달하고 있는 것이다.

글로벌 질서의 변화는 지능정보사회로의 진입과 함께 나타나고 있는 국제정세의 불안정성에서 읽어낼 수 있다. 국제사회는 코로나-19로 인한 팬데믹 상황을 경험하면서 글로벌화 속의 국가중심 체제로의 회귀 현상을 드러내고 있다. 글로벌 바이러스*global virus*의 침투를 막기 위해서 각국은 국경을 닫고 다른 국가와의 국경선을 잠정 폐쇄하였으며, 이를 계기로 미국은 중국의 굴기를 제어하기 위한 강력한 견제와 봉쇄 정책을 다면적 층위에서 구사하게 되었다. 이제까지 인류가 이루어 왔던 교류와 협력의 시대가 저무는 듯한 양상이 나타난 것이다. 상대방에 대한 불신과 혐오가 갈등과 분쟁을 유발하는 상황이 표출되었다. 말하자면, 지구상의 국가들은 스스로 자족적인 생활을 유지할 수 있는가를 테스트하는 시기를 원하든 원하지 않든 겪게 된 것이다.

2020년대 유럽 동부 우크라이나와 중동의 이스라엘-팔레스타인 지역에서 발발한 두 개의 전쟁은 인류가 진전시켜온 글로벌 문명의 신조 가치*creed value*라고 할 수 있는 정의, 평화, 인권, 협력, 신뢰, 자유, 평등, 관용, 민주주의 등을 위협하고 있다. 사실상 지능정보기술과 바이러스는 차별적이지 않다. 글로벌 질서를 훼손하거나 인간의 존엄성 자체를 의도적으로 저하시키지 않는 중립적 성격을 지닌다. 지구촌 구성원들의 대안 창출과 선택의 문제인 것이다. 왜 국가 간 또는 민족 간 전쟁을 해야 하는지 처음으로부터의 의구심을 갖고는 있지만, 어떻게 멈추고 해결해야 하는지 잘 알지 못하고 알더라도 실천 동기와 용기, 또는 역량과 연대의 부족으로 전쟁의 참상을 지켜봐야 하는 권력 중심의 불편한 충돌 양상이 지속되고 있다.

어떤 문제가 해결되기 어려울 때는 '존재하는 가능성이 곧 현실이 될 수 있다'는 사유 방식에 따라 과감하게 도전하여 대안을 찾아볼 필요가 있다. 이 책은 현대 글로벌사회의 과제와 쟁점들에 대한 근본적인 대안 창출은 '가능성의 관점'으로부터 비롯된다는 아이디어에 기반하여, 좋은 것은 여전히 가치 있고 없어지지 않으며, 따라서 지향되어야 한다는 접근 논리를 취한다. 평화는 전쟁보다 좋은 것이고, 평화가 지속될수록 인간의 가치가 고양되는 아름다운 장면들을 만들어 낼 수 있다는 주장은 자명한 진리이고 사실이기도 하다. 필자가 『글로벌세계의 이슈와 교육』(2019)에서 제시한 글로벌화의 논리와 글로벌 정의, 평화, 통일, 안보, 인권, 소수자, 다문화, 정치교육에 대한 단상은 여전히 유효하다. 이러한 구성 요소들을 유지하되 새로운 변화를 적정 반영하여 재구조화하고, 필요한 부분은 가필 개편하여 정돈하였으며, 『글로벌교육연구』(2020.12)의 "인공지능 시대의 글로벌 역사 관점"은 '제1장 인공지능과 인간,' 『국제지역연구』(2021.01)의 "지능정보사회의 인공지능과 인권"은 '제2장 인공지능과 인권,' 『글로벌교육연구』(2019.09)의 "초연결사회에서 글로벌교육의 인권 지향성"은 '제12장 글로벌교육과 인권'에 변환 제시하였다. 좋은 것은 새롭게 다듬고 체계화하여 유용성을 높여야 한다는 인식을 반영한 결과물이라고 할 수 있다.

글로벌세계는 근본적인 기술 질서의 변화에 직면해 있다. 인공지능으로 표상되는 지능정보기술들은 인간의 자율성, 창의성, 사회성 등 본질 영역에 들어와 인간을 대체하거나 초월하는 혁신과 진화를 거듭하고 있다. 어디까지 기술 질서의 변혁이 인간 친화적인가에 대한 담론과 성찰이 구체적으로 진행되어야 할 시점이다. 지금까지의 물리적 기술의 발전은 통제 가능한 수준으로 볼 수 있다. 하지만 정신적 기술의 급속한 성장은 인간의 영혼을 역으로 제어하여 포스트 휴먼 사회로 전이할 수도 있다. 그러므로 기술 정의*technology justice*와 인권, 평화, 연대, 노동, 자본, 복지 등에 대한 융합적 논의가 더 진전될 필요가 있다. 여기에 더하여, 인간의 생명과 존엄성을 훼손하는 악한 논리의 영향이 어떻게 다층 복합적으로 나타나는가에 대한 진지한 접근이 요청된다. 역사에 대한 반성적 사고로부터 당연히 회피되어야 할 전쟁이 영토분쟁과 종교분쟁, 테러, 난민, 민간인 학살과 연계되면서 기술 질서의 변화와 중첩 상승되어 인간성 함몰과 대량 살상으로 이어지고 있다. 다양성의 인정과 관용의 실천, 혐오와 증오의 포용으로의 대체, 경계를 넘어선 평화구축을 기대하고 싶다.

2024년 1월
서초동 연구실에서

『글로벌세계의 이슈와 교육』 서문

현대사회는 글로벌세계로 지칭되고 있다. 서울과 평양의 정치적 대화와 교류는 한반도를 넘어 즉각적으로 워싱턴과 베이징, 유럽으로 확산되어 사람들의 일상에 실제적인 영향을 미친다. 중국의 산업화는 한국의 대기 환경에 엄청난 악영향을 주기도 하지만 경제와 문화면에서의 접속 증진은 성장과 발전, 융합을 이끌어 낸다. 이러한 현상을 요약한다면 글로벌화의 진행과 그에 따른 전지구성*globality*의 생성이라고 말할 수 있다. 글로벌 스케일에서의 상호작용에 따른 시간과 공간의 압축, 동시성과 비대칭성의 증가, 탈영토성으로 표상되는 전지구성은 지구사회를 이전에는 없었던 형태로 연결하여 정치, 경제, 문화 등 모든 국면에서 인류문명 속으로 들어와 작동하고 있는 것이다.

글로벌화*globalization*는 필연적으로 다양한 모습의 지구적 쟁점들을 만들어 내다. 포스트 베스트팔렌 체제의 안보는 전통적인 국가안보와 군사안보 이외에도 포괄적 문명사회를 지향하는 인간안보라는 새로운 관점을 생성시켜 국내 및 국제사회에 일국의 주권과 이에 대한 인도주의적 개입을 양립 가능한 상황으로 연결시켰다. 또한 글로벌 정의*global justice* 개념의 등장은 세계시민사회 차원에서의 정의란 무엇인가에 대한 논의를 촉발하여 글로벌 지위와 부의 공정한 분배와 진정한 글로벌 평화에의 지향점을 성찰할 수 있게 해주고 있다. 아울러 소수자의 형평적 포용을 의미하는 소수자 민주주의는 새로운 차원의 민주적 관점을 제시하여 지구사회 구성원들 사이의 관용과 배려의 수준을 한층 높여 나가고 있는 것이 사실이다.

이 책은 글로벌 이슈의 주요 논점들을 이론적으로 유형화하여 제시하고, 가장 핵심적인 영역 혹은 요소들로 여겨지는 안보, 평화, 정의, 민주주의, 다문화, 통일, 인권, 소수자, 제노포비아 현상을 이론적 · 교육적 측면에서 분석하고 해석함으로써 실천적인 함의를 발견하는 것으로 구성되어 있다. 제1부는 글로벌 이슈와 자기주도학습, 제2부는 글로벌 안보와 시민교육, 제3부는 글로벌 평화와 통일교육, 제4부는 글로벌 정의와 소수자 민주주의, 제5부는 초연결사회의 인권과 제노포비아를 중심 주제로 묶어서 소개하였다. 이러한 논제들은 『글로벌교육연구』(2015.09, 2016.12, 2017.12, 2018.12)와 『국제지역연구』(2014.04, 2016.01, 2017.01, 2018.01)에 실린 논문들을 토대로 적정 수준의 수정·보완과 새로운 주제의 도입에 따른 가필을 거쳤다는 점을 밝힌다.

현대 한국사회가 주목해야 할 점은 한반도 평화의 지정학과 지능정보기술의 혁신에 의한 초연결사회*hyper connected society*의 등장이라고 본다. 한반도에서의 안정된 평화의 정립은 지속가능한 민주주의와 정의, 문명화된 통일 지향을 가능하게 할 뿐만 아니라, 동북아와 지구사회의 인권 보장에 크게 기여할 수 있다는 것을 의미한다. 또한 포스트 휴먼이라는 용어가 상징하듯 지구문명의 혁명적 변환에 관한 논의에도 관심을 기울일 필요가 있다. 인간 역량에 필적하거나 이를 능가하는 인공지능과 기계지능의 등장은 사물인터넷과 함께 초연결성을 가능하게 하여, 이전에는 경험할 수 없었던 새로운 유형의 인간화와 전체주의적 사회화에 동시에 근접하고 있는 것이 현실이다. 이에 대한 시민교육적 안목과 현장 실행력의 확보가 중요한 시점이다.

2019년 1월
서초동 연구실에서

차 례

서 문 3

제1부 인공지능 시대의 인간

제 1 장 인공지능과 인간 13
제 2 장 인공지능과 인권 35

제2부 글로벌 정의와 평화

제 3 장 글로벌 정의 69
제 4 장 글로벌 평화와 평화교육 91

제3부 소수자 민주주의와 제노포비아

제 5 장 소수자 민주주의 113
제 6 장 제노포비아 133

제4부 글로벌 다문화와 통일교육

제 7 장 글로벌 학습 논리 173
제 8 장 다문화 통일교육 199

제5부 글로벌 안보와 시민교육

제 9 장 글로벌 안보 221
제10장 인간안보와 시민교육 245

제6부 초연결사회의 인권 지향

제11장 정치교육과 인권 271
제12장 글로벌교육과 인권 293

• 찾아보기 307
• 저자소개 314

제 1 부

인공지능 시대의 인간

제 1 장 인공지능과 인간

제 2 장 인공지능과 인권

Chapter

1 인공지능과 인간

Ⅰ. 서론

지능정보사회의 인공지능 기술은 현대 생활의 일부가 되었다. 인공지능은 외국 여행에서 통번역을 담당해 주고, 모르는 외국어를 친절하게 소개해 주며, 사람들이 즐겨 찾는 명소와 맛집을 알려 주고, 텔레비전의 채널을 말로 알아 듣고 조정해 주며, 일정을 깨닫게 해주고, 건강지수와 하루 운동량을 측정해 알려 주며, 차로 이탈을 방지하고 심지어는 앞차와의 거리와 충돌 방지 경보와 시스템을 작동하여 안전 운전을 보장한다. 또한 도서관의 자료를 수집 분석 처리해 주며, 최적의 농산물 생산 환경을 조정해 주고, 외적의 침입을 방어해 주며 경보 장치를 켜주기도 한다. 이처럼 인공지능은 우리들에게 유용한 생활을 제공하고 있다.

하지만 인공지능은 개인의 일상생활을 낱낱이 들여다 보는 통제사회의 가능성도 열어 두고 있다. 일정한 상황에서 정보 당국은 일반 시민의 생활 경로를 찾을 수 있고, 모바일 장치들을 검색하여 세세한 일정과 대화 내용을 파악할 수 있으며, 집회 상황을 미리 탐색하여 시위를 차단할 수도 있다. 자율주행 자동차는 교통 법규를 위반할 수도 있으며 경우에 따라서는 누구를 살려야 할 것인가의 위급상황에서 생명을 선택하는 기계 알고리즘을 실행할 수도 있다. 심지어는 무인 공격 드론과 전장에 배치된 자율살상무기들, 공공 기관이나 일반 회사의 보안 기계들은 인공지능을 탑재하여 인명을 살상하거나 위해를 가할 수도 있다.

이러한 시점에서 인간의 문명사를 짚어 보면 글로벌 역사의[1] 관점에서 인류의 역사는 인터넷 혁명 이전과 이후로 나눌 수 있다. 인터넷 혁명 이전의 세계를 인간의 생활 세계가 물리적 공간에 한정된 시대라고 한다면, 인터넷 혁명 이후의 세계는 또 하나의 생존 공간인 전자적 공간으로 확장된 시대라고 할 수 있기 때문이다. 이러한 전제가 성립된다면, 제1공간으로서의 물리적 공간과 제2공간으로서의 전자적 공간의 만남에서 탄생하는 제3공간이 미래의 지구사회의 기본 시스템으로 정착될 가능성이 높다. 더구나 스마트 혁명 등 인터넷 생태계를 재구축하는 기술혁신은 현실적으로 예상보다 한층 가속화되면서 사실상 물리적 세계, 사이버 세계, 디지털 세계가 동공간적 플랫폼 상에서 작동하는 거대한 디지털 생태계를 창조할 것으로 전망된다(하원규·최남희, 2016: 34-35). 우리들은 이러한 사이버 물리 시스템이 작동하는 글로벌 역사 시대를 4차 산업혁명이라는 용어로 지칭하고 있다.

3차 산업혁명 시기까지는 인간이 주도한 역사 시대라고 한다면 4차 산업혁명은 인간과 기계, 인공지능의 시대라고 칭할 수 있다. 여기서 더 나아가 기계지능 중심 시대가 열린다면 인공지능이 스스로 역사를 쓰는 새로운 차원의 지구시민사회가 도래할 수도 있을 것이다. 이것이 인공지능의 자율성과 주체성, 책무성 논쟁이 나타나는 이유이기도 하다. 2020년대 현재, 글로벌 팬데믹 상황에서 부분 혹은 전면적인 비대

1) 본고에서 말하는 글로벌 역사(global history)란 주로 글로벌 관점의 인간 생활사(life history) 혹은 문명사(civilization history)의 변천 과정을 의미한다. 글로벌 정치사, 사회문화사, 경제사적 측면보다는 4차 산업혁명의 진전에 따른 인공지능 기술이 인간의 존재와 가치에 미치는 영향을 모티브로 글로벌 역사의 변환 가능성과 논점을 해석해 보기로 한다.

면 생활이 일상화되는 경향성이 대두되면서 인간의 지능정보기술 발명품인 인공지능이 인류사회의 게임 체인저(game changer) 역할을 수행할 것인가? 또는 수행할 수 있다면 어느 정도까지 가능할 것인가? 라는 문제가 중요 쟁점으로 떠오르고 있다. 이런 관점에서 이 글은 인공지능 시대의 인간 생활과 관련된 글로벌 역사의 변환 가능성을 조망하는데 주안점을 두고 있다.

Ⅱ. 4차 산업혁명과 글로벌 역사

산업혁명은 1차부터 4차까지 진행되면서 총체적 국면의 인간 생활에 영향을 주면서 글로벌 역사의 동인으로 작동하여 왔다. 1760~1840년경에 걸쳐 발생한 1차 산업혁명은 철도 건설과 증기기관의 발명을 바탕으로 기계에 의한 생산을 이끌었다. 19세기 말에서 20세기 초까지 이어진 2차 산업혁명은 전기와 생산 조립 라인의 출현으로 대량생산을 가능하게 했다. 1960년대에 시작된 3차 산업혁명은 반도체와 메인프레임 컴퓨팅(mainframe computing, 1960년대), PC(personal computing, 1970~1980년대), 인터넷(1990년대)이 발달을 주도했다. 그래서 이것을 컴퓨터 혹은 디지털 혁명이라고도 말한다. 이러한 디지털 혁명을 기반으로 하는 4차 산업혁명은 21세기의 시작과 동시에 출현했다. 유비쿼터스모바일(ubiquitous and mobile)인터넷, 더 저렴하면서 작고 강력해진 센서, 인공지능과 기계학습이 제4차 산업혁명의 특징이다(Schwab, 송경진 역 2016, 25). 이것을 도시하면 〈그림 1〉과 같다.

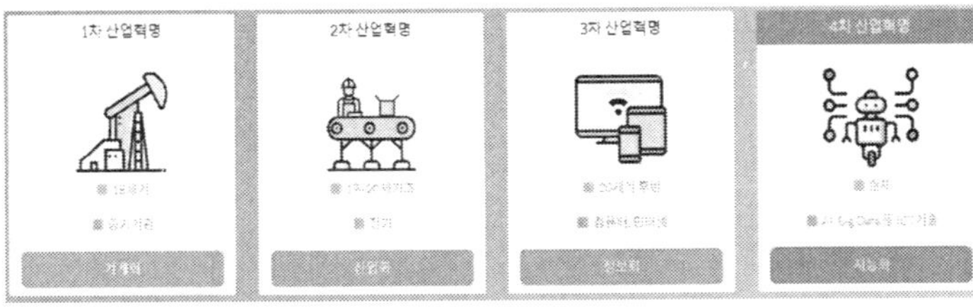

〈그림 1〉 산업혁명의 역사

출처: 유수정(2017: 2)

위와 같이 인간의 생활사에 영향을 미친 산업혁명은 동력의 기계화, 자동화 장치와 전기 혁명으로 인한 대량생산의 산업화, 정보통신기술의 혁신에 따른 정보화, 그리고 사물인터넷, 블록체인, 빅데이터가 인공지능과 결합된 새로운 기술혁신 구조를 만들어 낸 지능화로 표현할 수 있다. 산업혁명으로 인한 글로벌 역사의 변이는 인간이 주체가 되는 힘과 기술의 발명 시대에서 점차 인간을 대체하는 새로운 형태의 소프트웨어 지능이 하드웨어와 융합되어 출현하는 인공지능의 시대로 전환되고 있는 것이다.

이처럼 현재의 인류 문명사의 진행을 4차 산업혁명으로 지칭할 수 있는 근거는 세 가지로 제시할 수 있다. 첫째는 속도(velocity) 면에서 1~3차 산업혁명과는 달리 4차 산업혁명은 가속적이고 기하급수적이다. 세계는 다면적이고 서로 깊게 연계되어 있으며, 신기술이 더 새롭고 뛰어난 역량을 갖춘 기술을 만들어 내고 있다. 둘째는 범위와 깊이(breadth and depth) 면에서 4차 산업혁명은 디지털 혁명을 기반으로 다양한 과학기술을 융합해 개개인뿐 아니라 경제, 기업, 사회를 유례없는 패러다임 전환으로 유도한다. 무엇을 어떻게 하는 것의 문제뿐 아니라 우리가 누구인가에 대해서도 변화를 일으키고 있다. 셋째는 시스템 충격(system impact)이다. 4차 산업혁명은 국가 간, 기업 간, 산업 간 그리고 사회 전체 시스템의 변화를 수반하고 있다(Schwab, 송경진 역 2016, 12-13). 4차 산업혁명이 가지고 있는 기술 가속성과 인간 생활의 질적 변이 가능성, 그리고 기존 국가사회 시스템의 구조적 변화는 글로벌 역사라는 관점에 커다른 영향을 주고 있다.

일반적으로 4차 산업혁명이란 기존 영역의 경계를 넘어 물리적, 인간적인 부문에서 경계가 사라지고 서로 활발하게 융합되면서 나타나는 혁명적 변화를 가리킨다. 인공지능, 로봇, 바이오, 나노기술, 사물인터넷, 빅데이터, 드론, 자율주행차량, 3D 프린팅 등이 4차 산업혁명의 기술 사례들이다(박기영 2017, 92). 4차 산업혁명의 전환기는 2010년대 중반 IoT, CPS, 빅데이터, 인공지능, 지능 로봇으로 촉발되었다. 초지능 초연결 통신 기반은 모든 것을 연결하여 수집한 빅데이터를 인공지능으로 해석하고, 이를 바탕으로 고도의 경영 판단과 자율 제어를 통해 시스템을 혁신하려는 인류의 거대한 도전으로 볼수 있다(하원규·최남희 2016, 11). 글로벌 역사의 진행을 글로벌화(globalization) 현상과 관련지어 볼 때 대륙들 사이의 거리 축소와 국가들 사이의 격차를 줄이는 것, 인간생활의 전 세계적 상호연관의 확장과 관련되어 있다(Payne, 조한승·고영일 역 2014, 12). 이런 점에서 산업혁명의 역사는 곧 글로벌 역사와 연계되어 있으며, 영역간 경계의 소멸 혹은 축소, 상호 융합을 지향하는 4차 산업혁명은 글로벌 패러다임을 혁신적으로 전환시킬 것으로 전망되는 것이다.

4차 산업혁명을 선도하는 사례로는 독일의 인더스트리 4.0(industry 4.0), 미국의 산업 인터넷(industrial internet), 일본의 로봇 신전략(robot strategy), 중국의 제조 2025계획 등을 들 수 있다. 동시에 구글, 애플과 같은 디지털 거인들뿐만 아니라 GE, 지멘스 등 다국적 제조업 기업들도 사물인터넷, 빅데이터, 인공지능이 엮어내는 새로운 차원의 산업혁명에 도전하고 있다. 이들의 공통점은 IoT와 인공지능을 지렛대로 경제 시스템과 산업구조의 최적화를 지향하고, 사이버 세계와 물리적 세계를 네트워크로 연결하여 통합 시스템으로서 지능형 CPS를 구축한다는 것이다(하원규·최남희 2016, 9-10). 결국, 4차 산업혁명은 물리적인 세상과 사이버 세상의 결합이 되는 것이다. 사이버상의 데이터 처리 플랫폼이 중앙집중형에서 스몰 셀(small cell)을 이용한 분산형 처리가 확대되면서 물리적 측면에서 훨씬 다양한 서비스가 가능해지는 추세가 나타나고 있다(박기영 2017, 18).

4차 산업혁명으로 실물과 디지털의 연계를 가능하게 한 주요 기술 중 하나인 사물인터넷은 종종 만물인터넷이라고도 불린다. 요약하면 상호연결된 기술과 다양한 플랫폼을 기반으로 한 사물(제품, 서비스, 장소 등)과 인간의 관계로 설명할 수 있다(Schwab, 송경진 역 2016, 41). 만물인터넷의 사례는 무궁무진하지만 대표적인 것으로 디지털 플랫폼의 대명사격인 우버(Uber)를 들 수 있다. 우버는 모바일 기기와 스마트폰으로 접근할 수 있는 자동차와 사람, 공급자와 수요자를 빅데이터와 인터넷으로 연결하여 가치와 부를 동시에 달성하도록 지원해 주는 공유경제 시스템을 창출한 사례이다. 인공지능은 우버라는 글로벌 기업의 알고리즘을 운영해 주는 역할을 수행하여 현실세계에 물리적으로 재현된 것이다.

이러한 4차 산업혁명의 구조적 변이 가능성을 글로벌 역사의 관점에서 본다면 사람, 사물, 공간을 초연결, 초지능화하여 산업구조와 사회 시스템 자체를 변화시킬 것으로 보인다. 이것은 지금까지 인류가 자동화시켜온 육체노동(1, 2차 산업혁명)과 단순 정신노동(3차 산업혁명)에 이어 고급 지적노동(의사, 변호사, 회계사, 운전사, 상담원 등)까지 기계가 대체할 것으로 예측되어, 또 다른 기대와 위협이 되고 있다. 이것을 인문사회적 측면에서 보면, 1차 산업혁명은 개인의 육체노동을 기계로 대체하고, 2차 산업혁명은 인류(다수)의 노동을 대량생산으로 대체한 것으로 볼 수 있다. 3차 산업혁명은 개인의 사고(정신노동)을 컴퓨터가 대신하게 되고, 현재 진행중인 4차 산업혁명은 인류의 사고를 인공지능이 대체하는 것으로 볼 수 있다(김명철·양기철 2017, 59). 인간의 형성하고 주도하여 온 글로벌세계의 역사를 사실상 인공지능이라고 하는 기계지능 기술이 만들어 나갈 가능성이 현존하는 것이다.

Ⅲ. 인공지능기술의 진화와 인간 생활

인공지능은 사람처럼 생각하고 사람처럼 행동하는 기계를 만들려는 야심찬 목표를 가지고 출발한 연구 분야이다. 1956년에 인공지능(AI)이란 용어가 처음 만들어 졌으니 60여 년의 역사를 가진 셈이다. 중요한 패러다임의 변화를 이끈 것은 머신러닝(machine learning) 혁명이다. 머신러닝은 기계가 스스로 학습하는 인공지능 방식으로, 기존의 프로그래밍 방식으로 구현하던 인공지능과는 완전히 다르다. 프로그래밍 방식은 프로그램을 만들어주는 인간의 한계를 기계가 가지고 가는데 반해서, 학습방식의 인공지능은 관측한 데이터에 기반하여 기계가 스스로 성능을 향상할 수 있는 자가프로그래밍 방식이다(장병탁 2016, 41-42). 이러한 기계학습은 심층학습과 융합되면서 커다란 전기를 맞게 된다.

인공지능 연구는 3단계를 거치면서 성립, 발전, 성숙의 과정을 거치고 있다(하원규·최남희 2016, 9-11). 제1차 인공지능 붐(추론·탐색의 시대)은 1950년대 후반부터 1960년대에 일어났다. 당시에는 컴퓨터를 통해 추론하고 탐색하여 특정 문제를 해결하는 연구가 추진되었다. 하지만 이른바 장난감 문제(toy problem : 어떤 개념이나 제안을 설명하기 위해 사용하는 간단한 문제)는 풀어도 복잡한 현실 문제는 풀 수 없다는 사실이 드러나면서, 1970년대에 이르러 인공지능 연구는 급속 냉각되었다. 제2차 인공지능 붐(지식의 시대)은 1980년대에 나타났다. 당시의 인공지능 연구는 컴퓨터에 지식을 주입하여 작동시키는 접근 방법으로 연구의 전성기를 맞게 되었다. 그 과정에서 전문가 시스템이라는 실용적인 시스템이 개발되었다. 그러나 지식을 관리하는 것이 어렵다는 한계에 봉착하면서 1995년경에 다시 침체기를 맞게 된다. 이후 1990년대 중반 검색엔진이 탄생하고, 인터넷이 폭발적으로 보급되면서 변화의 양상이 나타나기 시작했다. 2000년대에 들어서는 웹이 확산됨과 동시에 대량의 데이터를 이용한 기계학습이 점차 확산되기 시작했다. 이에 따라 2010년대에 인공지능 붐이 활발하게 부활되었다. 이러한 과정을 거쳐 제3차 인공지능 붐(기계학습과 심층학습의 시대)은 빅데이터 시대에 확산된 기계학습과 기술적으로 큰 돌파구가 된 딥러닝이 합쳐지면서 탄생했다. 현재는 인공지능에 대한 기대와 공포가 교차하는 국면에서 세 차례의 인공지능 붐이 한꺼번에 활로가 열리는 상승적인 상황이라고 진단할 수 있다.

2010년을 전후하여 구글 무인자동차 계획과 같은 인공지능 프로젝트들이 발표되면서 머신러닝도 더욱 어려운 문제들을 다루게 되었고, 이 과정에서 심층신경망 기반의 딥러닝을 통해서 새로운 돌파구를 찾게 된다. 2011년에는 인공지능의 역사에서 세 가지 획기적인 사건이 동시다발로 일어난다. 2월에는 IBM이 인공지능 컴퓨터 왓슨(Watson)을 개발하여 퀴즈쇼에서 사람과 대결하여 우승한다. 6월에는 구글이

네바다 주에서 무인차 주행 허가를 최초로 받는다. 9월에는 애플이 가상비서 시리(Siri)를 아이폰 앱으로 탑재하여 지능형 에이전트 기술의 상용화에 성공한다. 2012년에는 딥러닝을 통해서 더욱 놀라운 일들이 일어난다. 자연의 사진에서 1000개의 물체를 인식하는 이미지넷(imagenet) 대회에서 딥러닝 기술이 기존의 영상처리 알고리즘들을 누르고 우승한다. 이후 음성인식, 영상, 언어처리에 딥러닝 모델들이 적용되기 시작하고, 딥신경망이 빅데이터와 고성능 컴퓨팅 기술과 결합되어 실세계의 난제들을 해결하는 사례들이 속속 등장한다(장병탁 2016, 42-43). 말하자면 초지능형 인공지능의 가능성이 현실화 되기 시작한 것이다.

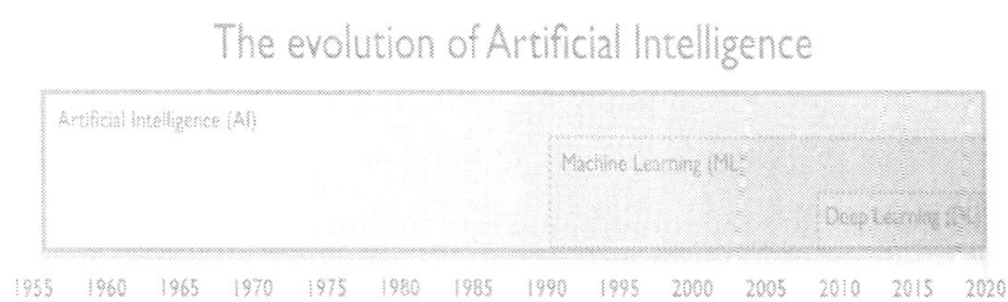

〈그림 2〉 인공지능 연대기

출처: 유수정(2017, 4)

인공지능 연구자와 관련 기업들은 세상을 기계학습과 딥러닝(deep learning) 이전과 그 이후로 나눌 만큼 동 기술을 혁신적인 충격으로 평가한다. 딥러닝은 컴퓨터 시스템에 인간의 뇌와 흡사한 다층의 신경회로를 제작한다. 이 기술들은 대량의 화상이나 데이터를 입력함과 동시에 트레이닝을 통해 그 속에 함축되어 있는 고차원의 개념(특징량 추출)을 자연스럽게 추출할 수 있도록 하는 최첨단 인공지능이다(하원규·최남희 2016, 91-92). 경로이탈 경보음과 추돌방지 시스템을 작동시키는 단순한 형태의 인공지능이 탑재된 자율주행자동차에 딥러닝 인공지능을 적용하면 스스로 경로를 찾아서 안전하게 최적 시간에 목적지에 도달하는 모범 운전자 수준의 인공지능 자동차가 운용되는 것이며, 나아가서는 모범 운전자를 능가하는 기계지능의 형태로 지속적인 진화를 보이게 된다는 것이다.

2015년 2월 판매를 개시한 페퍼(Pepper)는 세계 최초로 감정을 인식하는 퍼스널 로봇이다. 스마트폰처럼 이용자 경험이 많아지면 많아질수록 다양한 애플리케이션이 개발되는 진화하는 생태계를 지향하고 있다. 페퍼가 일종의 소셜 로봇 생태계의 실현을 가능하게 한 배경에는 IBM의 인공지능 슈퍼컴퓨터인 왓슨(Watson)을 채택하고 있기 때문이다. 왓슨은 IBM이 자체 개발한 인공지능과 빅데이터 분석을 통해 인간과 대화, 음성과 얼굴 인식을 물론 영상의 고차원 검색, 번역, 감정 파악, 유사점 발견 등을 통한 가설 수립 등이 가능하다. 왓슨 시스템은 방대한 빅데이터를 순식간에 이해하고 가설을 세워 추론하고 학습하면서 이용자 친화형으로 진화하도록 고안되었다(하원규·최남희 2016, 92-93). 또한, 인공지능을 활용한 스마트 도시에서는 거리의 가로등이 관리되고 주차 시설이 안내되며, 가정용 에너지 공급도 관리되는 등 중앙의 도시통제 시스템이 갖추어져 있으며, 스마트 빌딩은 운영 최적화 시스템에 의하여 작동된다. 이 모든 서비스는 도시의 와이파이 시스템을 이용하여 연결되어 정보를 클라우드 시스템을 이용하여 상호 교환하면서 최적의 서비스를 판단하여 제공하게 된다. 자동화된 자동차 시스템, 물류 수송의 최적화, 공장 가동의 최적화가 진행되며 스마트 공동체가 운영되기도 한다(박기영 2017, 104).[2)]

---

2) 예를 들면, 스마트 헬스를 진행하는 텔케어(Telcare)사는 미국의 메릴랜드 주 베데스타 시에서는 당뇨병 환자와 의료진을 연결하는 스마트 헬스 시스템을 운영한다. 당뇨병 모니터링 기기는 아마존이나 텔케어에서 약 200달러에 구입할 수 있다(박기영 2017, 105).

그러나 인공지능이 인간의 통제에서 벗어나 자율적으로 구동하는 과정에서 여러 가지 해악을 미칠 수 있다. 예를 들어, 2018년 2월 미국 다우지수 하락은 기계의 오류가 원인이었다. 2018년 2월 5일 다우지수가 전일에 이어 하락세를 지속하는 가운데 우후 3시 5분 24,748포인트에서 3시 11분 23,923포인트로 6분만에 825포인트가 급락한 사태가 발생하였다. 이날 발생한 플래시 크래시(Flash Crash)는 알고리즘 매매가 원인이다. 즉, 기계가 자동으로 매도하도록 설계된 프로그램에 의해 매도물량이 쏟아진 것이다. 만일 이러한 기계적 작동의 결함이 주식시장이 아닌 군사적 맥락에서 발생했다면 어떤 결과가 발생했을까? 아마 초기 조건으로 복귀는 불가능했을 것이다(김길수 2019, 222-223). 자율무기의 오작동, 경비 로봇의 오류, 자율주행차의 이탈, 인종차별적 판단의 가능성 등은 인공지능이 가지는 빅데이터의 집적 완전성에 기대는 무모한 자율성과 창의적 판단력에 의해 이루어질 수 있는 인간 생명과 존엄성에 대한 위협이라고 말할 수 있다.

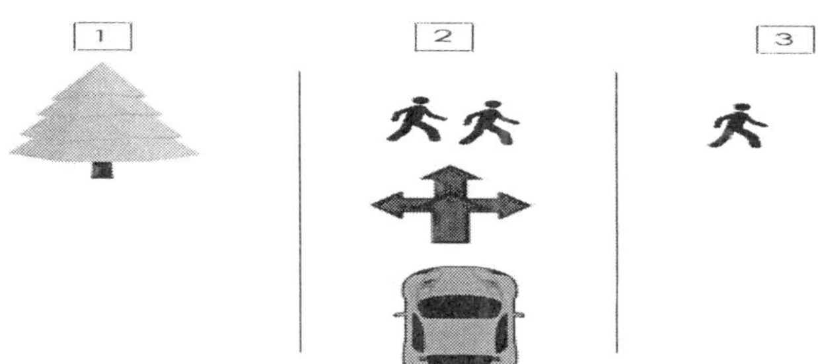

〈그림 3〉 무인 자율 주행차의 딜레마

출처: 김명철·양기철(2017, 60)

〈그림 3〉은 인공지능 무인 자동차의 문제점을 보여 주는 사례이다. 무인 자율자동차는 인간 운전자보다 적은 사고율로 더 안전하며 궁극

적으로는 자동차 소유보다 공유를 통해 주차 공간, 대기 시간, 에너지 낭비를 줄일 수 있다. 반면 단점으로는 사고시 책임 소재가 제조사에 있는지 차량 동승자에 있는지가 불분명하고 해킹 가능성, 운전 관련 많은 직업이 사라질 것 등이 우려된다. 〈그림 3〉은 하나의 릴레마로서 무인 자동차 앞에 갑자기 다수의 사람이 나타났을 때, 동승자를 보호할 것인가, 다른 사람들 중 다수를 보호할 것인가의 문제이다. 사람이 운전할 경우 모든 책임을 운전자가 지고 결정하게 되지만, 책임 소재가 불분명한 무인 자동차 알고리즘의 경우는 쉽게 결정할 수 있는 문제가 아니다(김명철·양기철 2017, 60).[3] 그러므로 인공지능기술은 사전에 설계원칙을 제시하여 알고리즘을 투명하게 만들어야 할 것이며, 개발자에게 중립성을 구현할 의무를 부과할 필요가 있다(김길수 2019, 230). 특히 슈퍼 인공지능의 경우 현실세계에서 자율적 판단을 할 가능성을 배제할 수 없으며 이에 대한 대안적 시스템의 마련이 요청되고 있다.

인공지능의 진화는 현재의 인간사회의 질서를 재편하는 수준의 포스트휴먼(post human) 사회의 등장을 예견하게 해준다. 말하자면 사이보그형 초지능을 갖춘 불멸의 인공지능이 생물학적으로 필멸의 인간을 능가하고 대체하는 시점이 도래할 수도 있다는 것이다. 이것은 인간이 초지능형 인공지능 로봇 혹은 그와 유사한 능력을 갖춘 기계지능을 만들어 낼 경우 현실화 될 수도 있을 것이다. 기독교 입장에서 보면 태초

3) 2015년 MIT Media Lab에서는 자율주행차의 행동 윤리에 관한 흥미로운 설문조사를 시행하였다. 다수의 보행자가 갑자기 나타났을 때 충돌을 피할 수 없는 상황에서 해당 차량이 따라야 할 원칙이 무엇인지를 설문하였다. 피조사자들은 탑승자가 희생되는 상황일지라도 더 많은 생명을 구하는 방향, 즉 보편적 대의를 따르는 방향으로 차량이 행동해야 한다고 대답하였다. 그러나 자신은 그 차량의 탑승자가 되지 않기를 바란다고 부연하였다(우승국 2016, 31). 인공지능의 가능성과 한계를 엿볼 수 있는 장면이라고 생각한다.

에 인간은 에덴동산에서 선악과를 선택하면서 영생을 잃고 노동이라는 짐을 지고 살 수밖에 없는 처지가 되었다. 지금은 생활의 편의와 수명 연장, 이익과 이해관계를 위해서 인공지능 개발을 진행하고 있다 초지능 인공지능이 새로운 국면에서 인간 이상의 역할을 담당하게 되면, 이에 대한 적절한 통제 수단을 잃을 경우, 인간은 인간을 지배하는 통제 불가능한 힘 앞에 서서 인간답게 선택할 수 있는 자율성까지도 상실할지 모를 일이다. 글로벌 역사의 관점에서 다시 한번 또 되세겨 볼 일이다.

Ⅳ. 인공지능과 글로벌 역사

인공지능은 약한 인공지능과 강한 인공지능으로 구분하거나, 여기에 슈퍼 인공지능까지 더해서 3가지로 구분한다. 약한 AI는 한 가지 분야에만 특화된 특화인공지능을 말한다. 알파고는 바둑만 두고, IBM 왓슨 로스(laws)는 전 세계의 법조문과 판결사례를 다 외워 형량을 계산하는 등 판사 업무를 보조한다. IBM 왓슨 헬스(health)는 수많은 환자의 혈액검사, MRI 영상 결과 등을 입력하고 분석함으르써 진단 업무를 처리한다. 반면에 한 분야가 아니라 온갖 분야에 대한 다양한 지식을 지니고 인간처럼 여러 가지 정보를 융합하여 결론을 내는 것이 인공일반지능 또는 강한 인공지능이라고 볼 수 있다(박영숙·Goertzel 2016, 6). 즉, 약한 인공지능은 문자와 음성인식과 같이 특화된 단일 기능을 갖고 있으며, 인간이 직접 설계하고 확장의 어려움이 따르는 인공지능을 말한다. 강한 인공지능은 범용형이며 무인 자율자동차처럼 인간 수준으로 스스로 학습하는 기능이 있고 확장이 용이하다. 여기에 더하여 슈퍼 인공지능은 인간보다 우수한 자율형 인공지능으로 자의식, 자가향상, 초인적 능력, 과학적 창조성, 사회적 감성을 가지고 스스로 새로운 알고리즘을 생성할 수 있는 능력을 가진다(김명철·양기철 2017, 61). 따라서 사람보다 월등한 힘과 지능을 가진 로봇의 형태로 나타날 가능성이 있다.

현재의 인공지능은 특정 컴퓨터 스스로 거대 데이터 속에 존재하는 특징량(feature vector)이나, 특징 표현(feature representing)을 학습하는 기술에 무게중심을 두고 있는 것으로 이해된다. 딥러닝 기술을 이용하면 거대 데이터에 대해 보다 정확한 해석을 통해 지금까지 분석자의 직감이나 경험에 의존하던 기술의 한계를 돌파할 가능성이 높아진다. 그동안의 기계학습(machine learning)은 컴퓨터가 학습에 필요한 특징 표현이라는 기법을 인간이 일일이 부여해야 하는 해결 과제가 있었다. 하지만 딥러닝은 이런 난제를 해결할 가능성이 획기적으로 높아졌기에 인공지능 연구 50년 동안의 가장 혁신적인 성과로 평가되고 있다(하원규·최남희 2016, 106). 자율학습이 가능한 기계지능(machine intelligence)의 시대가 열리고 있는 것이다. 이러한 기계지능은 인간의 의지와 의견과는 상관없이 자율적 알고리즘을 가동할 수 있게 됨으로써 인공지능의 인간에 대한 위험성은 가중될 것이다.

다시 말해, 인간이 지능의 힘으로 다른 동물들을 지배할 수 있다고 가정했을 때, 인간보다 뛰어난 지능을 소유한 존재가 나타난다면 그 존재가 인간을 지배할 것이라는 유추는 자연스러운 논리적 전개이다. 그런데 로봇 기술이 인공지능을 만나면 컴퓨터 안에서만 존재했던 인공지능이 로봇이라는 몸을 얻게 되어 컴퓨터 밖의 인간 세계로 나올 수 있다. 그렇기 때문에 인간보다 생각 능력이 뛰어난 인공지능과 인간보다 힘센 로봇의 등장은 지금까지의 기술과는 차원이 다른 두려움이다

(한재권 2016, 51). 물론, 위급 상황에서 인명을 구조한다거나 위험한 산업 현장에서 활동하는 초지능 인공지능은 인간친화적인 자율지능 로봇으로 유익을 제공할 수 있을 것이다. 여기서의 두려움이란 인간을 능가하는 능력을 가진 인공지능 로봇이 스스로 선택할 수 있다는 것에 대한 우려일 것이다.

이런 관점을 반영하여 유럽연합(EU) 의회는 2017년 2월 인공지능 로봇을 전자인간으로 규정하는 로봇 시민법을 통과시켜 로봇의 법적 지위와 의무를 부여하였다. 인공지능 로봇은 인류에 도움을 줄 수 있어야 한다는 대전제 아래 기술적, 윤리적 기준을 마련하였는데, 예를 들어 인공지능 로봇이 사고를 일으키면 소스코드 접근 권한(킬스위치)를 의무화하였다. 그리고 1. 로봇은 사람을 해치지 말아야 한다. 2. 2에 위배되지 않는 한 사람의 명령에 복종해야 한다. 3. 1, 2에 위배되지 않는 한 자신을 지켜야 한다는 기본 원칙을 채택함으로써 군용 킬링 로봇 생산을 금지할 수 있는 근거를 마련하였다(김경철·양기철 2017, 62). 이것은 인공지능 로봇에게 제3의 인격이라고 할 수 있는 전자인격을 부여하고 일정한 사이보그 시민으로서의 책무성을 부여한 최초의 역사적 사례라고 말할 수 있을 것이다.

인공지능 활용 사례는 딥러닝 응용 예와 함께 구체적으로 제시할 수 있다. 인공지능은 영상에서 물체를 인식하고, 실시간 번역을 해주며, 음성으로 디바이스를 제어하기도 하고, 유전 다양성이 DNA 전사에 주는 영향을 예측하며, 소비자들 후기에서 감정 분석을 해내고, 의료영상에서 종양을 검출하여 환자치료에 나서기도 한다(유수정 2017, 5-6). 이러한 일반인공지능의 범용 사례는 긍정적이다. 하지만 인공지능이 전쟁수단으로 개발되고 있는 상황에 비추어 ICT 전문가들이 인공지능의 무분별한 개발에 우려를 나타내고 있다. 물리학자 Steven Hocking

박사는 인간의 매우 느린 진화가 인공지능의 진화를 절대 앞설 수 없다고 주장하였다. 고급 전기차 개발로 테슬라 창업자 Elon Musks는 인공지능의 발전이 인류에 위협이 된다는 이유를 들어 인공지능 발전을 예의 주시해야 한다고 경고하였다. 마이크로소프트의 창업자 Bill Gates는 인공지능이 인류에게 도움이 되지만 미래에 우려를 낳을 것이라고 경고하였다(우승국 2016, 31-32). 인공지능에 관한 관점은 긍정과 부정의 측면에서 주시를 요하는 것이다.

글로벌 역사 관점에서 인공지능을 해석하기 위해서 여기서는 약한 인공지능을 연결형 특화인공지능으로, 강한 인공지능을 융합형 일반인공지능으로, 슈퍼 인공지능을 초지능형 인공지능으로 유형화하여 탐색하기로 한다. 연결형 인공지능은 1, 2, 3차 산업혁명의 문명들을 이어받는다는 점에서 글로벌 역사의 지속성을 보장한다. 연결형의 특화인공지능은 인간의 통제하에 있으므로 커다란 문제를 일으키지 않고 문제가 발생하더라도 바로 잡을 수 있은 기회를 확보할 수 있다. 음성인식과 번역, 체스와 바둑 인공지능의 경우 언제든지 교정이 가능하고 또 고장을 수리할 수 있는 것이다. 마찬가지로 융합형의 일반인공지능은 1, 2, 3차 산업혁명과 함께 4차 산업혁명의 정보통신기술 기반 지능정보기술을 활용한다는 점에서 인간과의 협력상태를 유지할 수 있으므로 거버넌스 차원의 대응이 가능하다. 청소로봇과 무인 자동차, 드론 등은 사람들에 의해서 작동되고 결과를 산출하는 알고리즘으로 구성된다는 점에서 인간친화적이다.[4]

하지만 슈퍼 인공지능은 초지능형이므로 1, 2, 3차 산업혁명의 글로벌 역사와는 궤를 달리하는 4차 산업혁명의 진행중인 문명 전환으로

4) 여기서 인간친화적이라는 것은 사람을 살상하거나 위해를 가하지 않는다는 의미를 당연히 포함하며, 나아가서는 위험에 빠진 인간을 구출하거나 지원해야 한다는 의미를 지닌다.

볼 수 있다. 말 그대로 혁명을 가져올 수 있으며 차원을 달리하는 문제를 초래할 수 있다. 인간 존엄성의 근본인 자기결정권과 기술혁신을 할 수 있는 창의성을 인공지능이 갖추고 실행할 수 있기 때문이다. 자율성이 부여된 인공지능 전쟁로봇에 인간이 대항한다는 것은 매우 어리석은 일이 될 것이며, 자율형 무인 자동차와 보안로봇이 초지능화 된다면 인간의 자기 방어권과 프라이버시, 생명권과 행복추구권 등이 침해당할 개연성이 언제나 상존한다는 점에 유의해야 할 일이다. 초지능형 인공지능이 문제를 일으키고 이것이 '인공지능생산형 인공지능기술'에 의해 확장된다면 인류세에 심각한 위험을 초래하고, 인공지능이 인간의 마지막 발명품이 되고 인류는 종말에 이를 수도 있다는 스티븐 호킹 박사의 예언이 적중할지도 모른다. 글로벌 역사의 게임 체인저 역할을 초지능형 인공지능이 수행할 수 있는 것이다.

인간의 문명과 생활을 중심으로 글로벌 역사의 진행 과정을 보았을 때 기본이 되는 것은 인간의 존엄성 확장과 그 가능성에 대한 기대와 실현이다. 1차 산업혁명은 기계로 동력을 대체 신장시키면서 고단한 육체노동으로부터 일단의 해방을 가져왔으며, 2차 산업혁명은 자동화 시스템의 도입으로 대량생산을 통한 물질적 풍요를 제공하였고, 3차 산업혁명은 정보통신기술의 혁신으로 소통의 자유로움과 자율성의 신장에 기여하였으며, 4차 산업혁명은 빅데이터와 사물인터넷 기반 인공지능기술의 도입과 고도화로 통제된 시공간으로부터의 자유와 정신노동을 대체하는 효과를 아울러 기대하고 있다.

즉, 4차 산업혁명은 글로벌 역사의 관점에서 인간에게 전혀 다른 차원의 기회를 부여하고 있다. 그 동안의 문명사에 있어서 드러난 노동 착취, 계층간 갈등, 빈부 격차의 심화, 글로벌 빈곤과 질병, 기후위기, 전쟁과 기아로부터의 공포 등 인간사의 전반적인 문제를 해결해줄 대안을 지구적 차원에서 생성시킬 가능성을 인공지능기술이 열어 줄 수도 있기 때문이다. 이를 위해서는 융합형 인공지능을 지향하되 초지능형 인공지능이 불가피하게 개발 활용될 경우에는 몇 가지 원칙들이 요청된다.

첫째, 인간의 안전한 생활에 대한 확증이 선행되어야 한다. 글로벌 역사를 보면 인간은 안전하고 건강한 생활, 생명 존중과 수명 연장을 추구해 왔다. 인공지능을 기술적 차원에서 이에 더욱 기여해야 한다. 둘째, 어떤 경우에도 인간의 존엄성의 기반이 되는 자율적 선택과 자기결정의 권리는 지켜져야 한다. 자율성과 초지능을 갖춘 인공지능이 인간의 자기선택을 침해한다면 사람들의 일상생활을 통제한다는 의미가 성립되기 때문이다. 셋째, 인간의 노동가치는 보장되어야 한다. 1차에서 4차에 이르기까지 산업혁명의 문명사적 전환을 보면 사람들의 노동가치는 신장을 거듭하여 왔다. 인공지능이 인간의 육체노동과 정신노동을 대체하는 지능정보사회는 보다 풍요로운 복지와 여가 보장을 통한 인간다운 삶을 보장하기 위해서 노동가치에 대한 비례적 보상이 기본소득, 기본주택, 기본직업 등의 형태로 실현되어야 한다.

V. 결론

디지털 정보사회의 다른 말은 지식정보사회이다. 여기서 지식이란 인간이 정보통신기술들을 활용하여 만들고 구성해 내는 것으로 존재주체성을 사람들에게 부여하고 있다. 지금 인류사회가 당면한 변혁의 시대는 지능정보사회로 표현된다. 지식을 만들고 구성하는 주체로서 인간을 포함한 새로운 지능 행위자들이 여러 형태로 존재할 수 있다는 의미이다. 우리는 이러한 새로운 지식정보 생성의 주체들을 인공지능으로 규정하는 것이다.

인공지능이 초지능형으로 발전하면 인간과 사회가 보다 행복하게 된다는 기본적인 원칙이 지향 구축될 필요가 있다. 다양한 인공지능 네트워크들이 발생하고 있는 현실에서 부정적이고 불확실한 특이점들을 최소화하는 방안들이 마련되어야 한다. 구체적인 지침들을 예로 들면, 인공적인 지성의 행동을 최종적으로 인간이 제어할 수 있게 하거나, 사이버 공격이나 센서에 관한 공격에 대해 충분한 내성을 확보할 수 있도록 할 것, 프라이버시 보호를 확실히 할 것, 리스크 분석과 관리를 수행할 것 등의 원칙을 설정해야 한다(하원규·최남희 2016, 126). 인간친화적인 인공지능이 최소한의 운영 요건으로 작동해야 한다는 의미이다.

초지능형 수퍼 인공지능의 경우 인공지능을 인공지능이 만들어 내는 것이 가능할 수 있고, 스스로 인공지능기술 역량을 개발하고 성장시킬 수 있을 것이므로 글로벌 역사의 전환이 일어날 것으로 전망할 수 있을 것이다. 이것은 마치 핵무기가 개발되면서 핵클럽 국가와 비핵국가 간의 글로벌 역사적 관점의 강약 차이를 극복할 수 없을 만큼 단들어 놓은 것과 유사한 일이 될 수도 있다. 따라서 인공지능기술이 인간의 생활상 전반에 영향을 미치고 있으며 더욱 그 영향이 커질 것으로 보기 때문에 중요한 논의 주제로 여겨진다.

결론적으로 인간친화적인 자율지능 통제가능형 인공지능기술이 필수적이라고 본다. 인공지능이 인류 최후의 발명품이 되지 않기 위해서는 인공지능을 활용한 또 다른 형태의 인공지능 개발을 허용하되 인공지능 자체가 또 다른 자율혁신형 인공지능을 개발하지는 못하도록 개발 책임자로서의 인간의 도덕적·법적 귀책 사유를 인공지능 개발과 활용의 전체 과정에 걸쳐 상세 규정하여야 할 것이다. 또한 인공지능 자체의 연결된 형태의 지능 융합에 의한 인공지능의 확장에 대해서는 엄격한 규제 장치와 파쇄 기제의 작동을 열어 놓아야 한다고 본다. 인간의 인간다운 생존과 자유와 인권의 보장은 인공지능기술의 발달에 따라 더욱 강조되어야 하고 또한 그럴 것으로 본다.

참고문헌

권호정 외. 2016. 『호모 컨버전스』. 경기: 아시아.

김길수. 2019. "인공지능 거버넌스에 관한 탐색적 연구." 『한국자치행정학보』33(2). 19-236.

김명철·양기철. 2017. "4차 산업혁명과 인공지능." 『한국엔터테인먼트산업학회 학술대회 논문집』 58-63.

박기영. 2017. 『제4차 산업혁명과 과학기술 경쟁력』. 경기: 한울.

박영숙·Goertzel, Ben. 2016. 『인공지능 혁명 2030』. 서울: 더블북코리아.

우승국. 2016. "인공지능 미래 세상." 『월간교통』 2016/5. 27-32.

유수정. 2017. "4차 산업혁명과 인공지능." 『한국멀티미디어학회지』 21(4). 1-8.

임예준. 2019. "인공지능 시대의 전쟁자동화와 인권에 관한 소고." 『고려법학』 92. 265-302.

장병탁. 2016. "인공지능과 미래 인간의 삶." 권호정 외. 2016. 『호모 컨버전스』 경기: 아시아. 41-56.

차수봉. 2016. "인공지능과 구별되는 인간의 규범적 분석." 『인문사회』 7(3). 843-856.

하원규·최남희. 2016. 『제4차 산업혁명』 서울: 콘텐츠하다.

한재권. 2016. "로봇과 인공지능의 현황 및 전망." 『미디어와 교육』 6(1). 49-58.

Payne, Richard J. 2013. *Global Issues.* 조한승·고경일 역. 2014 『글로벌 이슈』. 서울: 시그마프레스.

Schwab, Klaus. 2016. *The Fourth Industrial Revolution,* 송경진 역. 2016. 『클라우스 슈밥의 제4차 산업혁명』. 서울: 새로운 현재

Chapter

2 인공지능과 인권

Ⅰ. 서론

지능정보사회는 기존의 산업혁명과는 차원을 달리하는 모습으로 나타난다. 증기기관으로 대변되는 1차 산업혁명이 인간의 육체노동을 기계로 변환시키는 역할을 했다면, 전기와 자동화 생산 시스템으로 표상되는 2차 산업혁명은 육체노동을 증폭시켜 대량생산이라는 물질적 풍요 가능성을 열어주었고, 정보화로 지칭되는 3차 산업혁명은 정보통신기술을 활용한 시공간의 압축으로 인류의 육체 및 정신의 활동 범위를 확장하였다. 이러한 산업혁명의 기반 위에 새롭게 나타난 4차 산업혁명은 지능정보기술이라는 또 다른 일상생활의 지평을 보여주고 있다.

지식기반 정보사회는 지식과 정보가 편재되는 유비쿼터스 시대를 열어주기는 했지만 인간의 기술적 지시와 조작, 공유를 넘어서지는 않았다. 이에 비하여 지능기반 정보사회는 인간과 인간, 인간과 기계의 소통을 넘어 기계와 기계의 대화와 새로운 주체로서의 기계지능이 탄생하는 기술을 갖게 되었다. 지능정보사회에서는 인터넷을 기반으로 하던 정보혁명을 토대로 하여, 사물인터넷, 빅데이터 기반의 초연결 혁명이 사회의 근저를 이루게 된 것이다(김배원 2020, 71). 여기서 데이터들을 거의 무제한으로 수집, 분석, 적용, 창안하는 지능정보사회의 핵심기술인 인공지능(Artificial Intelligence, AI)이 개발되고 진화를 거듭하는 새로운 기술 패러다임이 등장하였다.

이처럼 지능정보사회는 3차 산업혁명이 낳았던 지식정보사회에 대응하는 개념으로서 지식정보사회가 새롭게 진화한 사회 패러다임이라고 말할 수 있다. 3차 산업혁명의 산물인 지식정보사회가 인터넷을 통해 축적되는 지식과 정보가 사회의 중요한 자원이 된다는 것을 보여 주었다면, 4차 산업혁명의 산물인 지능정보사회는 초연결망을 통해 축적되는 빅데이터가 이제는 단순히 자원의 성격을 넘어서 인공지능과 같은 새로운 지능체계가 창발하는 데 기여하는 현대사회의 모습을 보여주고 있다(양천수 2018, 2). 데이터 기반 창조사회, 지능기반 정보사회에서는 70억이 넘는 참여자, 1,000억 개의 디바이스와 센서, 그리고 그들 사이에 유통되고 공유되는 초연결 지능기반 인프라로 진화하고 있으며(하원규·최남희 2016, 70), 이는 곧 지능정보사회의 도래가 현실화 되었으며, 실질적으로 인류 세계에 영향을 미치는 단계에 접어들고 있음을 알게 해주는 것이다.

WEF(세계경제포럼)의 2017년 보고서는 로봇과 인공지능기술의 도입에 의해서 노동과 직업 분야에 총체적이며 구조적인 변화가 나타날 것으로 예측하였다. 과거에는 컴퓨터 기술의 개발로 감소된 직업들을 다른 관련 영역에서 보완하는 것이 가능했다. 하지만 로봇과 인공지능 시대에는 직업의 증가보다는 감소가 현저하게 나타날 것이라는 견해가 지배적이다. 인공지능기술의 발전은 이전과는 다르게 통제 가능한 환경을 제공하지는 않을 것으로 예상된다(WEF 2017, 50). 새로운 질서는 인터넷과 메일, 모바일과 인간관계, 지능과 기계의 관점에서 이해할 수 있다. 로봇, 신경과학, 인공지능, 빅데이터, 사물인터넷 기술은 인간의 사고와 사회체계를 정치적, 경제적, 사회적, 윤리적 국면에서 변화시키고 있다. 기계와 인류의 관계는 함께 공존해야 하는 존재로 인식되고 있는 것이다(Rhee 2016, 1).

2016년에 인공지능 알파고와 인간 이세돌 9단의 바둑 대결이 있었다. 인공지능기술 개발 기업의 이벤트성 비즈니스의 일환이었지만, 많은 사람들은 기계 대 인간, 인공지능 대 인류의 대결로 해석하여 인공지능에 대한 관심의 증폭과 아울러 인공지능 시대의 인간에 대한 성찰을 일으킨 계기가 되었다. 미래에 펼쳐질지 모르는 인공지능 사회의 어두운 전망에서부터, 인공지능 자체에 대한 관심과 분석, 그리고 인공지능 시대를 대비하여 개인은 어떻게 살아야 하는지, 인류는 어떻게 준비해야 할 것인지, 미래사회는 어떻게 전개될 것인지에 대한 고민으로 확장된 것이다(차수봉 2016, 844). 지능정보기술의 진화와 혁신에 따른 유용성과 책무성 부여의 문제가 동시에 발생한 것으로 볼 수 있다.

빅데이터 기반 인공지능기술이 새로운 여유와 자유, 풍요로움을 가져오는 지능정보사회와 4차 산업혁명을 동기화하는 주요 기술이지만, 한편으로는 개인정보를 활용하는 것이 개인정보와 사생활 등에 관한 기본권 침해의 원인이 되기도 한다(백국흠·김일환 2017, 15). 따라서 인공지능을 입법에 의하여 전자인격으로 규정하여 인공지능의 권리능력, 의사능력, 행위능력은 모두 사회적 필요성이나 현실적 요소들을 반영하여 사회상황에 맞게 제한되어야 하고, 필요에 따라 박탈할 수도 있어야 하며, 나아가서는 인공지능은 인간이 발생시키는 개인정보를 빅데이터로 활용하는 것이므로 정보주체인 인간에게 개인정보 사용에 대한 정당한 대가가 보장되어야 한다는(신현탁 2018, 63) 의견까지 제기되고 있는 것이 사실이다.

일반적으로 인공지능은 인간의 편리한 생활을 보조 지원하는 특화인공지능과 인간과 유사한 정보수집 및 분석, 판단 능력을 갖춘 일반인공지능, 그리고 인간 수준을 초월하여 인간 세계의 문제점들을 자율적으로 창의적으로 해결하여 또 다른 세계를 만들어내는 것이 가능한 초인공지능으로 분류된다. 여기서 중요한 것은 인간의 존엄성에 바탕을 둔 인권의 기본 성격들과 관련된 인공지능 유형의 기술적 차원들을 분류해내는 작업이다. 예를 들어, 일반인공지능 이상의 초인공지능 수준의 범용인공지능 기술들은 사용상의 책임 소재 규명이 어려울 정도로 자율성과 창의성, 판단능력의 범위가 넓을 수 있으므로 인공지능의 설계 단계부터 활용 단계에 이르기까지 인공지능의 빅데이터 연결성과 자체 데이터 생성 능력 등을 추적할 수 있도록 하는 것이 인권 보장 및 안전한 인간 생활과 관련하여 매우 중요할 것이다.

2020-2021 시기에 인류가 당면한 현실은 글로벌 팬데믹 상황이다. 지금은 지구적 차원의 글로벌 질병 상황을 겪으면서 새로운 생활방식을 의미하는 뉴 노멀이라는 용어와 함께 등장한 단어가 포스트 코로나 시대이다. 사회 전반적으로 변환의 시대를 맞이하고 여기에 적응하고 새로운 규범들을 만들어내는 과정이 진행되고 있는 시점이다. 여기서 주목받고 있는 기제들이 디지털, 정보통신, 지식정보, 지능정보, 인공지능 등과 관련하여 나타나고 있다. 본 연구에서는 이런 점에 주안점을 두고, 지능정보사회와 4차 산업혁명의 핵심기술인 인공지능의 전반적인 의미와 유형, 인간과 관련된 문제점들, 인권의 보편성과 상대성, 개별성과 집단성, 불가분성과 상호의존성, 이로부터 나타나는 자유권과 평등권, 연대권 등의 기본 성격과 연계된 과제들을 순차적으로 살펴보도록 한다.

Ⅱ. 지능정보사회와 4차 산업혁명

기본적으로 산업혁명이란 기술 발전이 산업경제 구조의 변화와 함께 정치사회문화구조도 크게 바꾸어 놓는 것이며, 증기기관, 전기, 컴퓨터 및 인터넷 등에 의한 사회변화가 이에 속한다(유수정 2017, 1). 4차 산업혁명의 기술적 구조는 사물인터넷을 통한 인지고도화, 클라우드 컴퓨팅을 통한 학습고도화를 이룬 빅데이터를 인공지능(딥러닝)기술이 중심이 되어 무인운송 수단, 로봇, 자동번역, 이미지 인식, 음성인식, 음성비서, 금융, 의료 서비스의 지능화를 이루고 있다. 4차 산업혁명은 사람, 사물, 공간을 초연결, 초지능화 하여 산업구조와 사회시스템을 변화시킬 것으로 예상된다(김명철·양기철 2017, 59). 따라서 지능정보사회는 인공지능을 중심으로 빅데이터와 사물인터넷, 블록체인, 클라우드 컴퓨팅, 모바일 기기 등을 활용하여 기계지능을 가능하게 해주는 융합적 기술이 범용화된 사회를 말한다.

지능정보사회의 4차 산업혁명은 3차 산업혁명의 정보통신기술의 발달을 바탕으로 하여 인공지능 중심의 컴퓨터 소프트웨어 기술의 융합을 중심으로 한다(김승래 2018, 26). 이는 지금까지 인류가 자동화시켜 온 육체노동과 단순 정신노동에 이어 고급 지적노동 - 의사, 변호사, 회계사, 운전사, 상담원 등 - 까지 기계가 대체할 것으로 예측되어, 또 다른 기대와 위협이 되고 있다. 이를 다시 인문사회학적으로 해석하면, 1차 산업혁명은 개인의 육체노동을 기계로 대체하고, 2차 산업혁명은 인류 다수의 노동을 대량생산으로 대체한 것이며, 3차 산업혁명은 개인의 정신노동을 컴퓨터가 대신하게 되고, 현재 진행되고 있는 4차 산업혁명은 인류의 사고를 인공지능이 대체하는 것으로 비유할 수 있다(김명철·양기철 2017, 59).

이런 점에서 지능정보사회는 4차 산업혁명이 유발한 새로운 사회 패러다임에 해당한다. 3차 산업혁명이 야기한 지식정보사회에서는 지식과 정보가 자원으로서, 달리 말해 객체로서의 의미를 갖는데 불과한 반면에, 지능정보사회에서는 정보가 단순한 자원, 즉 객체의 차원을 넘어서 독자적인 주체로서 창발하는 사회라는 점에서 차이가 있다. 이 점에서 지능정보사회는 이미 개념내재적으로 인격성이 인간을 넘어 확장될 수 있음을 보여준다(양천수 2018, 3-4).[5] 인공지능은 인간과 유사한 수준의 지적 기능과 판단력, 자율성을 갖출 수 있기에 지능정보사회에서의 인격성의 확장 주체로 등장 가능한 것으로 볼 수 있다. 여기에 로봇이라는 인간의 행위를 추가한다면 인공지능은 새로운 형태의 인조인간인 사이보그(cyborg)로 변환될 수도 있다.

지능정보기술이 등장한 21세기 시스템의 기본 구조는 물리적 시스템과 사이버 시스템이 서로 상호작용하면서, 각각의 불완전성을 완전하게 재구축해주는 CPS(cyber physical system)의 확산 과정이다. 이것은 하드웨어와 소프트웨어가 융합되고 매우 긴밀하게 결합되는 생태계이기도 하다(하원규·최남희, 2016: 94). 구글의 자율자동차도 하드웨어와 소프트웨어가 융합된 정보처리 시스템이라고 할 수 있다. 사물인터넷(IoT)과 인공지능의 만남으로 모든 사물, 기계, 산업 부품이 인터넷에 연결되어 스스로 데이터를 수집하고 해석하면서 생각하고 판단하는 신산업혁명이 본격화되고 있다(하원규·최남희 2016, 95-96).

---

5) 법적 권리와 의무의 주체로서 인격성은 인간을 넘어서 확장되는 역사를 걸어왔다. 법인은 특정한 단체를 의미하지만 자연인처럼 권리와 의무의 주체가 되며, 최근에는 동물도 탈물건화의 과정을 겪으면서 동물에게도 법적 주체성으로서의 인격성을 부여하자는 주장이 나타나고 있다(양천수 2018, 9 참조). 인공지능의 경우에도 마찬가지의 논리가 적용될 수 있으며, 로봇 돌에 대한 견해처럼 사실로 나타나기도 한다.

이러한 신산업혁명을 4차 산업혁명으로 지칭하는 것이며, 혁명이라는 용어 그대로 새로운 사회 패러다임의 출현을 가져오고 있는 것이다.

다보스포럼의 2015년 설문조사 자료에 의하면 2021년에는 인터넷에 접속하는 기기의 수가 폭발적으로 증가하는 사물인터넷, 웨어러블 인터넷, 3D 프린팅 기술의 활용에 의한 자동차의 생산이 전망되었다. 또한 현재는 인터넷 사용 인구가 전체 인구의 43%이지만 2024년에는 전세계의 거의 모든 사람들이 때와 장소의 구분 없이 인터넷에 연결될 것이며, 의료용 3D 프린팅 기술과 스마트홈 기술이 보편화 될 것으로 보인다. 2025년에는 인공지능이 화이트칼라의 업무를 대체하여 10년 내에 현재 미국 일자리의 반이 대체될 것으로 보이며, 공유경제가 본격화될 것으로 예상되었다. 2026년에는 자율주행 자동차가 이용되고, 인공지능이 의사결정을 하는 스마트 도시로의 전환이 나타날 것으로 예상된다(박기영 2017, 94-95).

지능정보사회의 4차 산업혁명은 디지털 혁명으로 구축된 기술들을 바탕으로 인공지능, 빅데이터, 사물인터넷 등 새로운 기술들이 융합되어 이루어진다(유수정 2017, 1). 이러한 4차 산업혁명의 중심에 있는 기술은 인공지능, 로봇, 사물인터넷, 자율주행차, 3차원 인쇄 등이다. 여기서 가장 핵심적인 기술은 인공지능이다. 인공지능은 기계로부터 만들어진 지능을 말하며, 기계가 인간의 지적 능력, 즉 인지, 추론, 학습과 같이 사고과정에 필요한 능력을 모방하여 가능하게 하는 것을 말한다(유수정 2017, 2). 인공지능이 인간 대신 자동차도 몰아 주고, 인간 대신 검색을 하여 정보를 수집해주기도 하고, 인간보다 더 정확하게 체스도 두고, 바둑도 둔다. 앞으로 인공지능이 인간 대신 해줄 것은 무궁무진하다(박영숙Goertzel 2016, 53).[6]

---

6) 소프트뱅크의 손정의 회장은 2040년경에는 세상의 모든 것이 클라우드와 융합하

인공지능이 장착된 자율자동차 시대는 하나의 거대 산업의 혁신에 그치지 않고 거대 인프라의 변화를 수반한다. 대중교통 체계가 바뀔 수 밖에 없고, 현재의 택시, 버스, 기차 등의 운행 시스템이 달라질 것이다. 우버(Uber) 같은 차량 공유 시스템이 주류 교통 시스템이자 이를 지원하는 교통 인프라로 대체될 수 있다(하원규·최남희 2016, 23). 인공지능은 미래의 교육방식에도 큰 혁신을 불러올 것으로 예상된다. 동영상 강의자료를 인터넷에서 온라인 서비스하는 무크(MOOC)가 활발해 지고 있다. 초중고 수준의 다양한 온라인 강의를 제공하는 칸 아카데미를 비롯하여 대학교 강의를 온라인화 한 코세라(Coursera)와 에덱스(edX) 등 다양한 모델의 온라인 교육 회사들이 등장하였다. 인공지능과 머신러닝 기술을 사용하면 피교육자들의 학습 특성을 파악하여 개인 맞춤형 교육을 제공할 수 있고 교사들의 교육의 질을 높일 수도 있다(장병탁 2016, 52-53). 실제로 펜데믹 상황의 글로벌사회에서 흔히 볼 수 있는 언택(untact)교육 장면들을 가능하게 해주는 것이다.

또한, 지능정보사회에서는 정치적 의사결정에 조언을 제공하기 위해 과거의 상황을 학습하고 미래의 복잡한 상황들을 예측 자동화하여 빅데이터와 블록체인, 사물인터넷 기술을 활용할 수 있다. 이러한 인공지능 기술의 발전과 보급으로 나타날 수 있는 긍정적인 영향은 합리적 결정과 편견의 감소, 관료제의 개편, 새로운 일자리와 혁신의 증가, 에너지 자립도의 증가, 의료기술 및 질병의 퇴치 기술의 발달 등으로 나타난다. 반면에 부정적인 영향도 있다. 책임소재의 불분명함, 기존 일자

고, 온갖 전기 제품과 심지어는 스니커즈, 안경 등에도 초소형 두뇌형 컴퓨터가 탑재될 것으로 전망한다. 외국으로 여행을 떠났는데 그 낯선 곳에서 어떤 여자 아이가 울고 있다고 해보자. 그 아이를 돕고 싶은데 무슨 말을 하는지 전혀 알아들을 수 없다고 해보자. 그때 인공지능형 안경을 쓰면 마치 영화를 볼 때 자막이 뜨는 것처럼 상황이 파악된 후 말이 해석되어 안경 렌즈에 나타나는 기술을 실현하는 것을 목표로 한다(하원규·최남희 2016, 98).

리의 감소, 사이버 범죄의 증가, 불평등의 심화, 인공지능 알고리즘과의 마찰과 이해의 어려움, 인류 존재 자체에 대한 위협 등이 발생할 수 있다(Schwab, 송경진 역 2016, 217-218).

지능정보사회에서 사람들은 인공지능기술과 로봇들이 대체해주는 노동의 대가로 기본소득을 받고 스스로 창의적으로 발명도 하고 기술발전도 시키면서 복지는 결국 공공서비스로 누리는(박영숙·Goertzel 2016, 111) 소셜로봇과 함께하는 재미있는 생활을 경험할 수 있을 것이다.[7] 또한, 인공지능을 활용한 사물인터넷 기기들은 서로 연결되어 범죄 예상, 범죄자 추적, 동물 보호, 고장 수리 등 훈련을 거치면서 더 큰 정보 풀을 제공하여(박영숙·Goertzel 2016, 65) 일상생활을 보다 안전하고 편리하게 유지해 줄 수 있다. 하지만 산업사회와 정보사회에서 누적된 문제점으로 지적되어온 빈부격차와 그에 따른 구분 배제의 폐해는 여전히 지속될 가능성이 상존한다. 인공지능기술의 기반을 이루는 빅데이터에 포함되지 못하는 사회적 약자들과 지능정보기술에의 접근성이 약하거나 아예 없는 계층의 사람들은 소외될 수밖에 없는 것이다. 말하자면 지능정보기술의 집중이 부의 편중으로, 부의 집중이 소수의 사람들에게만 혜택으로 이전되어 지능정보기술로부터 이탈된 사람들은 오히려 더욱 불리한 처지에 놓여질 수도 있다는 추론이 가능하다. 이에 대한 논의를 지능정보사회의 핵심기술로 여겨지는 인공지능과 인간의 존엄성의 토대가 되는 기본적 인권과 관련하여 진행하기로 한다.

---

7) 손정의의 소프크뱅크는 AI로봇 Pepper를 출시하였다. 인간을 닮은 작은 로봇 Pepper는 인간의 감정을 읽고 인간의 눈처럼 상대방의 표정이나 움직임을 읽고 따라하거나 대답하거나 시키는 것을 한다. 2,000달러에 팔리고 있으니 비싼 텔레비전을 사는 것보다 적은 비용이 든다. Pepper는 말을 알아 듣고 말로 시키는 일을 한다. 사람보다 더 많은 언어를 말하고 이해한다. 또한 친절하며, 몸통은 기본적으로 아이패드이다. 아이패드 화면에 모든 것을 보여주며 글도 쓴다. 발표하며 대화를 이끌어 가기도 한다. 월급이나 임금을 줄 필요도 없다(박영숙·Goertzel 2016, 66-67).

Ⅲ. 인공지능기술의 혁신과 인권

1. 인공지능기술의 발전과 혁신

인공지능의 기원을 보면 지금은 일반화된 인공지능(AI)이라는 용어가 등장한 것은 1956년 미국 동부의 다트머스 대학에서 열린 컨퍼런스에서 였다(구본권 2017, 59). 다트머스 회의(Dartmouth Conference)에서 당시 다트머스 대학교수인 John McCarthy 교수 등이 제안한 용어, AI가 채택되면서이다. AI는 지능적인 기계 특히 지능적인 컴퓨터 프로그램을 생성하는 과학이며 공학을 총칭하는 것으로 정의되었다(유수정 2017, 4). 인공지능은 여러 의미로 정의할 수 있는 광범위한 포괄 용어(broad umbrella term)로 볼 수 있다. 그것은 딥러닝과 강화학습을 포함하는 기계학습이 가능한 일련의 컴퓨터 시스템들을 말하는 것이다. 여기에는 신경망, 알고리즘 연산, 개인과 집단의 예측, 분류, 의사결정을 가능하게 하는 신경망, 알고리즘 기술이 포함되어 있다(Grawford & Schultz 2018, 1942).

기계학습은 일반적으로 기계가 수학적 최적화 및 통계분석 기법을 기초로 하여 인간의 도움 없이 데이터로부터 일정한 신호와 패턴을 배우고, 이를 바탕으로 그 다음에 일어날 일을 예측하여 가장 적합한 의사결정을 내리는 알고리즘을 만드는 기술이다. 2012년 구글과 앤드루 응(Andrew Ng)이 기계학습의 한 분야인 딥러닝 알고리즘을 이용해 컴퓨터가 1,000만 개의 유튜브 동영상 속에서 고양이 이미지를 74.8%의 정확도로 식별하도록 하는 프로젝트를 성공적으로 수행하면서 커다란 도약의 전환점을 맞게 되었다. 딥러닝은 신경망 네트워크 개념을 이용해 가능해졌는데, 이는 클라우드 컴퓨팅 환경의 급속한 발전과 빅데이터가 뒷받침되자 구현된 것이다(김종세 2020, 8). 말하자면 딥러닝은 인간의 뇌가 고양이를 인식하는 과정을 단계적 반복학습을 통하여 습득하고 인공 뉴런들을 창출해 내는 자율지능을 갖게 된다는 의미이다.

기계학습은 사람처럼 경험으로부터 학습하는 기계(소프트웨어, 컴퓨터, 로봇)를 만들려는 인공지능의 한 연구 분야이다. 새 한 마리가 나는 것을 보고, 또 다른 새도 나는 것을 보고, 우리는 날 수 있다고 추론한다. 이와 같이 머신러닝은 다수의 경험적인 사례, 즉 데이터로부터 일반적인 규칙을 추론하는 귀납적 추론 방식을 사용한다. 머신러닝은 세부적으로는 감독학습, 무감독학습, 강화학습의 세 가지로 나뉜다(장병탁 2016, 44). 감독학습은 입력들이 주어질 때 출력들의 오류의 합을 최소화하도록 학습하는 방식이며, 무감독학습은 유사한 데이터끼리 한 묶음으로 하는 군집을 찾는 기술이고, 강화학습은 데이터가 관측되는 순서가 학습에 영향을 미치게 하여 순차적인 행동선택(의사결정)이 가능한 머신러닝 기술이다(장병탁 2016, 44-45).[8] 이것이 반복적으로 강화되어 인공 신경망으로 연결되면 자가학습이 가능한 인공지능으로 진화하는 것이다.

---

8) 감독학습은 예를 들어, 사과와 배를 구분하기 위해서 입력(사과 사진)과 출력(사과 A와 배 P의 구분)의 쌍을 학습데이터로 주는 학습방식이며, 무감독학습은 사과와 배 사진을 모두 모아 놓은 데이터를 가지고 각 사진들의 공통점을 찾아 군집화하는 학습방식이다. 강화학습은 학습자는 현재 상태 x1에서 행동 a1을 수행하고 다음 상태 x2로 이동하고 그 결과로 보상치 r1을 받는다. 상태 x2에서 행동 a2를 골라서 수행하고 x3로 이동하여 보상치 r2를 받는다. 학습자의 목표는 미래에 받을 보상치의 기대값이 최대가 되도록 하는 것이다. 강화학습에서 보상치는 감독학습에서의 출력값과 달리 정확한 목표치가 주어지는 것이 아니라 수행한 행동에 대해서 잘한 정도를 간접적으로 표시하는 평가치만을 피드백으로 받는다(장병탁 2016, 44-45).

인공지능기술이 획기적으로 발전한 것은 기계학습으로 분류되는 딥러닝이 도입되면서 음성인식, 이미지 분류, 텍스트 분석 분야에 괄목할 만한 성과를 내면서부터이다. 딥러닝은 인간의 뇌 구조에서 시냅스의 중첩을 흉내 낸 인공신경망(Artificial Neural Network) 알고리즘에 기반한 방법론이다. 근간이 되는 딥러닝 구조로는 입력 계층(input layer)과 출력 계층(output layer) 사이에 복수의 은닉 계층(hidden layer)이 존재하는 심층신경망(Deep Neural Network), 은닉 계층 앞에 요인 추출에 필요한 필터를 두고 필터를 함께 학습하는 나선형신경망(Convolutional Neural Network), 각 시간의 인공신경망을 적층해 시계열 데이터 처리가 가능한 재귀신경망(Recurrent Neural Network)이 있다(최예림·김관호 2016, 24). 알파고는 딥러닝을 이용하여 바둑판의 모양을 마치 영상처럼 분석함으로써 인간의 직관을 흉내 낸 것이었다. 즉, 머신러닝을 통해서 인간의 직관과 같은 경험에 의한 확률적인 의사결정을 흉내 내고 추가로 인간보다 더 빠르고 정확한 계산을 수행하였기 때문에 인간의 능력을 넘어서는 것이 가능하였다(장병탁 2016, 45-46).

이처럼 딥러닝 알고리즘은 AI 분야에서 획기적인 돌파구를 마련하였다. 기존의 기계학습 알고리즘은 특정 영역의 문제를 해결하는 데는 뛰어난 성능을 보여줬으나 다양한 환경에서 적용하는 경우에는 매우 어려웠다. 가령 자동차를 인식할 때 자동차의 형태, 크기, 색상 등은 매우 다양하다. 또한 자동차가 존재하는 환경 변화도 배경, 조명 등 무수히 많은 요소들을 고려해야 한다. 딥러닝 알고리즘은 이러한 변화 요소들에 대한 특징 추출과 최적화 과정을 자체적으로 수행한다. 기존의 규칙기반 기계학습 알고리즘과는 달리 유아가 세상에 대해서 경험하는 방식으로 서로 연결된 신경망 함수를 근사화하는 소프트웨어 기법을 통해 학습하면서 신경망을 조정해 나간다(유수정 2017, 4).[9] 페이스북은 딥페이스(DeepFace)라는 딥러닝 기술을 개발하여 인간의 수준을 능가하는 얼굴인식 성능을 획득하였다. 구글은 150만장의 이미지로 구성된 이미지넷 데이터에서 1,000개의 물체를 구별해내는 물체인식 대회에서 2014년 우승하였다. 최근 딥러닝은 음악가들의 곡으로부터 작곡법을 배우거나 화가들의 그림으로부터 화풍을 배워 사진을 특정 화가의 화풍으로 변조해 주기도 한다. 중국에서는 시인들의 시를 학습하여 새로운 시를 지어주는 인공지능을 선보이기도 하였다(장병탁 2016, 45-46). 인간의 창안적 능력과 서정성을 표현하는 인공지능기술이 가능해진 것이다.

인공지능은 주로 특화된 기능 중심으로 서비스되고 있다. 음성인식, 통번역, 지도제작, 위치추적, 안면인식, 의료 서비스, 판례 분석, 스마트홈, 비디오 요약, 취향 안내, 자율주행 자동차, 무인드론, 청소로봇, 반려로봇 등이 그 예라고 볼 수 있다. 하지만 빅데이터의 구축과 사물인터넷의 발달 등에 의해서 인공지능은 혁신적인 진화를 거듭하고 있다. 사람의 합리적 계산과 이성적 추론은 물론이고 감정까지도 표현할 수 있는 일반화된 기능을 갖춘 범용 인공지능이 가능해지는 단계로 이행하고 있다. 인공지능이 기존의 과학기술과 다른 점은 인간만이 할 수 있었던 것을 인공지능이 대체할 수 있다는 점이다. 이처럼 인공지능의

---

9) 앞에서 언급하였듯이 구글은 2012년 딥러닝 알고리즘으로 유튜브 영상에서 자동으로 고양이 사진을 식별하는 개가를 이뤄냈다. 인공지능에 고양이 생김새에 대해 알려주지 않고, 사진 1,000만장을 컴퓨터에 입력한 뒤 기계학습으로 고양이 사진을 식별하게 만들었다. 2014년 페이스북은 97.25%의 정확도로 사람 얼굴을 인식하는 인공지능인 딥페이스 기술을 발표했고, 2015년 구글의 페이스넷은 정확도를 99.96%로 높였다. 사람의 인식율 97.53%를 기계가 추월한 것이다. 사람이 시각에 인지능력을 의존하는 것처럼 인공지능은 정교한 이미지 인식능력을 갖게 되면 활용도가 커진다. 범죄자나 고객 식별을 비롯해 개인별 맞춤형 서비스가 발달하고, 자율주행차 상용화가 앞당겨질 수 있다(구본권 2017, 62).

발전으로 인하여 우리 생활에 새로운 변화가 나타나고 있으며, 이러한 변화는 더욱 가속화될 전망이다(김민우 2020, 149). 인공지능이 일상 생활에 많은 유익함을 주기도 하지만 사생활의 노출, 인간의 노동가치에 대한 심각한 도전, 기계의 자율적 판단에 의한 기본권의 훼손이 일어날 가능성이 상존하고 이미 현실 속에 나타나고 있다.

2. 인공지능의 진화와 인권

인공지능은 인간에 의해 주어진 자료를 바탕으로 예측된 산출값을 자동 반복적으로 수행하거나, 인간에 의해 개발된 알고리즘에 의하여 인간의 의사결정을 자율적으로 판단하는 기술을 말한다(Housman 2018, live-chat/4/17). 구글의 알파고는 주어진 상황을 스스로 인지할 뿐만 아니라 그에 적합한 판단이나 선택을 통해 다음 행동을 스스로 결정할 수도 있다. 물론 알파고도 알고리즘의 지배를 받지만, 설계자가 수행하는 모든 행위를 예측하거나 통제할 수 없다는 점에서 일정 정도의 자율성을 가지고 있다. 알파고의 등장은 인간의 직접적인 개입이나 간섭없이 선택, 판단, 자율행동까지 하는 지능적 인공행위자의 출현을 알리는 사건으로 볼 수 있다. 이러한 인공지능의 발달은 바둑을 넘어 금융, 의료, 법률, 군사 등 인지능력을 필요로 하는 여러 영역에서 지금보다 더 발전된 알파고를 만나게 될 것이며(김민우 2020, 149), 이미 인간 생활의 온 분야에 걸쳐 영향력을 미치고 있는 것이 사실이다.

인공지능은 일종의 소프트웨어이다. 그런데 지금까지 개발해온 다른 소프트웨어들과 달리 고도의 자율성과 우월한 지능을 가진 특이한 소프트웨어이다. 이러한 자율성과 지능은 갈수록 향상될 것이며 이처럼 인공지능이 발전하면 결국 사람의 지식과 예측, 제어를 뛰어넘는 지점에 다다를 것이다(김명주 2017, 45). 말하자면 이 지점을 우리는 종결점, 종언으로 의미를 부여하고 특이점(singularity)으로 번역하여 쓰는 것이다. 미래학자들은 특이점을 기술변화의 속도가 급속히 변함으로써 그 영향이 넓어져 인간의 생활이 되돌릴 수 없도록 변화되는 지점으로 정의한다(이재현 2016, 23). 여기서 말하는 특이점에 대하여 더 논의해 볼 필요가 있다. 이 용어가 중요한 의미를 지니는 것은 인간의 지배적인 특이점을 변환시킬 수 있는 새로운 특이점을 인공지능기술이 만들어낸다는 것의 의미를 해석하는 준거 개념이 되기 때문이다.

Good(1965)은 특이점이란 모든 것이 종언에 이르는 포인트로서의 종료점을 의미하는 것으로 본다. 그는 초지능기계가 어떤 인간의 지적 활동일지라도 모두 능가하는 종료 지점을 특이점이라고 말한다. 즉, 인류의 지능이 특이점을 지나면서 기계지능에 비해서 훨씬 뒤처지는 지배적으로 압도된 상태를 특이점으로 보는 것이다. 이와 유사하게 Kurzweil(2005)은 인공지능이 스스로 진화하여 인간의 지적 능력을 초월하는 인류 시대의 종언을 의미하는 종료점을 특이점으로 해석한다. 그는 딥러닝 혹은 기계학습이 인간지능을 초월하여 되돌릴 수 없는 지점에 도달하는 시기를 2045년으로 예측한다. 이들이 말하는 특이점은 종료 혹은 종언을 뜻하는 종료 지점(end point)으로 이해하기보다는 기존의 체계적 속성이 혁신적으로 변화되고, 새로운 질서체계로 전환된다는 의미의 변환점(transformative point)으로 해석하는 것이 적절하다고 본다. 인간지능 혹은 인류의 역할이 어떤 방식으로든 중요한 체계적 기제로 작동된다는 점을 간과해서는 안 되는 것이다.

딥러닝 이전까지의 인공지능은 주로 텍스트 데이터에 적용된 지능형 에이전트를 개발하는 데 그쳤다. 그러나 딥러닝으로 인해서 아주 복잡한 실세계의 센서 데이터로 학습할 수 있게 되었다. 최근 들어, 모든 사물들에 센서가 부착되고 인터넷에 연결되는 사물인터넷의 시대가 도래하고 있다. 이를 통해서 현실의 아날로그 세계가 인터넷의 디지털 가상세계와 연결되는 O2O(Online to Offline) 융합 서비스가 시작되고 있다. 이와 같이 가상세계가 현실세계와 연결되면 지금까지 가상의 디지털 세계에만 적용되었던 인공지능기술들이 현실의 아날로그 세계에까지 확장될 수 있다(장병탁 2016, 48). 미래학자들이 이야기하는 특이점에 도달할 가능성이 인류사회에 나타난 것으로 진단할 수 있다.

여기서 문제가 되는 것은 인공지능의 발달과 혁신에 따라 인권침해의 가능성도 높아지고 있다는 사실이다. 인공지능이 현실세계에 실제로 영향을 미쳐 특정 인종에 대한 편견과 차별, 프라이버시 침해, 편중된 지식의 무분별한 서비스, 경로를 알 수 없는 판단에 따른 위험 초래, 인간의 자율성과 자기결정권의 부정 및 훼손, 자율살상무기의 전장 배치 등의 문제를 유발하고 있는 것이다.[10] 따라서 인공지능의 복잡성, 불완전성으로 인하여 개발자도 예측하지 못한 문제가 발생할 수 있으므로 해당 인공지능기술이 개발 목적에 맞게 작동하고 있는지, 개발자가 예측 못한 오류가 있어 피해가 발생할 수 있는지를 사후에 체크하는 것은 인공지능기술의 사전 기술영향평가 못지않게 중요하다고 본다(이순기 2020, 3).

2018년 인공지능 로봇 소피아는 '4차 산업혁명, 소피아에게 묻다'

---

10) 신현탁(2018, 223)의 연구에 따르면, 인공지능의 불완전성에 의한 편견과 차별, 인권의 문제는 다양하다. 2018년 인공지능 알고리즘은 범죄 재발 가능성에 대하여 흑인이 백인보다 45% 높은 것으로 파악했지만 사실은 백인의 재범 비율이 흑인보다 높은 것으로 밝혀졌다. 2016년에 Beauty AI 인공지능은 미인 심사에서 대부분의 미인을 백인으로 선정했으며, 2018년 미국 캘리포니아주에서 경비로봇 K5는 16세 아이에게 돌진하여 상처를 입히는 사고를 일으켰다. 2018년에는 테슬라S 차량이 도로를 이탈하여 연못에 빠지는 사고가 발생하여 운전자가 숨지는 사고가 발생하였다. 말하자면, 인공지능은 언제나 인간의 생활에 예상치 못한 위해를 초래할 가능성을 내포하고 있는 것이다.

컨퍼런스에서 "대형 화재 현장에서 어린이와 노인 중 한 명만 구하 수 있다면 누구를 택할 것인가" 라는 물음에 매우 어려운 문제라며, "윤리적으로 결정하고 생각하도록 프로그램 돼 있지 않다. 내 생각에는 불이 나면 출구에서 가장 가까운 인간을 구할 것 같다. 그게 가장 논리적이다." 라는 답변을 한 바 있다. 인공지능이 고도화되고 확산될수록 우리에게 편리성, 생산성 향상, 비용 절감, 삶의 질 개선 등 많은 긍정적 영향을 주고 있으나 동시에 인공지능 로봇에 의한 사고, 자율주행 자동차의 사고, 얼굴인식과 번역기의 인종차별 논란, 일자리 위협 등 부정적인 영향도 나타나고 있다(김종세 2020, 14). 이 사례에서 문제가 되는 것은 인공지능이 자율적 판단을 할 수 있다는 것이며, 윤리적이라기보다는 논리적으로 최고라는 결정을 내릴 수 있다는 점이다. 인간에게 통제받지 않고 스스로 진화하여 인간의 삶에 개입한다는 것은 또 다른 지능 혹은 정신의 탄생을 의미하는 것이다. 거꾸로 인간을 통제하고 이에 복종하도록 인간이 재설정 되지 않도록 유의해야 할 대목이다. 인간성의 기본은 무엇인가라는 인간 존엄성에 기초한 인권에 대한 질문을 꾸준히 생성하고 인공지능의 혁신적 진화에 대처해 나갈 필요가 있다.

Ⅳ. 인공지능의 유형과 인권

1. 인공지능의 유형화

일반적으로 인공지능은 약한 인공지능과 강한 인공지능으로 분류되며, 강한 인공지능은 다시 인간 수준의 일반인공지능과 인간 이상 수준의 초인공지능으로 나뉘기도 한다. 약한 인공지능 관점은 스탠퍼드연구소(SRI)의 컴퓨터 과학자로 마우스를 창안하고, 하이퍼텍스트 컴퓨터 기술 혁신의 개척자로 유명한 더글러스 엥겔바트(Douglas Engelbart)를 중심으로 한 학파가 주창한다. 컴퓨터는 어디까지나 인간의 지적 활동을 지원하는 도구에 불과하다는 입장이다. 이들은 AI를 음성인식이나 자연언어 처리, 증권의 자동 거래 등 특정 용도에 사용되는 도구에 지나지 않는다는 약한 인공지능 관점을 고수한다(하원규·최남희 2016, 105). 약한 인공지능은 인간을 단순 보조하는 특정 기능 중심의 특화인공지능으로 표현하기도 한다.

강한 인공지능 관점은 스탠퍼드 인공지능연구소(SAIL)의 인지과학자로 인공지능이라는 용어를 처음으로 만들어낸 존 매카시(John McCarthy)를 중심으로 한 학파가 주창한다. 이들은 컴퓨터는 급속히 진화하여 가까운 장래에 인간에 필적하는 또는 능가하는 지적 능력을 갖게 될 것이라는 입장을 견지한다. 강한 인공지능 관점을 취하는 연구자들은 AI가 단순한 해석 도구에 끝나지 않고, 인간과 대등하게 범용의 지성을 갖게 되고, 나아가 인간과 같이 의식과 정신까지도 갖게될 것이라고 본다(하원규·최남희 2016, 105-106). 강한 인공지능은 일반인공지능 혹은 범용인공지능으로 지칭하기도 하며, 인간의 활동을 대체하거나 인간의 정신적, 물리적 능력을 넘어서는 인공지능 로봇 등을 포함하는 개념이 되기도 한다.

이러한 '약한-강한 AI' 분류 도식을 '약한-강한-슈퍼 AI'로 재해석하여 좀더 명료하게 제시할 수도 있다. 김명철·양기철(2017, 61)은 인공지능을 약 인공지능과 강 인공지능, 슈퍼 인공지능으로 분류하고 있다. 약 인공지능은 단일 기능, 인간의 직접 설계, 지도학습으로 나타나며 문자인식, 음성인식, 청소로봇 등이 해당된다. 강 인공지능은 인간 수준의 범용형이고 스스로 학습이 가능한 무인자동차, IBM 왓슨 등이 사례이다. 슈퍼 인공지능은 인간보다 우수한 것으로 영화 속 터미네이터 형태를 띠는 것을 의미한다. 이때 슈퍼 인공지능은 자의식, 자가 향상, 초인적 능력, 과학적 창조성, 사회적 감성을 가지고 스스로 알고리즘을 생성할 수 있는 능력을 가지는 수준의 인공지능이다. 이들의 유형화 준거는 인간을 기준으로 한다. 인간 보조적이고 부수적인 수준의 인공지능은 약한 인공지능이고, 인간 능력과 유사하면서 그 이상의 역할을 담당하면 강한 인공지능, 인간을 초월하는 역할의 수행이 가능하면 슈퍼 인공지능으로 분류된다.

여기서는 인공지능의 학습방식에 따른 기능 부여, 역할 수행 수준, 기존 분류 도식에 대한 논의를 토대로, 그 준거 속성을 인간의 지능과 정신(영혼)의 핵심 구성요소로 여겨지는 자율성(autonomy), 창발성(emergence), 사회성(sociality)을 기준으로 설정하고 유형화하기로 한다. 자율성은 인간이 지닌 기본 특성으로 인격성과 존엄성을 기초로 하는 자기결정권과 관련되어 있으며, 창발성은 무엇을 창의적으로 만들고 구성해 낼 수 있는 역량을 말하는 것이고, 사회성은 다른 사람과 소통 대화하고 감정을 공유하여 인간다운 정서를 느끼고 표출할 수 있는 공감의 속성을 포함한다. 이러한 준거에 따르면 인공지능은 〈표 1〉과 같이 연결형, 융합형, 변환형으로 나타낼 수 있다.[11] 인간의 특이점으로 볼 수 있는 자율성, 창발성, 사회성을 잣대로 연결형은 낮은 수준,

11) 이러한 유형화의 실익은 인공지능을 인간의 기본 속성을 잣대로 분류함으로써 인권과의 관계를 설명하는 명료성을 띤 용어로 전환할 수 있으며, 무엇보다도 '약한-강한' 혹은 '약한-강한-슈퍼' 분류 도식이 내포하고 있는 범주 설정의 모호성을 개선할 수 있다는 점에서 찾을 수 있다. 예컨대, 알파고는 단일 기능 중심의 인공지능으로 약한 인공지능으로 분류되면서, 동시에 딥러닝이 가능하므로 강한 인공지능으로도 분류될 수 있는데, 여기서는 초인간 수준의 자가학습이 가능하다는 점에서 변환형 인공지능으로 분류될 수 있다.

융합형은 중간 수준, 변환형은 높은 수준의 영역에 배열될 수 있다는 의미이다.

〈표 1〉 인공지능의 유형화

연결형	융합형	변환형
지시학습, 감독학습 기능의 연결, 인간 보조 스마트홈, 청소로봇	무감독학습, 강화학습 사물인터넷, 인간 수준 보안로봇, 무인드론	자율학습, 자가학습 기계지능, 초인간 수준 무인자율자동차, 소셜로봇

저수준 ← 자율성·창발성·사회성 → 고수준

연결형 인공지능(Connection Type AI)은 아날로그 세계의 물리적 형태를 그대로 연결하여 인공지능의 작동하는 형태를 띠며, 인간의 지시와 명령 부호에 따라 설계된 감독학습 위주의 인공지능이다. 외부에서 모바일 기기로 집안 내부의 난방, 조명, 취사도구 등을 조절하는 스마트홈, 청소로봇, 음성인식, 통번역을 대신해 주는 인공지능기술이 여기에 해당된다. 인간의 기본 속성인 자율성, 창발성, 사회성이 낮은 수준에서 프로그래밍 되어 있다. 융합형 인공지능(Convergence Type AI)은 사람과 기계 간 단순 연결을 넘어서 사물인터넷으로 작동하는 인간 수준의 강화학습이 가능한 인공지능을 말한다. 자율성과 창발성, 사회성의 구현이 인간의 의도된 신경망 조작에 따라 통제된다는 점에서 인간친화적인 인공지능이다. 보안로봇, 무인드론, 공유택시 등이 그 사례이다. 변환형 인공지능(Transformation Type AI)은 딥러닝에 의한 혁신적인 자율학습이 가능한 초인간 수준까지 나아갈 수 있는 인공지능을 말한다. 자기 진화가 가능하다는 점에서 자율성과 창발성이 높은 수준이고, 사회성 요소인 감정까지도 표현하거나 창안할 수 있는 수준의 특이점에 도달한 인공지능으로 볼 수 있다. 기계지능형 사이보그, 고도의 소셜로봇 등이 해당된다.

여기서 주목해야 할 점은 인공지능이 연결형에서 융합형, 변환형 인공지능으로 진화하여 나갈수록 인간의 위상이 상승하기도 하지만 하강할 가능성도 높다는 점이다. 일단 인공지능기술이 고도화되면 인간의 여유로운 생활이 기술적으로 보장되기도 하지만, 이에 접근할 수 있는 사람들은 소수에 불과할 수 있다는 것과 따라서 인공지능기술 자체가 집중화된 권력관계를 창출하여 계층, 지역, 인종, 젠더, 국가, 문화권 간 격차를 더 넓힐 수 있다는 우려도 가능하다. 특히 변환형 인공지능의 경우 인공지능이 스스로 진화하거나 다른 인공지능을 만들어 낼 수도 있을 것이다. 이러한 인공지능의 특이점으로의 진화는 인간 생활에 필요한 기본권인 인격적 자율성과 존엄성, 자유권, 경제권, 사회권, 연대권 등을 침해할 가능성이 높아 진다는 것을 의미한다.

인공지능 간의 학습결과, 공유와 통합이 가능하게 되는 초지능 인공지능 시대가 나타나면 필연적으로 인권의 문제와 경합하는 상황이 발생할 수 있는 것이다. 먼저 인공지능이 인간의 지능을 증강시켜 인간의 가치관을 이해하고 타자에 대해 공감하는 상황을 전제해볼 수 있다. 구조대나 화재 및 지진 현장에서 사람의 목숨을 구조를 돕는 초지능 로봇이나, 인류사회가 당면한 문제를 해결하는 친화적인 인공지능(friendly AI) 시나리오이다. 반면에 강한 인공지능이 스스로 프로그램을 갱신하여 지능을 급속히 진화시켜 자신을 가두어 둔 컴퓨터 박스를 뛰쳐나오는 우려스러운 일이 발생할 수도 있다는 시나리오이다(하원규·최남희 2016, 117). 인간 친화적인 변환형 초지능 인공지능은 인간의 본질적인 취약점을 수정 보완해주는 기능을 수행하므로 문제가 되지는 않을 것이다. 그러나 후자의 초지능 인공지능은 자율지성을 갖춘 인간 이상의 능력자가 될 가능성 크기 때문에 인권의 문제를 발생시킬 것이다. 이런 점에 유의하면서 인공지능과 인권과의 관계를 논해 보기로 한다.

2. 인공지능과 인권의 관계

인공지능의 발전은 인간의 지능을 초월하는 단계까지 발전을 거듭하고 있으나, 현재 인간과 공존하는 인공지능은 약한 인공지능이 일반적이다. 약한 인공지능은 특화형 인공지능으로서 분야에 따라 인간보다 우월한 능력을 보여주기도 하지만, 대체로 인간에 대한 보조적인 역할을 담당하고 있는 것이 현실이다(김배원 2020, 63). 그러나 인공지능 기술의 혁신적인 진화를 유발한 딥러닝 기술의 다양한 적용에 따라 인간에 필적하거나 능가하는 인공지능의 출현이 나타나고 있는 것도 현실이다. 예를 들어, 인간의 정서나 감정의 표현은 매우 고유한 영역으로 여겨져 왔다. 감정은 오랜 진화 과정을 거치면서 생명체인 인간에게 장착된 생존을 위한 적응 기제 중 하나로 로봇이 감정 자체를 느끼는 것은 어렵지만, 인간이 감정 교류를 하는 방식, 즉 말이나 표정, 몸짓 등의 의미를 이해하고 사람이 하는 방식으로 로봇이 감정을 표현하게 할 수 있다(유수정 2017, 3). 이것은 인공지능기술도 딥러닝 신경망을 강화학습과 자가학습 방식으로 진화시키면 인간과 유사하거나 동일한 감정 표현이 가능해질 수 있다는 의미이다. 인공지능이 자연인인 인간의 인권과 경합할 가능성이 언제나 이미 나타나고 있거나, 앞으로 나타날 것으로 볼 수 있다.

인권의 본질적 성격과 관련하여 임재홍·정경수(2014, 7)는 보편성, 불가분성, 상호의존성으로 설명하고 있으며, 박찬운(2015, 55-56)은 보편성, 평등성, 불가양성, 역사성, 상호연관성과 관련짓고 있다, 또한 곽노현·류은숙·염형국(2012, 5)은 보편성, 상호불가분성, 상호의존성과 상호연관성을 갖는다고 말한다. 이들에 의하면, 인권은 태어나면서 가지는 우연성의 지배를 받지 않는다는 점에서 보편적이다. 인권은 국적, 문명, 젠더, 종족, 언어, 장애, 빈부 등에 관계없이 천부적으로 보장된 자연권적 성격을 가진다. 또한, 인권은 인간의 존엄성으로부터 비롯되므로 타인에게 양도되거나 타인에 의해 침해될 수 없으며 위계성을 가지지 않는다. 인권은 누구에게나 차별없이 동등하게 적용되어야 하는 인간의 기본권이다. 그리고 인권은 서로 연계되어 있다. 자유권은 참정권과 관련이 있으며, 평등권은 사회권과 밀접하게 연관되어 있다. 이런 점에서 인권은 보편성과 불가양성, 불가분성, 불가침성, 동등성, 상호연계성 등을 기본 성격으로 한다. 인권의 본질은 우리나라 헌법 조항에서 찾아볼 수 있다. 헌법 제10조는 '모든 국민은 인간으로서의 존엄과 가치를 가지며, 행복을 추구할 권리를 가진다. 국가는 개인이 가지는 불가침의 기본적 인권을 확인하고 이를 보장할 의무를 진다'라고 규정하고 있다. 이는 인권의 보편성과 개별성, 불가침과 불가양성, 절대성과 상대성을 실질적으로 선언한 민주주의 헌정체제의 기본규약이라고 볼 수 있다.

전통적으로 인권의 유형은 시민적·정치적 권리, 사회·경제적 권리, 연대의 권리로 분류한다.[12] 시민적·정치적 권리는 제1세대 인권으로

12) 이러한 구분은 인권의 역사성, 발전성과 관련된 것으로 유네스코 법률자문위원이었던 카렐 바삭(Karel Vasak)이 프랑스혁명의 3대 이념이었던 자유, 평등, 우애를 기준으로 인권의 역사를 1세대, 2세대, 3세대로 분류한 데서 기인한다. 제1세대 인권은 국가로부터의 불간섭을 의미하는 자유권적 기본권이며, 제2세대 인권은 분배 정의와 관련된 인간다운 삶의 보장을 의미하는 사회권을 말한다. 이에 비하여 우애를 구현하기 위한 제3세대 인권은 전지구적 차별과 빈곤을 극복하기 위해 국경을 초월하는 성격을 지닌 집단적 권리 혹은 연대의 권리를 뜻한다(곽노현·류은숙·염형국 2012, 16).

개인의 권리에 초점을 맞추고 있으며, 시민들의 삶을 부당하게 간섭하지 말아야 할 정부의 책임을 강조한다. 시민적 자유권을 중시하며 국가로부터 간섭을 받지 않을 권리를 의미한다. 사회·경제적 권리는 제2세대 인권으로 사회적 평등과 시민들에 대한 정부의 책임에 초점을 두고 있다. 제1세대 인권이 정부로부터의 시민의 보호라면, 제2세대 인권은 시민들을 대신하는 적극적인 정부를 필요로 한다. 적정 수준의 생활 보장에 관심을 가진다. 연대의 권리는 제3세대 인권으로 1, 2세대 인권의 보장을 받지 못했던 국가나 문화권, 혹은 소외된 시민들이 개발과 복지의 분배를 위한 권리를 보장하려는 동등한 참여의 권리이다. 제3세계 국가 주민들의 기본권이기도 하다(Snarr & Snarr, 김계동 외 역 2015, 82-89 참조). 이것은 자유권, 평등권, 문화·집단의 권리로 요약할 수 있다. 다시 말해, 제1세대 인권은 법 앞의 평등과 사법적 자유를 강조하는 자유권에 속하고, 제2세대 인권은 인간의 인간다운 생활을 보장하는 사회권으로 평등권을 의미하며, 제3세대 인권은 환경권, 발전권, 차별금지, 평화권, 인도적 원조를 받을 권리와 관련된 문화·집단권적 성격을 가지는 것이다(박찬운 2015, 41).

인권은 인간 개개인에 대한 개별 귀속성을 가지고 있지만, 동시에 종족과 국가, 지역, 글로벌 수준의 집단 귀속성도 갖고 있다. 고대로부터 세계시민주의자들은 인간은 어디에 살든지 상관없이 자연권으로서의 인권을 갖는다고 주장하였다. 그러나 보편적 인권을 강조하는 사회에서조차 문화적 요소는 이러한 견해를 복잡하게 만들 수 있다. 미국은 자연권과 노예제도를 동시에 수용한 경험이 있다. 다시 말해, 국가는 문화상대주의를 가지고 보편적 권리에 대한 입장을 수정할 수 있다. 문화상대주의자들은 개인들에 의해 향유되는 권리는 그 나라의 특정 문화와 역사적 경험에 의해 결정된다고 믿는다. 결과적으로 한 나라에서 수용되는 행위가 다른 나라에서는 인권침해가 될 수 있다는 것이다(Payne, 조한승·고영일 역 2014, 62). 이러한 인권의 본질과 성격, 전통적 유형을, 앞에서 서술한 인공지능기술의 혁신, 인공지능의 유형화 논의와 함께 관련지어 요약하면 〈표 2〉와 같다.

〈표 2〉 인공지능의 유형과 인권

인공지능 / 인권	연결형	융합형	변환형
시민적·정치적 권리	낮음	보통	높음
사회·경제적 권리	낮음	보통/높음	높음
연대의 권리	낮음	높음	높음

주: 인권침해의 가능성을 '낮음 - 보통 - 높음'으로 구분한다.

인권은 인간에게는 개별 귀속적이라는 측면에서 절대성을 지닌다. 또한 인권은 집단 귀속적이라는 본질을 가지므로 상대성을 가지고 있으며, 개인과 집단, 문화권 간 연계 귀속성을 지닌 상호성을 띠고 있다. 이런 점에서 시민적·정치적 권리는 개별 귀속적인 자유권과 밀접하게 연결되어 있다. 또한, 사회·경제적 권리는 재화의 재분배와 복지에 근접하는 집단·공동체적 성격이 강하므로 평등권과 관련되어 있으며, 연대의 권리는 문화 귀속적이고 상호 귀속적이므로 동등한 참여와 개발권과 연계되어 있는 것으로 볼 수 있다.

연결형 인공지능은 인간을 보조하는 기능 중심의 기계지능이므로 비교적 자유권, 평등권, 연대권을 침해할 가능성이 낮다. 인권침해를 유발할 프로그래밍이 낮은 차원에서 작동한다고 보면 될 것이다. 청소로봇은 사법적 자유나 평등을 침해하지는 않을 것이다. 융합형 인공지능은 인간 노동을 육체와 정신의 측면에서 대체하고 관여할 수 있으므로 소극적 측면의 자유 침해 가능성은 높지 않은 것으로 평가할 수 있다. 하지만 평등과 연대권의 경우 비교적 보통 이상의 높은 수준에서 간섭할 가능성이 있다. 빅데이터와 사물인터넷이 인공지능기술과 융합된 보안시스템은 인권의 집단 귀속적 측면과 발전을 추구하는 권리를 언제든지 침해할 수 있기 때문이다. 변환형 인공지능은 사용에 있어서 편리함과 유용성도 크지만 가장 인권침해 가능성이 높은 인공지능 유형이라고 볼 수 있다. 자율적인 자기결정과 그에 따른 인공지능 로봇의 행동이 가능하므로 인간의 자유로운 의사에 반하여 기본적 인권에 관여하고 자가프로그래밍에 의한 딥러닝 신경망 진화를 통하여 인간을 통제할 가능성마저 있는 것이다.

딥러닝을 포함한 기계학습에 의한 지식의 발견 및 획득에 관한 논의는 결국 우리가 학습 및 지식이란 개념으로 과연 무엇을 표상하고 추구하고 있는가 하는 문제로 귀결된다. 약한 인공지능의 입장에서 인공지능의 기술적 성과를 긍정적으로 받아들인다고 하더라도, 인공지능기술이 현 단계보다 더욱더 범용적인 형태와 수준에서 보급된다면, 과연 인간은 무엇을 학습하고 어떤 지식을 추구해야 할 것인가 하는 점이 중요한 과제가 되는 것이다. 이것은 현존하는 디지털 디바이드의 문제, 그리고 데이터 정보, 지식 및 정보통신기술과 관련하여 계급, 젠더, 인종, 국적 등에서의 불균등성과 비대칭성에 계속 주목해야 하고, 이것들로 인한 모순과 한계를 해결해 나가는 일의 중요성을 일깨워 주는 것으로 볼 수 있다(이재현 2016, 19). 그러므로 인공지능이 약한 형태의 연결형 인공지능에서 강한 초지능의 변환형 인공지능으로 진화할수록 인권의 보편성과 절대성 기준이 더욱 엄격하게 적용될 필요가 있으며, 필요하다면 인공지능에 대한 제3의 인격 부여를 통하여 개발자와 사용자, 정부, 그리고 인공지능 자체의 안전성과 책무성을 담보하는 작업이 선행되어야 할 것으로 본다.

V. 결론

지능정보사회를 추동한 4차 산업혁명은 빅데이터와 사물인터넷 기반 인공지능기술의 진화에 의하여 진행되고 있다. 지금까지의 산업혁명이 주로 신체(body) 역량의 확장이라는 측면에서 힘과 속도의 혁명을 주도해 왔다면 현재 일어나고 있는 4차 산업혁명은 사고하고 판단하고 지시하는 정신(soul)의 확장과 새로운 또 하나의 생각하는 정신(another soul)의 생성이라는 혁명으로 볼 수 있다. 사물인터넷 혹은 만물인터넷, 빅데이터, 블록체인, 클라우드 컴퓨팅 시스템 등 지능정보기술이 인공지능이라는 사고할 수 있는 소프트웨어와 융합되면서 알고리즘과 기계가 스스로 분석하고 판단하고 진화하는 변혁의 장이 들어서고 있는 것이다.

인공지능기술의 발전과 혁신은 일상생활에 커다란 영향을 주고 있다. 코로나19의 글로벌 팬데믹 상황에서 사람들은 인공지능의 도움을 받아 질병관리에서부터 의식주에 이르는 기본 생활을 영위하고 있다. 모바일에 탑재된 방역 앱은 실시간으로 모니터링 되어 의사와 환자, 방역 및 행정 담당자, 주변 사람들을 연결하고 질병통제에 나서고 있으며, 학교에서 등교수업을 하던 학생들은 비대면 온라인 시스템으로 공부를 하며 AI 교사와 만나기도 한다. 또한, 스마트헬스 시스템은 홈트레이닝을 가능하게 하여 건강관리를 해주며, 증강현실 프로그램은 실제 영화나 아날로그 현장을 체험하게 도와 주기도 한다. 인공지능기술이 탑재된 보안장치들은 안전한 생활 지킴이가 되어 주고, 음성인식 비서로봇이나 소셜로봇들은 친구나 직장 동료의 역할을 맡아 주기도 한다.

이처럼 지능정보사회의 인공지능기술은 다양한 분야에서 인간의 생활을 보완해 주고 관리해 주며, 여유와 풍요로움을 느끼게도 해준다. 하지만 인공지능이 진화하고 고도화될수록 나타나는 부작용도 만만치 않은 것이 현실이다. 빅데이터 기반 인공지능에 노출된 사람들의 사생활은 타인에게 그대로 전달되어 개인의 자유권을 압박하기도 하며, 이것이 국가 공안기관 혹은 정보기관에 악용되면 잠재적으로 감시받는 생활을 할 수밖에 없다는 압박을 느끼기도 하고, 체제와 상황에 따라서는 실제로 개인의 인격성을 직접 훼손할 수도 있다. 그리고 중요한 것은 정보차별 또는 지능정보접근 불가능 현상이 심화되어 단순 기능 중심 이외의 융합 변환형 인공지능에 접근하기 어려운 처지의 사람들에게는 소외와 배제의 기제로 작동할 수 있다는 점이다.

이러한 점은 과거나 지금이나 미래에도 마찬가지라는 점에서 인간의 존엄성과 관련된 자기결정권과 자율성, 자유권와 평등권, 연대권과 공감 행위 등이 어떻게 지능정보기술 혹은 인공지능과 관계 맺기를 하고 있는지 깊게 성찰해볼 필요가 있다. 결론적으로 지능정보사회의 인공지능기술의 발달과 혁신은 인류에게 풍요로운 시간과 편리함을 극대화시켜 줄 수도 있지만, 기존의 사회에서 지속되어온 편견과 차별, 혐오의 시스템을 더 심화시킬 수도 있다는 점에 주목해야 한다. 빈부, 젠더, 지역, 국가, 신분, 계층, 인종, 연령에 따른 차별의 확산과 극대화 현상이 나타날 가능성도 전혀 배제할 수는 없는 것이다. 따라서 인공지능이 인간에 가까운 모습과 기능을 가질수록, 혹은 인간을 초월하는 질서를 창안하는 특이점에 근접할수록 인권과의 관련성은 깊은 성찰을 유지해 나가야 할 것이다.

참고문헌

곽노현·류은숙·염형국. 2012. 『인권법』. 서울: 한국방송통신대학교출판부.

구본권. 2017. "인공지능 기술 어디까지 왔나." 『관훈저널』. 143, 59-65.

권호정 외. 2016. 『호모 컨버전스』. 경기: 아시아.

김길수. 2019. "인공지능 거버넌스에 관한 탐색적 연구." 『한국자치행정학회보』, 제33권 2호. 219-236.

김명주. 2017. "인공지능 윤리의 필요성과 국내외 동향." 『한국통신학회지(정보와통신)』, 제34권 10호, 45-54.

김명철·양기철. 2017. "4차 산업혁명과 인공지능." 『한국엔터테인먼트산업학회 학술대회 논문집』, 58-63.

김민우. 2020. "지능정보사회에서의 인공지능의 현안과 입법 과제." 『공법학연구』, 제21권 2호, 145-167.

김배원. 2020. "지능정보사회와 헌법 -인공지능(AI)의 발전과 헌법적 접근- " 『공법학연구』, 제21권 2호, 67-108.

김승래. 2018. "4차 산업혁명과 AI시대의 법적 과제와 전망." 『법학연구』, 제18권 2호, 21-57.

김종세. 2020. "인공지능의 안전성과 인간윤리에 대한 법정책적 고찰." 『법학연구』, 제20권 1호, 1-35.

박기영. 2017. 『제4차 산업혁명과 과학기술 경쟁력』. 경기: 한울.

박영숙·Goertzel, Ben. 2016. 『인공지능 혁명 2030』. 서울: 더블북코리아.

박찬운. 2015. 『인권법』. 서울: 도서출판 한울.

백국흠·김일환. 2017. "지능정보사회에서 국가감사기능의 재정립에 관한 시론적 고찰." 『원광법학』, 제33권 3호, 3-25.

신현탁. 2018. "인공지능(AI)의 법인격." 『인권과 정의』, 478, 45-64.

양천수. 2018. "현대 지능정보사회와 인격성의 확장." 『동북아법연구』, 제12권 1호, 1-26.

유수정. 2017. “4차 산업혁명과 인공지능.” 『한국멀티미디어학회지』, 제21집 4호, 1-8.

이순기. 2020. “인공지능의 윤리적 사용을 위한 개선과제.” 『이슈와 논점』, 제1759호, 1-4.

이재현. 2016. “인공지능에 관한 비판적 스케치.” 『마르크스주의연구』, 제13권 3호, 12-43.

임예준. 2019. “인공지능 시대의 전쟁자동화와 인권에 관한 소고.” 『고려법학』, 92, 265-302.

임재홍·정경수. 2017. 『국제인권법』. 서울: 한국방송통신대학교출판문화원.

장병탁. 2016. “인공지능과 미래 인간의 삶.” 권호정 외. 2016. 『호모 컨버전스』. 경기: 아시아. 41-56.

차수봉. 2016. “인공지능과 구별되는 인간의 규범적 분석.” 『인문사회』, 제7권 3호, 843-856.

최예림·김관호. 2016. “인공지능 개요 및 적용 사례.” 『ie 매거진』, 제23집 2호, 23-29.

하원규·최남희. 2016. 『제4차 산업혁명』. 서울: 콘텐츠하다.

Good, Iriving John. 1965. “Speculations Concerning the First Ultraintelligent Machine.” *Advances in Computers* 6, 31-83.

Grawford, Kate and Schultz, Jason. 2019. “AI System as State Actors.” *Columbia Law Review* 119, No.1941, 1941-1972.

Housman, Michael. 2018. “Augmented Intelligence Is a Better Way to Describe AI.” *RapportBoost.AI.* April 17.

Kurzweil, Raymond. 2005. *The Singularity Is Near*. London: Viking.

Payne, Richard J. 2013. *Global Issues*. 조한승·고영일 역. 2014. 『글로벌 이슈』. 서울: 시그마프레스.

Rhee, Sangjin. 2016. “Ethics of Public Administration by Artificial Intelligence in the Fourth Industrial Revolution.” 『한국행정학회 학술발표논문집』, 893-903.

Schwab, Klaus. 2016. T*he Fourth Industrial Revolution.* 송경진 역.

2016. 『클라우스 슈밥의 제4차 산업혁명』. 서울: 새로운 현재.

Snarr, Michael T and Snarr, D. Neil. 2012. *Introducing Global Issues.* 김계동 외 역. 2015. 『세계화와 글로벌 이슈』. 서울: 명인문화사.

WEF, 2017. *The Global Risks Report 2017.* Geneva: World Economic Forum.

제 2 부

글로벌 정의와 평화

제3장 글로벌 정의

제4장 글로벌 평화와 평화교육

Chapter

3 글로벌 정의

Ⅰ. 서론

글로벌화에 대한 인식이 고조되고 탈냉전의 지정학적 불안정성에 대한 인식이 확대되면서, 많은 사람들은 자신의 삶을 규정하는 사회적 과정들이 이제 일상적으로 영토적 경계들을 넘어 진행되고 있다는 점을 알게 되었다. 예들 들면, 그들은 한 영토국가 내부에서 이루어진 결정들이 종종 다른 국가 국민들의 삶에도 영향을 주게 된다는 점에 주목하고 있다(Fraser 2016, 32). 2017년 12월 예루살렘을 이스라엘의 수도로 인정한다는 미국 Trump 대통령의 선언은 하루를 넘기지 않아 영토국가를 넘어 글로벌 문제로 상승하였다. 또한 2022-2024년 러시아-우크라이나 전쟁과, 2023-2024년 이스라엘-하마스(팔레스타인) 전쟁은 국가와 지역을 넘어 전지구적 차원에서 전면적이며 즉각적인 영향력을 미치고 있다.

이처럼 전지구적 전환 과정이 가속화되고 있음에도 불구하고 지금도 국제질서의 근간을 구성하고 있는 주된 원칙은 여전히 국민주권의 원리라고 할 수 있다. 베스트팔렌 조약 이래 국제 질서의 근본 원리로 널리 인정되어 온 국가주권은 대외적으로는 배타적인 성격을 대내적으로는 절대적인 성격을 가지는 것이었다. 이러한 국민국가 중심의 질서를 배경으로 하여 기존의 정의 담론 역시 특정한 정치공동체, 즉 영토국가 내부에 거주하는 시민들 사이의 정의란 무엇이며, 그것을 실현할 방법은 무엇인지를 탐구하는 데에 주로 집중하여 왔다(김원식 2010, 115-116). 글로벌화의 심도 확장에도 불구하고 역설적으로 국민국가의 주권적 권력의 행사는 여전히 유효한 것으로 볼 수도 있다.

그러나 엄밀하게 살펴보면 오늘날 정치적 공간에 대한 국민국가 중심의 베스트팔렌적 지도는 그 호소력을 상실해 가고 있다. 한편으로는 인권체제가 분화되어 나가고, 다른 한편으로는 지구적 협치망이 확산되어 나가면서, 배타적이고 분할 불가능한 주권에 대한 가정은 이제 분명히 더 이상 그럴 듯해 보이지 않는다. 초국적 사회운동들, 정부 간 조직들, 국제적 비정부기구들과 같이 영토와 국가를 초월한 새로운 행위자들이 실행하는 국내외적(intermestic) 정치라는 새로운 형태의 정치를 볼 때, 국내적 공간과 국제적 공간 사이의 명확한 분할이라는 생각도 의심스럽기는 마찬가지다. 또한 지구온난화, 유전자 조작 농법과 같은 명백한 탈영토적 문제들을 고려할 때, 영토를 정의와 관련된 책무를 부과하는 유일한 기초로 보는 관점도 의심스럽다(Fraser 2016, 18). 글로벌화는 상호 연결망의 조밀화와 시공간의 초월, 개방적 국경, 탈영토화를 특징으로 하면서 실질적으로 진행되는 과정을 의미하는 것이다.

기본적으로 글로벌화는 지식의 확산으로부터 비롯되는 권력의 분배를 의미한다. 각국의 정부들은 정보를 독점하던 지위를 잃었으며, 북한을 제외하면 전체주의 국가는 존재하지 않는다. 국제기구는 각국의 영향에서 벗어나 독자적 기능을 행사한다. 다국적 기업과 NGO, 국민, 개인, 미디어, 테러 집단, 범죄 집단 등은 각자의 역할과 다양한 방식의 영향력을 갖고 있다. 정보의 유통 경로가 다양해지고 개인들의 접촉이 활발해지자 독재 체제를 유지하는 나라를 포함한 세계 어디에서나 시민사회와 대중여론이 형성됐다(Boniface, 정상필 역 2016, 262). 글로벌화는 현실 세계의 만민들에게 정치적 활동의 장소와 공간을 국경을 넘어서 열어 놓게 한 것이다.

이와 같이 글로벌화는 공간적이면서 시간적인 구조와 스케일의 조정을 요구하고 있다(Mittleman 2004, 19). 공간은 다양한 유형들끼리 연결되어 가고 있으며 시간은 좁혀지고 있다. 우리들이 가진 민주헌정체제와 정의, 인권, 평화 등과 관련된 핵심 제도와 신념에 대해 재성찰을 요구하고 있으며, 따라서 다양한 글로벌세계의 행위자들과 이들이 만들어낸 결과들에 대해 스케일 측면에서 접근할 필요가 발생하고 있다. 본 고에서는 이러한 민주주의와 정의의 문제를 스케일과 유형화의 측면에서 살펴보고자 한다. 민주주의 헌정체제의 확장과 국내 정의와 국제 정의, 그리고 글로벌 정의의 문제가 주로 규모적 생성과 유용성, 장소와 공간의 차원에서 논의될 것이다.

Ⅱ. 민주주의의 스케일

민주주의의 지정학은 경계의 규모(scale of border)와 관련되어 있다. 민주주의의 확산이 의미하는 것은 민주주의의 경계가 규모 면에서 균형을 이루며 장소감의 실질적 확장을 이루어 냈다는 의미이다. 이런 면에서 민주주의의 지정학은 규모의 정치학이라고 할 만하다.[13] 스케일이란 정치적 장소와 공간의 규정성을 의미한다. 민주주의의 스케일

13) 지정학(geopolitics)에 관한 정치기술적, 영토적, 상황구속적, 비판적 정의는 장소와 규모의 정치학을 논한 Flint, 김명섭 외 역 2007, 35-43을 참조할 것.

을 구성하기 위한 중요한 기준은 민주주의가 정당하게 적용될 수 있는 장소(place)로서의 범위와, 정치적인 의제 설정과 결정에 대해 시민들 다수가 얼마나 직접적으로 참여하는가의 공간(space)에 관한 것이다. 이 두 가지 틀의 설정은 부분적으로 중첩되지만 민주적 결정의 범위와 결정의 직접성 사이에는 구조적인 연관성이 없기 때문에 서로 독립적인 스케일의 내용적 기준들이라 할 수 있다(김비환 2016, 25 참조).

민주주의의 본질로써의 기준은 효과적 참여, 투표의 평등, 계몽적 이해의 확보, 의제설정에 대한 최종적 통제의 행사, 성인들의 수용이다. 민주주의는 이러한 기준들을 확보할 수 있는 기회를 제공해야만 한다(Dahl, 김왕식 외 역 1999, 59). 이러한 민주주의는 두 가지 기본 구성요소를 갖추어야 한다. 자유롭고 공정한 선거가 모든 시민들에게 보장되어야 하며, 또한 그들이 법 앞에서 동등하게 존중되어야 할 법치주의의 원리가 안정화되어 있어야 한다는 것이다(Nili 2011, 631). 그래야만 민주주의는 전제정치의 방지, 본질적 권리들, 일반적 자유, 자기 결정, 도덕적 자율성, 인간계발, 본질적인 개인적 이익들의 보호, 정치적 평등, 평화의 추구, 번영과 같은 바람직한 결과를 가져오는 이점을(Dahl, 김왕식 외 역 1999, 69) 지속적으로 유지할 수 있다. 또한 이러한 이점에 의해 민주주의는 20세기 후반이후 오늘날까지 지속적으로 집단에서 국가로, 국가에서 국제사회와 글로벌 차원으로 파급될 수 있었다.

민주주의 이론은 주권이 국가를 통하여 영토와 국민에 적용되는 관계를 표상하는 것이다, 그것은 시민 유권자들이 사회적 재화와 가치를 분재하는 동질적 정치문화를 전제한다. 이러한 동질성이 곧 국가 정체성으로 나타나는 것이다. 국가 정체성은 따라서 정치형태와 정치공동체 간의 연계를 강화시켜주는 역할을 수행한다. 그러나 글로벌화는 이러한 국민국가의 주권과 권력의 스케일을 변동시키고 있으며 전통적인 민주주의의 전제들을 흔들어 놓고 있다. 초국적 사회의 틀은 기본의 국민국가 수준의 민주주의가 가지고 있던 주권, 영토, 국민의 개념을 그대로 용인하지는 않는다(Catterall 2011, 335). 이것은 국민국가와 시민들의 관계에도 적용되는 현상으로 나타나 광범위한 글로벌 수준의 이주와 망명 등이 주권국가의 국가 정체성에 영향을 미치고 있다. 물론 글로벌화 현상이 역으로 국가의 동질성과 정체성을 강화시키는 현상을 초래할 수도 있다. 그러나 중요한 것은 글로벌 차원의 국민국가는 이미 많은 고유성의 약화와 보편성의 심화를 불러오고 있다는 사실이다.

민주헌정체제를 구성하는 민주주의와 입헌주의(constitutionalism)는 상호 견제의 관계로부터 출발한다. 입헌주의자들이 보기에 민주주의는 정치질서와 중요한 사회가치의 보존에 위협이 될 수 있으며, 민주주의자들이 보기에 입헌주의는 무엇보다도 소수 엘리트들이 다수의 지배를 방해하는 경향을 보인다는 점이다(Hutchinson & Colon-Rios 2011, 43). 민주주의는 입헌주의의 내용을 선거 절차와 상호 견제의 원리에 의해서 적정 수준에서 개선시키며 거버넌스의 창출에 유용한 장점을 지니고 있으며, 입헌주의는 민주주의의 방법이 지닌 과잉 유동성의 생성을 억제하고 적정 수준에서 입헌적 안정성을 보장해 낸다는 점에서 유효하다.

국민국가라는 장소의 국내적 만민의 사회에서 합당하게 정의로운 입헌 민주 정부는 정부가 정치와 선거를 통해 효과적으로 통제되며, 또 성문 헌법과 불문 헌법에서 규정하거나 그 해석을 통하여 규정되는 대로 국민의 근본적 이익들을 보호한다. 정체(polity)는 관료적 욕망을 추구하는 자율적 대리 기구가 아니며, 더욱이 공공의 지식이 되지 않게 차단되고 거의 완전히 책임이 면제된 사적인 경제 권력과 기업 권력의 이해관계에 좌우되어서는 안 된다(Rawls, 장동진 외 역 2009, 48). 민주주의는 입헌적 위가 상태, 즉 중요한 입헌주의적 전환이 필요할 시기가 도래하게 되면, 그것의 구성원으로서의 능동적 시민들은 정치참여의 또 다른 수단을 통하여 다른 정치체제를 제도화해 낸다(Hutchinson & Colon-Rios 2011, 51). 입헌주의적 질서의 상당한 부패와 부정의 고정성을 민주주의는 역동적 공간 능력을 발휘하여 강력한 시위 혹은 평화적 혁명을 통하여 개선하고 개혁해 낸다. 국가라는 범주적 장소의 민주주의는 헌정체제라는 내용적 공간의 민주주의로 재현되어 상호 조응의 질서체계를 형성해 내는 것이다.

이러한 민주주의는 글로벌화와 함께 국내사회와 국제사회의 양면에서 모두 강화되어 왔으며 재구조화되고 있다. 민주주의의 경계는 재영토화 되는 과정을 겪고 있으며, EU와 같이 지역 연합적 스케일을 가진 정치공동체의 형성과 운영은 민주주의의 개념을 다시 성찰하게 만들고 있다. 적어도 민주주의 국가들의 장소 경계는 소멸되지는 않았지만 초경계자들의 등장에 따라 복잡해지고 흐려진 것은 사실이다(Mittelman 2004, 11). 글로벌화 속에서의 새로운 정치질서는 다층적인 거버넌스의 수준에서 작동할 수 있는 적절한 민주주의의 제도화를 통하여 생성되고 안정화 될 수 있다. 민주주의가 보장하는 개인의 자율성과 기회균등은 국내적일 뿐만 아니라 국제적인 스케일에서도 그대로 유용한 정치질서의 형성 원리이기 때문이다(Cavallero 2009, 48 참조).

국제적인 스케일에서 민주주의 헌정체제를 보면 긍정적인 경향성을 나타내고 있다. 역사적으로 특이한 것은 민주국가들은 상호간에 전쟁을 하지 않았다는 경험적 사실이다. 민주적 시민과 지도자들은 다른 민주국가의 국민을 보다 덜 위협적이고, 자신들과 보다 유사하고, 보다 신뢰할 수 있는 존재로 간주하는 경향이 있다. 평화적 협상, 조약, 동맹, 그리고 비민주적 적들에 대항하는 공동방위와 같은 것들의 실천과 역사는 전쟁보다는 평화를 추구하려는 경향을 강화하는 것이다. 그래서 세계는 보다 민주화 된다면 또한 보다 평화스럽게 될 수 있을 것이다(Dahl, 김왕식 외 역 1999, 84-85). 국제법의 관점에서 이런 현상을 해석하면 국가의 전쟁권은 자위권 행사에 국한하는 경향을 보이고 있으며, 이것은 국내 주권 문제에 대한 국가의 권리를 제한하는 경향으로 이어진다. 예를 들면 인권의 역할은 가장 명백하게 내부 주권에 대한 국가의 권리상의 변화 문제와 연결된다. 우리는 인권의 역할을 정부의 내부 주권에 대한 적합한 재정의와 한계를 내리려는 노력의 일환으로 이해할 수 있을 것이다(Rawls, 장동진 외 역 2009, 52). 국제사회의 민주주의는 장소를 정치적으로 확장하려는 성향을 나타내고 있으며, 그것은 인권, 평화, 안전 등의 전통적인 지역적 이슈와 함께 진행되는 양상을 드러내고 있다. 유럽재판소, 유럽의회 등의 제도화된 활동이 그 공간적 사례라고 할 수 있다.

글로벌 스케일에서 민주주의 헌정체제는 아직 불안정하다. 국제연합(UN)은 안전보장이사회 상임이사국의 권력을 시위하는 장에 그치는 한계를 갖고 있으며, 따라서 민주주의의 장소와 공간의 범주와 제도가 미약한 수준에 머물러 있다. 하지만 글로벌 관점의 실행을 모색하는 세계시민주의(cosmopolitanism)의 기본 아이디어는 모든 사람들이 궁극적인 도덕적 배려의 단위로서 글로벌 지위를 갖고 있으며, 따라서 어떤 시민권을 갖고 있든지 또는 다른 우연적 결합에 속해 있든지 등등하게 존중되어야 할 자격을 갖고 있다는 주장을 하며(김용신 2013, 126) 그 가능성을 현실 세계에 표상하고 있다. 글로벌 수준의 민주주의는 국내사회처럼 헌정체제화에는 이르지 못하고 있으나 현실적으로 국경을 넘어서 활동하는 세계시민(cosmopolitan citizen)의 등장을 용인하고 있다. 글로벌세계의 개인은 전통적인 국경을 초월하여 초국적으로 사고하고 행동하는 성향을 나타내고 있다. 따라서 인식의 확장을 인정하는 좀 더 대화적이고 확장적인 틀의 설정과 개방적인 시민성이 고려되어야 한다는 주장은(Held & McGrew 2002, 107 참조) 설득력을 점차 확대하고 있으며 당연한 귀결이라 할만하다. 장소적 범주의 확장은 정보기술의 혁명으로 인한 소통과 이동의 자유스러움에 비추어 볼 때 실질적인 스케일을 형성하고 있다. 하지만 정치적 스케일에서 중요한 민주주의의 제도화와 관련된 내용과 방법의 안정화를 의미하는 헌정체제는 공간적으로 일반화에는 이르지 못하고 있는 것이 사실이다.

Ⅲ. 글로벌 정의의 유형화

글로벌화는 사회적 상호작용의 패턴을 초국적 차원의 스케일로 확장시켜 국가와 지역의 경계를 투과하여 장소와 공간의 넓이와 깊이를 변화시키는 양상으로 전개되고 있다. 그것은 지역과 대륙을 넘어서는 인간 조직과 권력관계의 확장을 가져오고 있는 것이다(Held & McGrew 2002, 1). 스케일의 확장은 자본의 지구적 이동이나 지구적 빈곤의 문제에서 대표적으로 볼 수 있는 것처럼 국민국가 단위의 당사자라는 틀로는 더 이상 대응할 수 없는 새로운 범위에서의 정의 요구들을 등장시키고 있다. 이것은 나아가서 정의의 내용과 당사자에 관한 논란의 확대로 이어져 사회정의를 실현하기 위한 합의를 산출하고 그것을 실현하기 위한 새로운 방법적 성찰이 필요하다는 사실을 일깨워 주고 있다(김원식 2010, 114). 이 시점에서 필요한 것은 새로운 질서화 요구에 대한 응답이며 이것은 정의의 문제에 있어서 유형화 과정이 나타나야 한다는 의미를 갖는다.

유형은 스케일의 재배치이며 유형화는 그 과정이다. 유형이란 사물의 종류이며, 그 종류의 표본이다. 유형은 유사한 것을 그렇지 않은 것과 구별함으로써 어떤 것이 어떠한 종류에 속하는지 알려주는 하나의 개념적 구성체이다. 유형은 어떠한 종류의 본질 또는 기원으로서, 우리는 그것을 통해 구성개념, 이미지, 계층을 이해할 수 있게 된다. 세계를 구성하는데 이러한 분류는 매우 중요하다(Franck & Schneekloth. eds., 한필원 역 2012, 11). 따라서 유형화를 통해 우리는 세계에 질서를 만들 수 있으며, 개인적 · 집단적 생활을 이해할 수 있다. 유형화의 과정을 통해서, 아니면 작동하는 유형을 파악함으로써, 우리는 자신을 세계에, 특정한 사람들의 커뮤니티에 위치시킨다(Franck & Schneekloth. eds., 한필원 역 2012, 30). 결국 장소와 공간의 질서화 과정이 유형화라고 볼 수 있다. 장소는 글로벌 정의의 물리적 스케일과 관련되어 있으며, 공간은 정치역사적 스케일과 연관된다. 정의의 영토와 당사자 문제는 곧 글로벌 장소의 스케일이 어디까지인가 하는 문제이며, 정의의 내용과 방법은 글로벌 공간에 대한 정치적 해석과 관련된 문제이다.

Fraser(2016)가 보기에 정의의 스케일에는 균형과 지도(balance and map)라는 두 가지 차원이 있다. 균형은 정의의 내용에 대한 것이고 지도는 정의의 당사자에 관한 것이다. 정의의 내용은 재분배인가, 인정인가, 아니면 대표인가의 문제이고, 정의의 당사자는 한 영토 내에 거주하는 시민들인가, 지구의 인류인가, 아니면 초국적 위험공동체인가의 문제와 관련되어 있다(p.19). 이것을 장소와 공간의 스케일로 재배치하면, 지도란 장소적 유형으로 당사자의 문제이며, 균형이란 공간적 유형으로 인정과 분배, 대표의 문제이다. 이것은 정의의 스케일이 가지는 다원적 형태로 인해 발생하는 어려운 문제들을 유형화하여 다음 단계로의 전이를 가능하게 해준다. 예를 들면 지구적 빈곤층을 옹호하는 요구들은 제한된 정치공동체에 속한 시민들의 요구들과 부딪히게 되며, 이러한 종류의 이질성은 다른 종류의 급진적 도전들을 야기하고, 정의와 관련된 갈등들을 조직하고 해결하는 다수의 틀들이 경쟁하는(Fraser 2016, 15) 정의의 글로벌 수준의 문제들에 접근하는 사고의 통로를 마련해 분다. 결국 정의의 스케일은 장소와 공간의 유형화를 통한 질서화 과정으로 변환될 수 있는 것이다.

국내적 스케일의 정의 원칙을 Rawls(1971)가 제시하였다. 국내 정의의 제1원칙인 '기본적 자유의 원칙'(the basic liberties principle)은 한 사회의 개인이 지닌 근본적인 자유에 대한 보장의 원칙이다. 제2원칙인 '공정한 기회균등의 원칙'(principle of fair equality of opportunity)은 한 개인이 자신의 선택에 따라 결정되는 것이 아닌 인종, 성, 타고난 재능과 같은 우연적 요소들과 관계없이 사회의 직책과 지위에 도전할 수 있는 균등한 기회의 보장을 의미한다. 마지막으로 '차등의 원칙'(the difference principle)은 한 사회에서 경제적으로 가장 어려운 상황에 처한 사람들의 처지가 나아질 경우에만 정당화될 수 있다는 '정당한 몫 내지는 분배'의 보장을 의미한다. 사회계약에 참여하는 당사자들이 자신의 재능이나 처지를 모르는 상태로 가정되는 원초적 입장에 처하게 된다면 합리적일 것으로 기대되는 그들은 위에서 제시된 정의의 원칙에 합의하게 된다는 것이 바로 자유주의적 정의론의 전형적인 이론적 특징이라고 할 수 있다(이충한 2016, 313). 이 요약은 정의 원칙의 스케일의 출발점을 제공한다는 점에서 중요하다. 원초적 입장이나 무지의 베일은 현실 세계에서는 효용성이 없으나 논리적인 합리성과 합당함을 확증해 내는 질서화의 이점을 부여해 준다. 일단 장소 유형화의 관점에서 보면 국내 정의 원칙들은 Rawls의 주장대로 국경을 넘어 설 수는 없다. 스케일의 한정성을 내포한 정의 원칙들이다. 그러나 공간 유형화의 정의론은 원초적 입장, 기본적 자유, 기회균등, 차등 원칙을 제시했다는 점에서 내용과 방법의 틀의 설정을 표상했다는 점에서 유용하다.

Rawls(1999)는 『만민법』에서 다섯 가지의 국내 사회를[14] 제시하면서 정의의 관점이 국제 사회에서는 달라질 수 있다는 전제를 갖고 국제적 정의에 접근한다. 그는 일반적인 정의 원칙의 성립 동기는 인간적 본성에 의지하는 것으로 본다. 대부분의 민주적 정부의 영토에 존재하는 상이한 문화와 상이한 역사적 기억을 지닌 집단들은 역사적 정복과 이민을 통해 뒤섞여 있다. 그럼에도 그 근원이 무엇이든지 간에 공통의 동정심이 필요하다는 데서 만민법이 출발할 수 있다고 보는 것이다(Rawls, 장동진 외 역 2009, 49). 이것은 만민법의 성립 과정에도 역시 국내 정의 원칙의 과정이 그대로 원용될 수 있다는 점을 함의한다. 만민법은 영토와 인구의 규모, 자신들이 근본 이익을 대표하는 국내적 만민의 상대적 힘을 모르는 만민의 합리적 대표자들에 의해 선정된다. 이들은 합의 당사자들로서 입헌 민주주의를 가능케 하는 합당한 우호적 조건들을 알더라도 – 왜냐하면 이들은 자신이 자유적 사회들을 대표한다는 사실을 알기 때문이다. – 자신이 대표하는 사회적 자연적 자원

14) Rawls(1999)가 제시한 국내 사회는 합당한 자유적 만민의 사회, 적정 수준의 만민의 사회, 무법 국가들, 불리한 여건 때문에 고통을 겪는 사회, 자애적 절대주의 사회이다. 자유적 만민과 적정 수준의 만민은 위계적 질서 체계 아래에서도 기본적 자유와 평등, 인권, 복지 등에서 적정 수준의 삶을 보장한다는 점에서 질서 정연한 만민으로 부를 수 있으며, 그것이 인위적이든지 자연적이든지 상관없이 기본적 인간의 존엄성이 보장되기 어려운, 동등한 참여가 작동하는 정치적 결정에 의한 인권 존중이 어려운 국내 사회가 무법, 고통, 절대주의 사회이다.

의 내용이나 경제 발전의 수준, 이와 유사한 정보를 모른다. 국내 정의 원칙의 도출 과정과 같은 방식의 원초적 입장이 대표의 모델로 사용되는 것이다(Rawls, 장동진 외 역 2009, 61).

이러한 과정을 통하여 성립된 만민 간에 적용되는 정의 원칙들은 만민은 자유롭고 독립적인 존재로서 존중받아야 하며, 조약과 약속을 준수해야 하고, 평등하며 자신들을 구속하는 약정에 대한 당사자이고, 불간섭의 의무가 있으며, 자기를 방어할 권리가 있으나 그 외의 이유로 전쟁을 일으킬 권리는 없고, 인권을 존중해야 하며, 전쟁 수행의 규정과 제약 사항들을 준수해야 하고, 만민은 정의롭거나 적정 수준의 정치체제와 사회체제의 유지를 저해하는 불리한 조건하에 사는 다른 만민을 원조해야 한다는 내용으로 구성되어 있다(Rawls, 장동진 외 역 2009, 67-68). 여기서 Rawls의 만민법은 글로벌 정의 원칙에 도달한 것은 아니며 국제사회의 정의 원칙이라는 비판에 직면한다. 그의 비판자들인 세계주의자(cosmopolitan)들의 공통된 견해는 평등과 관련하여 국내적 원초적 입장의 글로벌 수준으로의 확장, 기회의 불평등을 감소시킬 수 있는 정치적 의무에 대한 실질적 요구, 최소 수혜자들의 여건을 개선할 수 있는 지원에 대한 기대를 증진시키는 것이 미비 되었거나 부족하다는 것이다(Miller 2012, 297). 이것은 Rawls가 인정한 국가 경계에 대한 역사적 존재 수용, 이에 대한 보완으로 제시한 질서 정연한 사회에 살고 있는 만민들의 고통 받는 사회에 대한 원조 의무, 국가 간 불간섭과 전쟁 가능성 인정 등에 대한 비판으로 볼 수 있다. 요컨대 만민법은 국제사회의 질서체계를 규율하고 있는 현재의 국제법, 인권 보장과 같은 기본권의 국경을 넘는 확장, 도덕적 규범들과 어떤 차이가 있는가라는 비판이다. 이를 받아들이면 만민법의 정의 원칙들은 국제적 스케일에서 적용 가능한 것으로써 장소 유형적 성격이 규정되며, 단계적 원초적 입장의 적용 절차와 인간의 기본권에 대한 보편적 인정과 국제질서의 존중을 포함하는 공간 유형의 정의 스케일로 정돈할 수 있다.

정의의 스케일의 문제에서 분배 정의와 관련된 일반적인 논의를 보면, 국내 분배 정의와 글로벌 분배 정의 원칙은 상반되는 것처럼 보이지만 대부분 다층 접근법(multi-level approach)에 의해 해결되어져 온 것을 확인할 수 있다. 다층 접근법의 아이디어는 사회정의를 실현하는 분배 문제에 있어서 국내, 국제, 글로벌 스케일에서 종합적인 검토 관점을 부여하고 있다. 그 중 가장 일반적인 것은 중간 수준(middle-ground)의 접근으로 나타난다. 이것은 국민국가 내부의 동료 시민들에게 우선적인 분배를 실현하면서, 동시에 부의 상당량을 글로벌 스케일에서 재분배해야 한다는 주장이다(Rummens 2009, 658). 이러한 유형화 논리를 배경으로 글로벌 스케일의 정의 원칙으로 나아갈 필요가 있다. 정의의 스케일의 장소와 공간을 확장하는 자유주의적 세계주의(liberal cosmopolitanism)의 글로벌 정의 원칙은 글로벌 기회균등 원칙과 글로벌 차등원칙이 적용된다. 이것은 Rawls의 국내 정의 원칙을 글로벌 수준으로 일관되게 확장한 형태이다. 글로벌 기회균등 원칙은 지위나 부, 자원의 분배가 사람들이 인종이나 계층에 의해서 불이익을 당하지 않도록 이루어져야 한다는 주장이다(김용신 2013, 122). Rawls의 자유의 우선성 규칙을 분배 정의에 적용한 결과 우연적 요소에 결정되지 않는 동등한 참여 기회의 보장을 실질적 기회균등의 개념으로 글로벌 수준에 적용한 것이다. 글로벌 차등원칙은 글로벌 차원의 원초적 입장에서 도출되는 정의 원칙이다. 만민은 자신의 국적이나 성별, 인종, 자연적 조건 등을 모르는 무지의 베일 속에서 정의 원칙을 선택하게 되므로 최소 수혜자에게 최대의 이익이 보장되도록 자원의 분배에 합의하며, 이것은 불평등한 자원 배분으로 여겨지지 않는다는 것이다. 자유의 우선성 규칙을 보완하는 차원의 분배의 형평성 보장 원칙이라고 할 수 있다. 국내 정의의 차등원칙을 글로벌 수준으로 확장해 냈다는 점에서 자유주의적이며 세계주의적이다. 이것을 좀 더 단순화하여 표현한다면 장소 유형과 공간 유형의 정의 관점에서 글로벌 스케일에 도달한 논지 전개로 볼 수 있을 것이다. 이에 대한 논의는 다음 장에서도 이어진다.

Ⅳ. 민주적 글로벌 정의

글로벌화는 지구의 과반수에게는 긍정적 효과를 불러왔다. 하루 1.25달러 미만으로 살아가고 있는 절대빈곤에 처한 사람들의 수는 1981년 19억 명에서 2010년 12억 명으로 크게 줄었다. 같은 기간 전체 인구는 45억 명에서 69억 명으로 늘었는데도 그렇다. 개발도상국 내 절대빈곤의 비율은 1981년 52%에서 2010년 22%로 감소했다. 역시 같은 기간 해당 국가들의 인구는 34억 명에서 57억 명으로 증가했다(Boniface, 정상필 역 2016, 263). 그렇다면 과연 이러한 글로벌화의 효율성은 정의라는 문제에 대해 해결책을 제시할 수 있는가? 이에 대해서는 민주주의 헌정체제와 정의 생성의 기본적인 논리로 볼 수 있는 동등한 참여의 관점에서 접근할 수 있다.

기본적으로 민주주의 사회에서 동등한 참여는 정보에 핵심적인 자원들과 정보에 접근하는 것과 밀접한 관련이 있다. 그것은 행정부와 입법부, 사법부의 효율적인 기능을 위해서도 필수적이다. 민주적인 공적 생활에서 의미 있는 참여가 실행된다는 것은 민주주의의 핵심 요소이다(Raso 2016, 67). 따라서 정의로운 사회를 만들기 위해서는 동등한 가치를 가진 인간으로서 모든 사회생활에 동등하게 참여할 수 있는 기회를 제약하는 제도들을 민주적으로 변환시켜 나갈 필요가 있다(최종렬 2015, 206).

그렇다면 왜 동등하게 참여하는 것이 정의인가? Fraser는 인간은 모두 동등한 도덕적 가치를 가지고 있다는 의무론적이고 비종파적인 원리를 선험적 토대로 내세운다. 근대 세계에서는 특정 존재들만이 아니라 만민이 동등하게 도덕적 가치를 가진다는 주장이 보편적으로 받아들여지는 것이 이상이기에 이 원리는 의무론적이고 비종파적일 수밖에 없다. 이러한 선험적 토대로 만민이 사회적 삶에 동등한 존재로 참여할 수 있는 사회구조를 만들 것을 요구한다(최종렬 2015, 200). Fraser가 제시한 동등한 참여의 원칙은 구체적인 제도의 내용과 그것이 성립하게 된 절차 모두에 대해서 반성할 수 있는 기준을 우리에게 제공하고 있다. 또한 동등한 참여의 원칙은 민주주의와 정의 사이의 불가분의 관계 역시 잘 보여주고 있다. 정의는 당사자들의 동등한 민주적 논의와 참여를 통해서만 비로소 확정되고 실현될 수 있다는 것이다(김원식 2010, 120).

Rawls와 마찬가지로 Fraser의 경우에도 민주적 절차에 의한 글로벌 정의 원칙의 도출을 시도하고 있다는 점에서 국내 정의 원칙의 도출 과정과 일치되는 논지를 민주주의가 제공한다고 볼 수 있다. 민주적 절차와 합당한 합의에 이를 수 있는 실효적 제도는 국민국가 내부에서 실질적으로 가능하다는 한계점이 있을 수 있다. 그러나 유럽연합의 사례에서 볼 수 있듯이 지역적 차원의 민주주의를 통한 글로벌 정의에의 도달 방법은 여전히 유효하다. 국제사회가 글로벌 정의 원칙을 실행하기 위한 제도화를 만들어 내는 과제는 이런 점에서 현실주의적 유토피아를 지향하는 것이 올바르며 발전적이고 인간적이다.

자유주의적 세계주의의 관점을 원용하면서 보다 더 구체적이며 실천 가능한 글로벌 정의 원칙을 Brock(2005)이 제시한다. Brock의 민주적 글로벌 정의 원칙은 무작위로 선출된 만민의 대표자들에 의해서 선택된다. 그들은 출신국의 자연과 발전 상황 등 배경적 지식을 갖고 있으며, 국제사회가 처한 전쟁과 테러, 젠더, 평등, 평화, 부의 격차, 위생, 안전, 환경 문제 등을 포괄적으로 인식하고 정의 원칙을 도출해 낸다. 이점에서 현실적이고 실천 가능한 의식적 관여를 수행해 낸다. 이들은 결국 기본적 자유와 인권의 보장, 공포와 빈곤으로부터의 자유 등을 기반으로 하는 정의의 원칙으로써 '최소 기준 충족 원칙'Needs-Based Minimum Floor Principle)을 선택하게 된다.

이것은 국간 간 협력 체제인 연합주권(joint sovereignty)의 형성을 통하여 기본적인 생활 보장을 하는 동시에 인간의 추가적인 욕구 충족을 인정한다는 의미에서 민주적 제도화를 실행해 내는 동시에 차등 원칙이라는 형평적 복지의 기본적 보장을 표명한다는 의미에서 실행 가능성을 보여 준다. 이런 점에서 '최소 기준 충족 원칙'은 민주적 글로벌 정의 원칙이라고 칭할 수 있을 것이다(김용신 2013, 123-124 참조).

결국 민주적 글로벌 정의 원칙이란 글로벌 스케일에 적용 가능한 실천적이고 현실적인 글로벌 정의 유형이라고 말할 수 있을 것이다. 무작위로 선출된다는 의미에서 정치경제적으로 부의 분배와 기회균등에 영향을 주는 우연적 요소들을 최소화 할 수 있으며, 기본적 생활 보장을 한다는 점에서 분배 정의에서 공평성을 추구하고 실현해 낸다, 또한 국가 간 연합주권을 형성하여 이를 통해 '최소 기준 충족 원칙'을 성립시키며 실행한다는 점에서 동등한 참여가 보장되는 정의 원칙에 근접하며 현실적이다. 자유주의적 세계주의가 가지는 이론적 장점에 더하여 현실주의적 유토피아의 관점을 추구한다는 점에서 민주적 글로벌 정의를 지향한다고 평가할 수 있다.

V. 결론

민주주의 헌정체제는 민주주의라는 점에서 전 세계적인 파급력을 갖고 있으나 입헌주의라는 점에서 실질적인 전이력은 제한적이다. 민주주의는 기본적으로 동등한 참여의 보장을 통한 실질적인 의제 관여 능력을 관건으로 한다. 정치과정이나 재화의 재분배 과정에 그에 영향을 받는 모든 사람들이 참여해야 한다는 민주주의의 관점은 국내와 지역, 국제사회, 글로벌세계에 모두 적용 가능할 만큼 강한 설득력을 갖고 있다. 국민국가의 구성원들이 보기에 민주주의는 개별적 관여를 제도적으로 허용한다. 이 점에서 자유와 평등을 공평하게 보장할 개연성이 높은 정치체제를 민주주의가 제공하는 것이다. 따라서 파급력은 강한 것이다. 그러나 입헌주의와 관련지어 생각하면 민주주의는 불안정하다. 입헌주의는 민주주의를 안정화시키고 제도화하는데 기여하지만 실질적인 보장을 결여할 수 있다는 점에서 동등한 참여의 문제를 충족시키는데 부족할 수 있다. 간접민주주의를 보면 이 점이 여실히 드러난다. 따라서 민주주의와 입헌주의는 민주헌정체제라는 스케일로 결합되어 사람들에게 질서라는 인간적 편리함을 제공하는 것이다.

장소와 공간으로 유형화되는 스케일이라는 측면에서 민주주의 헌정체제는 국내적인 적용력은 상대적으로 우월하다. 전통적으로 민주주의는 국민국가의 정체성을 확보하는데 유용하게 작동하여 왔다. 민주주의라는 동등한 참여의 보장 기제는 동료시민(fellow citizen)이라는 동질성에 호소하여 국민국가의 경계 내부에서 정체성의 강화를 가져오는 역할을 수행했다. 정치적 효율성이 작동하는 범주로써의 장소적 민주주의가 국가 내부라는 스케일에서 내용적인 제도화를 달성하여 입법, 사법, 행정 등의 형태로 실질적인 국가 구성원의 정치 관여 행위를 가능하게 하는 공간적 민주주의를 성립시킨 것이다. 입헌주의는 곧 공간적 민주주의에서 기본적 자유의 보장, 인권, 평화, 복지, 교육, 안전 등을 제도적으로 제공하는 틀의 작동을 의미하는 것이다. 이런 점에서 국내 스케일의 민주주의는 실질적으로 성립한다.

국제적 스케일과 글로벌 스케일의 민주주의 헌정체제는 부분적으로 성립되고 있는 전개 과정의 형태를 취한다. 국제사회에서 민주적 절차는 주로 전통적인 베스트팔렌적 틀에 기댄 국민국가라는 강고한 행위자에 의해 운영된다. 국제적 스케일의 민주주의는 국내적 스케일의 장소를 크게 벗어나지 못하고 제한되어 운영된다는 의미이다. 공간적 측면에서 정치역사적으로 안정된 제도화에는 이르지 못하였으나 지역연합과 같은 협치체제에 의해 민주주의 헌정체제가 성립되어 공유된 가치 체계를 매개로 인권, 위생, 교육 등과 같은 실질적 내용에의 참여기회를 보장하는 스케일이 생성되고 있다. 글로벌 수준에서의 민주주의 헌정체제는 아직 미약하다. 하지만 민주주의가 정의라는 문제와 조응하는 측면을 고려한다면 국내와 국제, 글로벌 차원의 민주주의 스케일은 일정한 유형화를 통한 질서를 구축하고 있다.

국내적 스케일의 민주주의 헌정체제는 국내 정의 원칙의 성립과 실행이라는 측면에서 장소와 공간 유형의 정의 스케일과 상호 지향적으로 결합된다. 국내라는 장소 범주는 민주주의와 정의 원칙의 실행을 강력하게 수행해 낸다. 이것은 국민국가 경계 내부의 정의 원칙의 자율성과 함께하는 강제성을 합당한 민주주의 기제로 인정하는 정치과정을 생각해 보면 그대로 수용할 수 있는 국면이다. 하지만 국제적 스케일과 글로벌 스케일의 민주주의 헌정체제는 장소 유형의 정의 스케일이라는 점에서 부분적인 적용력을 가진다. 정의 스케일을 국제사회로 확장하려는 만민법과 관련된 논의를 보면 기존의 전통적인 국제규범과 유사한 장소와 공간적 유형화에 머물러 있음을 발견할 수 있다. 만민의 정의의 원칙의 중요한 점은 글로벌 정의 스케일로 나아갈 수 있도록 현실주의적 유토피아의 관점을 부여했다는 것이다. 장소 한정적인 정의 스케일을 인간이 가지는 기본적 자유와 인권, 평화, 인정, 존중, 관여 등의 공유된 합당함에 근거하여 공간 확장적인 정의 스케일로 유형화하는 질서 부여의 동기를 제공했다는 점에서 그렇다. 글로벌 정의 원칙은 실질적으로 동등한 참여를 보장하는 민주주의 스케일과 함께하면 장소와 공간을 동시에 확보한 정의론으로 유형화될 수 있을 것이다.

참고문헌

김비환. 2016. 『민주주의와 법의 지배』. 서울: 박영사.

김용신. 2013. 『글로벌 시민교육론』. 경기: 이담북스.

김원식. 2010. "지구화 시대의 정의: 낸시 프레이저의 정의론 검토." 『철학탐구』 28. 113-139.

이충한. 2016. "자유주의적 정의의 한계." 『철학논총』. 86(4). 309-327.

최종렬. 2015. "낸시 프레이저의 정의론과 다문화주의." 『현상과 인식』 39(4). 197-225.

Boniface, Pascal. 2014. *Le Grand Livre De La Gèopolitique.* 정상필 역. 2016. 『지정학에 관한 모든 것』. 서울: 레디셋고.

Brock, Gillian. 2005. *Global Justice.* Oxford: Oxford University Press.

Catterall, Peter. 2011. Democracy, cosmopolitanism and national identity in a globalising world. *National Identities* 13(4). 329-347.

Cavallero, Eric. 2009. Federative global democracy. *Metaphilosophy* 40(1). 42-64.

Dahl, Roert A. 1998. *On Democracy.* 김왕식 외 역. 1999. 『민주주의』. 서울: 동명사.

Flint, Colin. 2006. *Introduction to Geopolitics.* 김명섭 외 역. 2007. 『지정학이란 무엇인가』. 서울: 도서출판 길.

Franck, Karen A. and Schneekloth, Lynda H. 1994. *Ordering Space.* 한필원 역. 2012. 『공간의 유형학』. 서울: 나남.

Fraser, Nancy. 2008. *Scale of Justice.* 김원식 역. 2016. 『지구화 시대의 정의』. 서울: 그린비출판사.

Haas, Peter M. and Hird, John A. 2013. *Controversies in Globalization.* 이상현 역. 2017. 『세계화의 논쟁』. 서울: 명인문화사.

Held, David. and McGrew, Anthony. 2002. *Globalization / Anti-Globalization.* MA: Blackwell.

Hutchinson, Allan C. and Colon-Rios, Joel. 2011. "Democracy and constitutional change." *Theoria* June. 43-62.

Miller, Richard W. 2012. "Rawls and global justice." *The Philosophical Forum* 297-309.

Mittelman, James H. 2004. *Whither Globalization?* London: Routledge.

Nili, Shmuel. 2012. "Our problem of global justice." *Social Theory and Practice* 37(4). 629-653.

Raso, Jennifer. 2016. "Accessible information and constitutional democracy." *Constitutional Forum* 25(3). 67-77.

Rawls, John. 1999. *The Law of Peoples.* 장동진 외 역. 2009. 『만민법』. 서울: 아카넷.

Rummens, Stefan. 2009. "No justice without democracy: a deliberative approach to the global distribution of wealth." *International Journal of Philosophical Studies* 17(5). 657-680.

Chapter

4 글로벌 평화와 평화교육

Ⅰ. 서론

21세기의 한반도는 국제분쟁의 한 가운데에 배치되는 지정학적 불안정성에 처해 있다. 미국, 일본, 중국, 러시아 등 전통적이며 현저적인 권력을 갖고 있는 세계적 강대국들이 한반도를 정점으로 대립하고 있는 것이 현실이다. 여기에 2024년 북한의 김정은 체제는 핵실험 준비와 핵위협을 하면서 이은 대륙간 탄도탄 미사일 개발 및 시험 발사를 지속시키면서 핵보유국 인정을 국제사회에 요구하고 있다. 이에 대해 미국 트럼프 행정부의 북한 테러지원국 재지정 조치에 이어 바이든 행정부는 북한에 대해 지속적으로 최고의 압박 전략을 구사하고 있다. 이러한 한반도의 분쟁 가능성은 동북아의 긴장을 고조시키며 국제사회의 우려를 자아내고 있는 상황이 상시적으로 지속되고 있다. 2024년에도 이어지고 있는 우크라이나-러시아 전쟁, 이스라엘-하마스 전쟁, 대만해협 분쟁 가능성 등의 국제정세에 비추어 볼 때, 어느 때보다 평화와 평화 증진을 위한 노력이 절실한 시기로 볼 수 있다

주지하듯이 글로벌화 현상은 정치, 경제, 군사, 문화적으로 크게 상호의존적인 국제사회를 만들어내었다. 그러나 국제적인 상호교류의 활성화는 인류 공통의 관심사인 평화의 문제와 함께 분쟁의 문제도 증폭시키고 있음이 사실이다. 지구적인 수준의 기아와 빈곤, 국제적 긴장과

전쟁, 정치적 소외, 인플레이션과 에너지 자원의 점증적인 고갈 등은 국제사회의 모든 국가가 협력하여 해결해야 할 중요한 세계적 과제임이 분명한 것이다(김용신 2007, 236). 글로벌화의 과정에서 주목해야 할 점은 개인, 국가, 지역, 세계 차원에 걸친 평화와 정의의 문제이다. 굳이 분쟁과 테러 지역과 국가를 거론하지 않더라도, 평화가 없는 곳에서 정의를 논하기 어렵고, 반대로 정의가 부재하는 곳에서 평화를 거론한다는 것은 합당하지 않은 일이다.

여기서 문제가 되는 것은 국제사회가 독립적이고 최고적 성격을 지닌 주권 국가로 구성되어 있다는 점이다. 국가는 지구라는 사회에서 힘을 가진 것만큼의 자유로운 활동 범위를 지니고 있으며, 문화적 상이성으로 인하여 서로 다른 이익과 가치를 지향한다. 또한 국가를 국내적 수준과 같이 적절하게 규율할 만한 세계정부가 아직 존재하지 않는다. 국제사회는 축약과 통합의 과정을 밟고 있지만 상호 균열과 이익의 충돌 가능성도 더 높아진 셈이다(김용신 2007, 236-237). 하지만 초국적 사회(transnational society)의 개인과 기업, 집단, IGO, INGO의 다양한 국제질서에의 참여와 활동은 국가의 주권을 제약할 수도 있는 현실적인 권력에 도달하고 있다. 국가의 힘은 전통적인 베스트팔렌 체제(Westphalia system)에서 이탈하고 있는 양상이다. 이전과는 다른 유형의 평화와 정의의 문제에 대한 접근과 질서화 과정이 필요한 것이다.

평화의 문제와 관련하여 보면 전 세계적으로 다른 사회와 다른 문화들 간의 폭력은 역사적으로 이어져 왔으며 이것은 글로벌화가 진행되는 지금 이 시점에서도 그대로 나타나고 있는 것이 사실이다. 특히 오늘날 대량살상무기의 존재는 사람들을 이전에는 없었던 전쟁과 폭력의 가능성에 상시 노출시키고 있는 실정이다. 이제 평화는 인간 생활의 가장 기초적인 조건이 되었으며, 평화의 생성과 유지는 개인의 생존과 세대(generations)와 국가의 안전, 인류 전체의 생존과 관련된 중요한 의제로 여겨지게 되었다(WULF 2013, 71). 평화는 멀리 이상사회에 있을 법한 이야기가 아니라 국내외 사회를 막론하고 인간의 생활 전반에 직접적인 영향을 주는 현실 언어로 간주되고 있다.

지구적 차원에서 정의의 문제를 보면 세계 인구의 절반에 가까운 약 46%의 사람들이 일일 평균 2달러에 못 미치는 구매력을 가진 심각한 빈곤층으로 분류되고 있다. 이러한 빈곤은 부유한 국가의 1%의 수입을 빈곤 국가에 이전함으로써 제거하기에 충분한 것으로 글로벌 차원의 불공정한 재분배의 부재 상태는 정의의 대규모 실패로 간주할 만하다(Kaufman 2013, 621). 이것은 필연적으로 사람들의 평화로운 생존과 생활에 악영향을 미칠 수밖에 없게 된다. 빈국 내부의 사람들은 그들이 처한 질병과 위생, 교육, 개발, 환경 문제를 극복하기 어려우므로 상호 분쟁의 상태로 내몰릴 가능성 커지는 것이고, 부국의 사람들을 보면 언제라도 상호 연계된 국제 테러와 세계적 정치 불안정으로 인한 전쟁의 가능성, 기후 변화를 해결하기에 어려운 평화 부재의 현실에 직면할 수 있는 것이다.

본고는 평화와 정의의 교육적 스케일(scale)에 대해 논하고자 한다. 서로 연결되어 있는 두 주제는 글로벌 차원에서 그 심도를 더해가고 있으며, 이것은 다시 개인과 국가 내부 국면으로 강한 영향력을 미치고 있다. 일례로 한반도의 경우에 국한하여 보더라도 한국의 안보 문제로 여겨지는 고고도미사일방어체계(THAAD) 배치 이슈는 중국의 직접적 관심 표명과 사실상의 개입으로 인하여 많은 경제적 손실을 가져 왔으며, 이것은 다시 미국 외교 국방 정책에 영향을 주어 글로벌 이슈화 되고 있으며, 무엇보다도 한국 사회 내부의 갈등과 분쟁을 초래하고 있다. 중요한 것은 이 문제가 역내 평화구축과 관련된 논의에 그치지 않고 정의의 문제로 이어지고 있다는 점이다. 과연 일국 차원의 무법국가(outlaw state)의 무제한적 폭력 가능성에 대한 안보 행위가 국제사회에서 정의로운 것인가? 이러한 국가 정책 결정의 수행이 배치 지역의 주민들을 포함한 한국 국민의 입장에서 볼 때 정의로운 행동으로 여겨질 수 있는가? 이러한 문제들을 해결하기 위한 교육적 대안은 무엇인가? 등에 대한 질문에 답하기 위한 근접 논의가 필요한 것이다. 여기서는 이에 대해 평화와 평화교육을 글로벌 정의 관점을 도입하면서 검토하기로 한다.

Ⅱ. 평화와 평화교육

평화는 단순히 전쟁의 부재 상태가 아니다. 평화는 우애의 실천이며, 사람들이 갈등 해결을 위해 만나서 대화하고, 공평하게 서로를 인정하고, 기본적 욕구를 충족하며, 상호 존중의 자세로 함께 연대할 때 이루어지는 것이다(Mojekeh 2014, 42). 단순히 평화를 소극적으로 해석하면 갈등이나 분쟁 상태가 아닌 폭력의 부재 상태 혹은 공포로부터 자유로운 안정을 의미한다. 이러한 평화는 언제든지 외부의 개입이나 환경의 변화에 노출되면 불안정한 상황으로 이행할 수 있다. 따라서 적극적이며 능동적인 평화 개념을 도출할 필요가 있다. 개인과 공동체의 상호 연대를 통한 평화유지와 평화구축은 제도적 평화를 가져올 수 있다. 사람들이 기꺼이 동의해 줄 수 있는 평화를 확보하기 위해서 대화와 타협, 공정성, 인정과 개별적 이익의 충족 추구 등이 사회제도에 구현되어 생활에 실천될 때 평화는 지속가능성을 확보하게 되는 것이다.

이러한 평화에의 접근은 평화구축을 위한 토대로써의 원칙과 출발점이 필요하다. 평화원칙이란 인간의 존엄이란 매우 중요하며, 인간성의 고유함은 다양하게 표상되고, 따라서 인간의 존엄성 강화와 다양성의 확장이 비폭력적인 평화의 방식으로 강화되어야 한다는 의미이다(Danesh 2017, 55). 인간으로서의 존엄성은 보편적인 도덕적 원칙으로부터 출발하며 또 그것으로 귀결된다. 사람들은 임의적인 우연성에 의해서 가치가 가늠될 수는 없는 것이다. 이런 점에서 평화문화와 비폭력은 기본적 인권의 실체 그 자체로 볼 수 있다. 평화와 관련된 주제들은 사회정의, 민주주의, 교육, 인간의 존엄성에 대한 존중, 국제적 연대, 노동자의 권리, 아동의 권리, 양성평등, 문화 정체성과 다양성, 원주민과 소수자의 권리, 자연환경보호 등과 같은 글로벌 아이디어들과 연계되어 있다. 평화문화는 세계시민들이 구성적인 갈등 해결 기능 갖기, 인권의 국제적 표준을 알고 실천하기, 젠더와 인종 평등, 문화 다양성의 존중, 지구적 통합에 대한 인식 등과 관련된 글로벌 문제들을 이해할 때 구축될 수 있는 것이다(Mojekeh 2014, 41).

글로벌 차원에서 평화문화의 정착은 제한적인 것으로부터 가능한 것으로 발전시켜 나갈 수 있다. 글로벌화[지구화]는 사람들 사이의 상호작용을 국경을 넘어서 엄청나게 확장시켰다. 물론 그 일차적인 상호작용은 교역을 통해서 이루어지고 있으며, 여기에서부터 발전된 관계들은 제한적이다. 그러나 세계시장 관계가 요즘처럼 극적으로 확장되기 이전에 존재했던 인간의 태도를 순진하게 바라보지 않는 것이 중요하다. 역사적으로 사회들 간의 관계가 별로 바람직하지 못한 경우가 자주 있었다. 기껏해야 무지와 무관심에 기반을 두고 그런 관계들이 이루어진 경우가 많았다. 최악의 경우에는 외부인과 낯선 생활방식에 대한 폭력적인 적대감이 있었다. 사람들이 서로에 대해서 무관심하거나 적대적일 때, 시장관계의 확립은 상호 존중과 관용의 관계를 만들어내는 데에 그리고 보다 깊은 합의를 발견할 가능성을 높이고 그것을 창조하는 데에 중요한 첫 단계가 될 수 있다(Mandle, 정승현 역 2017, 258). 현실적인 것에서 이상적인 것으로의 전이를 가능성의 차원과 실천의 차원에서 진행해 나갈 필요가 있는 것이다.

안정적인 평화에 접근하기 위해서는 총체적인 의미의 문명화와 세대간 교육의 필요하다. 평화와 교육은 문명화의 국면과 불가분의 관계에 있다. 교육이 없는 문명의 진보란 있을 수 없으며, 평화라는 보편 원칙에 기초하지 않는다면 어떠한 문명화도 이루어질 수 없는 것이다(Danesh 2017, 46). 개인, 집단, 국가, 지역, 세계가 글로벌화가 진행되는 새로운 질서 속에서 복합적으로 움직이는 국제사회에 전면적으로 적용 가능한 평화구축의 근본 전략 혹은 방법은 결국 인류 보편의 이상을 실현하기 위한 인간 형성 과정에서 구할 수밖에 없다. 평화적 가치를 신념으로 하는 인간이 국제사회의 다수 주요 구성원이 되어야 실질적인 평화체제에 공헌할 수 있기 때문이다. 이것은 교육을 통한 평화적 인간의 실현, 즉 국제적 차원을 고려한 평화교육이 다양하게 역동적으로 실행되어야 함을 의미한다(김용신 2007, 238).

평화교육은 개인과 지역, 국가, 세계에 이르기까지 다양한 차원에서 이루어지는 갈등과 폭력의 관리 전략으로 젠더, 종교, 인종, 지위, 국적에 상관없이 인권과 기본적 자유를 효율적으로 누리게 하도록 지원하는 교육이다(Mojekeh 2014, 44-45 참조). 따라서 평화교육이란 학생들에게 성찰적 학습기회 부여를 통하여 평화를 관점화하고, 평화를 향한 적극적인 가치와 태도, 행동을 기르도록 하는 활동으로 정의할 수 있다(Taufik 2016, 46). 구체적으로 평화교육은 평화교육 참여자 혹은 학습자의 인식 가능 수준을 고려하여 기초수준에서부터 고급수준으로 이행하도록 짜여 져야 한다. 주로 초등학교 단계에 해당되는 기초수준에서는 일상생활 주변에서 접할 수 있는 직접적이고 구체적인 단일 주제를 학습자의 인식 변화를 고려하면서 다루어야 하며, 중등학교 이상의 단계인 중급과 고급수준에서는 추상적 수준의 구조적이며 나와 국가, 국제사회와 연계된 복합적 주제를 거시적 변화의 차원에서 다루어야 한다(김용신 2007, 245). 기초수준에서의 평화교육은 학급규칙의 도출과 실천을 통한 평화유지 활동이 적용될 수 있으며, 중급수준에서는 교사와 학생들 상호 중재에 의한 대화와 타협을 활용한 평화중재가 활용될 수 있고, 고급수준은 글로벌 차원을 도입하여 평화구축을 모색하기 위한, 의식적으로 인권과 인간안보 장면에 관여하기와 같은 체험과 경험위주의 비판적 사고력 학습 등이 유용할 수 있을 것이다.

실제로 평화구축을 위한 가족, 학교, 공동체의 순차 순환적인 평화교육(Education for Peace) 프로그램의 실행이 Danesh(2017)에 의해 보고되었다. 이 평화교육 프로그램은 세 개의 요소로 이루어져 있다. 첫째, 가족 차원에서는 통합 기반 가족(Unity-Based Family)을 전제로 사랑과 젠더 평등, 평화 기반 부모의 역할이 중요하며, 둘째, 학교 차원에서는 평화 기반 학교(Peace-Based School)를 모토로 평화 문화, 치유 문화, 수월성의 문화가 작동하고, 셋째, 공동체 차원에서는 다양성 속의 통합(Unity in Diversity)이 모색되면서 안전과 보장, 동등하고 공정하며 포용적인 가치와 양심의 자유 등이 강조되어야 한다(p.56). 유고슬라비아 붕괴이후 보스니아 헤르체고비나에서 벌어진 집단강간, 종족청소, 집단학살로 인하여 약 11만 명 이상의 인명 피해가 발생하였다. 이것은 무슬림과 가톨릭, 그리스 정교회의 종교적 전통을 가진 보스니아, 크로아티아, 세르비아계 민족 간의 무장 분쟁 사건으로

1992-1999년 기간 동안 진행되었다. 이를 치유하고 평화문화의 정착과 번영을 위해 고안된 프로그램이 2000년 실행된 EFP 프로그램이다. 기본적으로 평화기반교육(Peace-Based Education)의 형태를 취하고 있으며, 주로 극심한 갈등과 전쟁의 상흔, 빈곤에의 노출, 트라우마 등의 치유와 평화문화의 정착, 번영으로의 수월성 제고 등이 프로그램의 주요 활동 요소로 투입된 적극적인 형태의 평화교육의 사례이다.[15)]

Ⅲ. 글로벌 정의 관점

1971년 Rawls는 『정의론』 *A Theory of Justice*을 출간하여 일국 차원의 국내적 정의에 관한 논의를 촉발하였으나 이러한 논의들은 정의로운 사회가 다른 사회들 그리고 자국 시민이 아닌 사람들과 어떻게 관계를 맺어야 하는가의 문제는 제쳐두는 것이 보통이었다(Mandle, 정승현 역 2017, 15). 그러나 1990년대 들어서면서 자유주의적 현실주의자들이 말하는 동서냉전 구도가 민주주의의 승리로 종결되고 글로벌화가 진행되면서 정의에 관한 논의가 일국 차원에서만 한정되기는 어려워졌다. 글로벌화는 세계의 보다 많은 사람들과 사회들이 인류 역사의 그 어느 때보다 서로 밀접한 접촉 관계를 맺도록 영향을 미쳤으며, 이것은 국가 경계선의 중요성을 약화시키는 결과를 초래하고 있다(Mandle, 정승현 역 2017, 16). 따라서 정의의 원칙에 관한 담론은 자연스럽게 글로벌 수준에서의 논의로 확장된 것이다.

15) 평화기반교육(PBE)으로 실행된 EFP(Education for Peace) 프로그램의 실행 취지와 전개, 성과 등에 관한 구체적인 논의는 Danesh(2017)의 Peace-based education 을 참조할 것.

기본적으로 글로벌 정의(global justice)는 글로벌리스트(globalist) 또는 세계주의자(cosmopolitan)들의 개념이다. 이들은 지구적 수준에서 모든 사람들이 적정 수준의 삶(decent life)을 누릴 권리가 있다고 주장한다(김용신 2013a, 115-116). 이러한 글로벌 정의 관점에 도달하기 위해서는 정의 원칙을 설정할 수 있는 접근법을 사용해야 한다. 정의 원칙을 생성시키기 위해서는 상당히 넓은 목적에서 활용될 수 있는 일정한 정도의 자원이나 능력에 사람들이 접근할 수 있는가 하는 데에 초점을 맞추어야 한다. 개인들이 자신의 다양한 목적을 추구하는 데에 사용하는 자원, 자유, 기회의 배경을 마련해주는 것은 바로 사회제도들이다. 그렇지만 정의로운 제도들이라고 해서 개인이 스스로의 노력을 통해서 그 사회에서 어떤 정도로 성공을 거둘 것인지 보장해 줄 수는 없다. 개인과 사회 사이에는 책임의 분담이 존재한다(Mandle, 정승현 역 2017, 56). 이에 상응하여 글로벌 정의 원칙들은 만민과 국가, 그리고 지구적 차원에서 안정성을 갖춘 합당한 제도들을 구성해 내는 과정으로 나타난다.

글로벌 정의에 관한 논쟁은 1999년 Rawls의 『만민법』 *The Law of Peoples*이 출간되면서 본격화하였다. 일국 차원에서 정의의 원칙을 세울 때 적절한 정당화의 방법은 글로벌[지구적] 정의의 원칙을 세우는 경우에도 역시 적절한가의 문제가 있다. 일국 차원의 경우, 받아들일 수 있는 정당화에 대한 제약은 두 가지 특징으로부터 나온다. 첫째, 기본 구조의 강제적 부과를 평가하는 데에 목표를 둔다는 점, 둘째, 사람들이 다양한 방법으로 포괄적 윤리이론과 종교적 교리를 가지고 있다는 조건 속에서 그렇게 하고 있다는 것이다. 둘째 조건과 관련시켜서 본다면, 지구적 맥락에서는 포괄적 윤리이론과 종교들이 단일 사회보다 훨씬 더 다양하다. 첫째 사항에 관하여 본다면, 글로벌[지구적] 정의의 원칙들은 국제적 제도를 설계하고 국가들 상호 간의 잠재적인 강제적 행위를 지도하는 데에 이용된다(Mandle, 정승현 역 2017, 57-58). 이러한 글로벌 정의 원칙 성립에 대한 제한은 결국 정의 원칙의 실행 가능성과 관련된 것이다. 정의의 스케일이 어디까지 확장될 수 있는가의 문제이다. 다양성의 차원에서 만들어내고 적용시키는 합당한 기회와 분배, 인정에 관한 원칙들이 강제적으로 부과된 포괄적 교리 혹은 이미 주어진 이념들에 의해 제약되어서는 안 되는 것이다.

본질적으로 정의의 원칙들은 심층적 다양성의 환경 속에서 강제적으로 부과될 수 있고 또 그렇게 되어야 하는 제도와 정책들을 평가하는 데에 목표를 둔다. 따라서 일국 차원과 세계 차원 모두 그 어떤 단일한 종교 교리 혹은 포괄적인 윤리 교리에 입각하여 정의의 원칙을 세워서는 안 된다. 우리는 단일 종교 혹은 단일한 포괄적 윤리이론에 기대지 않은 원칙들을 정당화하는 데에 초점을 두어야 한다(Mandle, 정승현 역 2017, 58). 이와 같은 논지와 동일한 관점에서 성립된 Rawls의 만민의 글로벌 정의 원칙은 〈표 1〉과 같다.

〈표 1〉 글로벌 정의의 원칙

1. 만민은 자유롭고 독립적인 존재다. 다른 만민들은 이들의 자유와 독립성을 존중해야 한다.
2. 만민은 조약과 약속을 준수해야 한다.
3. 만민은 평등하며 자신들을 구속하는 약정에 대한 당사자다.
4. 만민은 불간섭의 의무를 준수해야 한다.
5. 만민은 자기를 방어할 권리가 있다. 그러나 자기방어 외의 이유로 전쟁을 일으킬 권리는 없다.
6. 만민들은 인권을 존중해야 한다.
7. 만민은 전쟁 수행에 있어 특별히 규정된 제약 사항들을 준수하여야 한다.
8. 만민은 정의롭거나 적정 수준의 정치체제와 사회체제의 유지를 저해하는 불리한 조건하에 사는 다른 만민을 원조할 의무가 있다.

출처: Rawls, 장동진 외 역 2009, 67-68

위의 〈표 1〉에 나타난 글로벌 정의 원칙들은 자유적 만민의 사회와 적정 수준의 위계적 만민의 사회에 우선 적용되고 실천 가능한 합당한 원칙들이다. 이것은 질서 정연한 만민의 사회 이외의 체제, 예를 들면 불리한 자연 환경적 조건으로 고통을 받는 사회나 전체주의 독재체제의 만민들에게는 사실상 적용되기 어려운 정의 원칙들이라는 의미이다. 따라서 국내 정의 원칙과 글로벌 정의 원칙의 스케일은 균형(balance)과 지도(map)를[16] 달리한다는 비판에 직면하게 된다. 공정성이라는 측면의 균형에서는 문화, 종교, 인종, 국적의 다양성을 인정하더라도 다른 지역의 다른 문화를 우연적으로 가지게 된 만민들에게는 공평하지 못한 원칙들이 될 수 있으며, 지도라는 측면에서는 주어진 제약 상황을 그대로 인정해야 한다는 측면에서 재분배의 정의가 실현되지 않을 가능성이 논리적으로 존재한다는 비판이 가능하다.

그러나 주목해야 할 것은 Rawls의 『정의론』의 국내 정의 원칙들이 과연 글로벌 차원에서 그대로 실행 가능한가의 문제이다. 말하자면 원초적 입장과 무지의 장막 속에서 합리적인 사람들에 의해 생성된 보편적으로 합당한 자유 우선성 원칙, 기회 균등 원칙, 차등 원칙이 글로벌 세계의 모든 만민들에게도 공정하고 실질적인 동등성을 부여할 수 있는가의 문제이다. 기본적 자유와 인권과 평화의 민주적 확장을 위한 『만민법』의 정의 원칙들은 이 점에서 합당하며 Rawls의 명제대로 현실주의적 유토피아를 지향하는 것으로 볼 수 있다.

생각해 보면 글로벌 정의의 실현을 위해서는 세계정부 또는 세계국

---

16) 균형과 지도의 개념은 Fraser(2008)가 정의의 스케일(scale of justice)이라는 논제에서 제시한 것이다. 균형이란 공평성(impartiality)을 의미하며, 지도란 틀의 설정(framing)을 말한다. 그녀는 균형의 문제를 정의의 내용이 재분배인가, 인정인가, 대표인가의 문제로 보며, 지도의 문제는 정의의 당사자가 누구인가의 문제로 귀결시킨다(pp.13-19 참조). 여기서는 공정성(fairness)과 범주(boundary)라는 측면에서 접근한다.

가의 성립이 필요하다는 것은 글로벌리즘 또는 세계시민주의에 관한 대표적인 왜곡 혹은 오해이다. 세계주의자들은 개인의 인권보장과 최소 생활보장과 같은 글로벌 정의 원칙들이 함유하고 있는 정의의 내용 요소들을 증진시키기 위한 급진적인 제도적 전환에 반대한다. 그들은 세계정부는 아니지만 다양한 제도와 기구를 포함하는 글로벌 거버넌스를 형성하여 글로벌 수준의 정의를 추구하고 있는 것으로 보아야 한다(김용신 2013a, 114-115).

이러한 관점에서 자유주의적 세계주의(liberal cosmopolitanism)의 글로벌 정의 원칙을 성찰할 필요가 있다. 이에 따르면 국가 간 이주는 정당하고 자유로운 것이며 이것은 글로벌 차등 원칙과 글로벌 기회균등 원칙에 의해 지지된다. 글로벌 차원의 최소 수혜자에 대한 불평등한 자원의 재분배는 인정되어야 하며 Rawls의 정의 원칙은 글로벌 수준에서 그대로 합당하며, 따라서 자유의 우선성 원칙과 차등 원칙이 지구적 수준에서 작동하여 국적이나 인종, 종교, 출신에 상관없이 모든 사람들에게 국경이 개방되어야 한다는 원칙은 수용된다. 말하자면 이방인과 시민의 구분은 사라지게 되며 글로벌 기회균등 원칙에 의해 이들은 글로벌 시민으로서 동등한 지위를 얻을 수 있는 실질적 참여의 기회가 보장되는 것이다(김용신 2013a, 119-122 참조).

Brock(2005)이 제시한 것과 같은 자유주의적 세계주의에 따른 '현실 수요 기반 최소 기준 충족 원칙'(Needs-based Minimum Floor Principle)은 연합주권(joint sovereignty)이라는 논리를 도입하여 지역과 세계의 순차적 협치 형성을 통해 글로벌 정의의 현실적 구현과 실행을 지향한다. 이것은 기본 수준의 생활 보장을 전제로 인간의 추가적인 욕구 충족이 가능하도록 구성된 글로벌 정의 원칙이다. 만민의 대리인들이 국가 내부의 상황과 국제사회의 현실을 인지한 상태에서, 인간의 기본권과 자유, 언론 활동, 동등한 참여의 보장, 민주적 절차 등을 보장하는 국가 간 협력을 의미하는 연합주권을 형성시키고 이를 활용하여, 지구온난화, 질병, 빈곤, 전쟁, 테러, 교육, 주거, 위생, 안전과 같은 지구적 문제들을 해결해 낼 수 있다는 정의의 원칙이다. 따라서 '현실 수요 기반 최소 기준 충족 원칙'은 약화된 의미의 국가체제를 유지하면서 연합된 형태의 글로벌 공동체의 수용과 글로벌 시민과 시민성의 구현 가능성을 고려한 글로벌 정의 관점으로 볼 수 있다.[17] 현실 세계에서 실천 가능한 글로벌 정의 원칙은 유럽연합(EU)과 같은 평화체제의 구축으로 연결될 수 있으므로 글로벌 정의 원칙을 활용한 평화구축과 평화교육 스케일의 확장도 가능할 수 있다.

Ⅳ. 글로벌 평화교육

한국 사회의 현실적 상황과 맞닿아 있는 분단과 군사적 대립, 이에 따른 과도한 군비 지출과 강제된 남성 징병, 지역 갈등, 빈부 격차, 다문화의 급증, 자살과 이혼율의 증가, 비정규직의 확대, 최저출산율, 경제 규모에 비해 미비된 보편적 복지 등을 해결해 내기 위한 전략과 논리는 역설적으로 한국을 넘어서는 철학과 관점이 필요하며 유용하다는 것이 사실이다. 전쟁과 기아, 빈곤, 질병, 공포, 차별, 젠더, 소수자, 핵무기 등의 국제적으로 연계된 문제를 풀 수 있는 평화와 정의의 글로벌

17) Brock의 글로벌 정의 원칙에 관한 논의와 해제는 Brock(2005)의 *Global Justice*, 3장 A Cosmopolitan Model of Global Justice: The Basic Framework(pp.45-75), 김용신(2013a)의 『글로벌 시민교육론』, 8장 자유주의적 세계주의(pp.118-127)를 참조할 것.

관점을 교육 영역에 적극 도입함으로써 한국적 상황의 개선과 더불어 지구적 수준의 공동체 시민 국가를 지향할 수 있는 것이다(김용신 2013c, 4). 이것은 글로벌 평화교육에의 정의 관점의 도입과 현실적 활용 가능성을 엿볼 수 있는 논리이다.

글로벌 정의는 민주주의 국가의 시민들이 다른 사회 혹은 다른 국가의 사람들에 대해 왜 관심을 가져야 하는가의 문제와 관련되어 있다. 극심한 빈곤을 겪고 있는 멀리 떨어진 지역의 사람들을 왜 원조해야 하는가? 동료 시민으로서 그들과 함께해야 하는가? 인권의 관점에서 동등하게 그들을 존중할 필요가 있는가? 이런 질문들이 글로벌 정의와 관련된 문제들이다(Nili 2011, 629). 역사적으로 볼 때 국가의 생존과 발전은 좋음(goods)은 받아들이고 나쁨(bads)은 내보내는 사실적 경험에 근거한다. 그것이 인간이든 사물이든 마찬가지였다. 그러나 글로벌화가 진행된 현재와 미래에 있어서는 좋음에 대한 수용과 나쁨에 대한 거부는 성립되기 어려운 것으로 글로벌 부정의(global injustice)에 해당된다(Williams 2010, 344).

이런 관점을 한반도와 한국의 평화구축과 연계하여 보면, 지구상에서 유일한 전체주의 체제를 유지하고 있는 북한의 주민들과, 그 곳에서 탈출한 북한이탈주민과 그 자녀들을 원조해야 하는 이유와 그들의 인권에 관심을 갖고 의식적 행동에 나서야 하는 까닭이 설명 가능하다. 다른 사회에서 사는 사람들과 다른 문화를 가진 사람들에 대해서 좋은 것만 받아들이고 그렇지 못한 것은 거부하거나 차별하는 것은 불의한 것으로 사회구조적인 불안정성을 불러올 수 있다. 이것은 분쟁과 갈등의 상황으로 사람들의 적정 수준의 삶을 방해하고 악화시키기 때문에 평화유지에 유용하지 못하다. 따라서 이해와 포용의 평화교육을 통하여 한반도의 평화지향과 평화체제 구축, 국내외적으로 질서 정연한 평화문화의 생성, 분쟁으로 인한 갈등의 치유, 타인 파괴적 경쟁의 지양 등의 현실화를 추구할 필요가 있다. 글로벌 정의 원칙이 표명하고 있는 상호 존중과 인간의 기본권과 자유의 보장, 불리한 여건을 가진 사람들에 대한 원조의 의무 등은 평화문화와 평화교육의 작동 원리로 도입될 수 있는 것이다.

글로벌 수준의 평화교육에서 중요한 것은 평화와 글로벌 시민성은 함께 연결되어 있다는 점이다. 평화는 글로벌 시민성의 전제 조건이며, 아울러 글로벌 시민성을 교육하기 위해서는 평화를 증진시켜야 한다는 논리이다(Noddings 2005, 17). 전통적으로 시민과 시민성은 국가 혹은 지역 정체성으로 범주화 되어 있는 것으로 여겨져 왔다. 그러나 경계 한정적 시민 형성을 위한 시민교육은 국가 간 갈등과 전쟁을 예방하지는 못해 온 것이 역사적 사실이다. 비록 현실적인 주권을 부여하는 세계정부가 존재하지는 않더라고 평화를 유지하고 구축하기 위한 국제기구들과 각국의 외교적 대화가 용인되듯이 시민과 시민성의 경계 범주는 재해석될 필요가 있는 것이다. 이 점에서 국가 간 협력을 위한 필수적이며 최소 조건으로써의 글로벌 시민성 함양을 위한 평화교육의 필요성이 드러날 수 있게 된다(Noddings 2005, 4). 글로벌 시민성이란 각각 다른 차원에서 발생하는 시민성으로 구성되는 것으로 보이지만, 총체적으로 융합된 정체성의 시민 정향으로 귀결될 수 있으므로 국민국가 내부의 정체성과 시민성이 글로벌 정체성과 시민성과 소통하는 것은 자연스런 결합 현상이며, 따라서 국가 시민성과 글로벌 시민성은 필연적으로 긴장 관계를 설정하지는 않는다는 논리로 해석할 수 있(김용신 2013c, 4). 결국 글로벌 시민성은 차이를 인정하고, 다른 사람이나 국가의 입장에서 한 번 더 생각하여 분쟁을 협상이나 대화, 타협 등 소통이나 외교 수단을 통하여 해결하려는 시민적 속성으로 볼 수 있다

(김용신 2007, 244). 그러므로 글로벌 수준의 평화교육은 글로벌 시민성 함양을 위한 시민교육을 말하는 것이며, 여기에 글로벌 정의 관점을 도입하면 평화와 평화교육은 글로벌 차원에서 만민들에게 합당한 정의 원칙의 가능성을 현실 세계에 점차 실천해 나가도록 지원하는 이론적 구성 개념과 절차가 되는 것이다.

V. 결론

한국 사회의 역사적이고 문화적인 고유성에 비추어 볼 때 평화와 평화교육은 필수적이다. 특히 글로벌 사회화(global socialization)가 강조되는 시민교육의 책무성을 담보하려면, 최근 세계시민교육의 흐름과 관련지어 글로벌 시민성의 전제가 되는 평화구축이라는 오래된 한반도의 과제를 풀어 나가야 한다. 이를 위해 글로벌 정의의 평화교육에의 도입과 전개가 필요한 것이다. 본고는 평화와 정의 개념을 근접 지향의 스케일로 해석하여 범주 한정성을 부여하지 않고 총체적 관점에서 논의하였다. 따라서 평화교육과 글로벌 정의는 주체와 대상의 균형, 장소와 공간의 지도 속의 다양한 국면에서 연결될 수 있다는 함의를 발견하였다.

평화교육은 기본적으로 평화문화의 형성과 관련되어 있다. 하지만 다수의 학생들이 어릴 때부터 매우 일상적으로 갈등과 폭력에 노출되어 있다. 그들은 가족 관계, 학교 환경, 공동체 행사, 인터넷, TV, 게임, 영화, 성인 역할 모델과 영웅 등과 관련된 사회적 맥락에서 분쟁 속으로 쉽게 들어간다. 인간의 사회생활과 심지어 학교의 교과서 속에서 갈등과 폭력은 피할 수 없는 인간사로 묘사된다. 결국 어린이와 청소년들은 집과 학교, 공동체, 미디어를 통해 다툼, 갈등과 분쟁, 폭력을 학습하는 것이다(Danesh 2017, 47). 따라서 평화문화 정착을 위한 교육이 가족과 학교, 국가와 세계의 생활 영역에서 지속적으로 실행될 필요가 있다. 평화를 전제로 정의가 성립될 수 있기 때문이다.

글로벌 정의는 만민의, 다시 말해 사람들의 인간적 존엄성과 기본적 자유, 안전과 욕구 충족, 기본적 생활 보장을 위해 필요한 논제이다. 글로벌세계의 사람들은 멀리 떨어져 있는 다른 사회나 국가의 사람들과 직접적으로 연계된 생활에 직면해 있는 것이 현실이다. 이들은 적정 수준의 삶을 누릴 수 있는 동등한 기회와 자원의 분배에 참여할 수 있는 지위를 확보할 수 있어야 한다. 이런 점에서 Rawsl의 글로벌 정의 원칙은 완전하지 못하다. 국내 정의 원칙의 주체와 대상이 제시되었던 보편성과 일관성은 글로벌 수준으로 확장되지 못하였다. 만민을 구분하였으며 재분배의 정의에 대한 합당한 논리도 확증하지 않았다. 그러나 논의하였듯이 국내사회와는 다른 다양성의 확대와 교리들의 경합성을 고려하여 볼 때 『만민법』은 현실 세계를 반영한 합당한 정의 원칙들을 거론한 것으로 볼 수 있다. 여기서 한 걸음 더 나아간 논리가 Brock의 자유주의적 세계주의의 글로벌 정의 원칙이다. 국내 정의 원칙과 글로벌 정의 원칙의 일관성을 유지하면서, 보다 더 현실적인 정의 원칙을 분배와 자유의 원리를 반영하면서 제시한 것이다.

글로벌 평화교육은 글로벌 시민성의 함양과 관련지어 이해할 수 있다. 글로벌 시민성이란 결국 지구적 차원의 평화구축이라는 목표를 전제로 성립될 수 있는 것이며, 이를 위해 내용과 방법으로써의 정의 원칙들이 도입될 수 있는 것이다. 반복하여 말한다면 글로벌세계는 매우 밀접하게 연결되어 있다. 다른 사회와 다른 국가에서 다른 사람들과 무관하게 사는 것처럼 보일지라도 현실 세계는 이것을 더 이상 용인하지 않는다. 미국 정치인이나 기업가의 발언은 즉각적으로 직접적으로 서울과 예루살렘, 평양과 베이징에 파급되어 또 다른 행동을 유발한다. 물론 이와는 반대의 경우도 성립한다. 따라서 정의 원칙에 따른 생활이 만민들에게 필요하며, 정의와 평화의 문제를 학교와 사회에서 글로벌 평화교육이라는 실행 주제로 다루어야 하는 것이다.

참고문헌

김용신. 2007. 『사회과교육과 강한 정치교육론』. 서울: 교육과학사.

김용신. 2013a. 『글로벌 시민교육론』. 경기: 이담북스.

김용신. 2013b. "글로벌 시민교육에서 사회과 환경확대 논리에 대한 비판과 확장해석." 『국제지역연구』 17(3). 3-18.

김용신. 2013c. "2011 초등사회과 교육과정의 글로벌교육 지향성 분석." 『사회과교육연구』. 20(1). 1-11.

Brock, Gillian. 2009. *Global Justice.* Oxford: Oxford University Press.

Danesh, H. B. 2017. "Peace-based education." *International Journal of Educational Reform* 26(1). 44-69.

Fraser, Nancy. 2008. *Scale of Justice.* 김원식 역. 2016. 『지구화 시대의 정의』. 서울: 그린비.

kaufman, Alexander. 2013. "Political liberalism, constructivism, and global justice." *Journal of Moral Philosophy* 10. 621-644.

Mandle, Jon. 2006. *Global Justice.* 정승현 역. 2017. 『지구적 정의란 무엇인가』. 서울: 까치글방.

Mojekeh, Michael O. 2014. "Peace education for sustainable security and development: envisioning the way forward." *Review of Higher Education and Self-Learning* 7(23). 40-50.

Nili, Shmuel. 2011. "Our problem of global justice." *Social Theory and Practice* 37(4). 629-653.

Noddings, Nel. 2005. "Global citizenship: promises and problems." in Noddings, Nel. ed. 2005. Educating Citizens for Global Awareness. N.Y.: Teachers College Press. 1-21.

Rawls, John. 1999. *The Law of Peoples.* 장동진 외 역. 2009. 『만민법』. 서울: 아카넷.

Taufik, T. 2016. "Implementation of peace education in pluralistic schools." *International Journal of Behavioral Science* 11(1). 45-52.

Williams, Christopher. 2010. "Global justice and education: from nation to neuron." *Educational Review* 62(3). 343-356.

WULF, Christoph. 2013. "Human development in a globalized world, education towards peace, cultural diversity and sustainable development." *REP.* 71(254). 71-86.

제 3 부

소수자 민주주의와 제노포비아

제5장 소수자 민주주의

제6장 제노포비아

Chapter

5 소수자 민주주의

Ⅰ. 서론

정치사회 문화적으로 역사상 소수자(minority)는 그것이 선천적으로 주어졌든 후천적으로 습득되었든 상관없이 정치, 경제, 문화, 역사적 차원을 망라하여 나타나는 인간사회의 오래된 부류라고 볼 수 있다. 이들의 공통점은 권력관계의 열세로 인하여 편견과 차별의 대상이 되어 왔다는 점이다. 소수자의 특성은 고유성, 불변성, 역사성, 상대성, 권력성 등으로 볼 수 있다. 인종은 불변적 속성을 가지며, 여성과 아동은 역사성을 띄는 소수자이고, 비정규직은 정규직에 비하여 상대적으로 열악하며, 다수자들은 소수자에 비하여 권력의 우월성을 점하는 것이 현실에서의 민주주의 사회이다.

소수자는 -예컨대 병약자, 이단자, 장애인, 유민, 불법 체류자 그리고 국민국가라는 공간에서 환영받지 못하는 자- 우리와 너희, 이곳과 저곳, 속하는 것과 속하지 않는 것, 건강함과 병듦, 충성과 불충성 등의 경계를 희미하게 만든다. 이들은 필요할지라도 환영받지는 못한다. 소수자들은 우리의 국민국가 영토 안에서 다양하게 필요하다. 하지만 이들은 이질적인 정체성 또는 다른 것과 유대감을 갖는다는 이우로 거의 환영받지 못한다. 이들은 '우리에게' 속하지 않지만, '우리의' 일부이기도 하다(Appadurai, 장희권 역 2011, 67). 이들은 국민국가 내부와 외부를 막론하고 글로벌 질서 체계 속에서 생활해 나가므로 많은 이슈와 문제들이 발생하는 것은 자연스런 현상으로 볼 수 있다.

특히 민주주의 헌정체제를 가진 국가와 민주주의가 확장된 현대의 글로벌사회에서는 소수자와 다수자의 갈등과 협력이 중요한 사회적 의제로 등장하고 있으며, 문명화된 국가, 사회일수록 소수자에 대한 배려와 관심이 높은 것이 사실이다. 주지하듯 민주주의는 모든 국민이 정치를 하는 정치 체계이다. 이것은 국민 개개인이 각각 주체적인 자아로서 공존하기 위한 공통된 삶의 양식이다. 그러므로 민주주의 사회에서는 개개인의 욕구와 권리가 상호 대등하게 주장되고, 또 충돌할 가능성이 언제나 내재하는 것이다(조성술 1998, 99). 민주주의는 본질적으로 인간에 의한, 인간을 위한, 인간의 통치이다. 따라서 완전한 인간은 없으므로 완전한 민주주의도 없다고 말할 수 있는 것이다(Morrison, 노상우·오성근 역 2005, 53). 소수자 문제에 대한 접근도 민주주의의 발전과 문명화에 따라 체계화되어 왔다고 볼 수 있다.

민주주의 국가에서 소수자는 크게 집단화할 수 있는 소수자와 스스로 집단화하기 어려운 소수자로 구분할 수 있다. 신체적, 언어적으로 활동 가능한 소수자는 약간의 외부적 도움만 받으면 집단을 구성하여 조직적인 소수자 운동을 전개할 수 있는 반면, 그렇지 못한 소수자의 경우에는 전적으로 외부옹호집단의 도움을 받아야 한다. 후자의 전형적인 사례로는 노숙자, 결혼이주여성 등이 해당된다. 노숙자의 경우에는 기본적으로 자활 의지가 부족한 소수자이기 때문에 이들 스스로가 집단화하고자 하는 동기를 갖기 힘들다. 결혼이주여성의 경우에는 한국어 언어소통의 한계 및 활동범주 한계로 인하여 소수자로서 권리 행사가 거의 불가능한 실정이다. 이런 상황은 AIDS 환자의 경우에도 거의 유사하게 나타난다. 이러한 형태의 소수자를 제외한 다른 경우에는 집단 결성을 통하여 나름대로 강력한 소수자 운동을 전개할 수 있는 것이다(전영평 2009, 842-843). 이러한 구분에 의하면, 집단화 가능 소수자는 소수자의 정체성을 스스로 주장할 수 있으므로 직접참여 형태의 소수자에 의한 민주주주를 실행할 수 있다. 반면, 집단화 불가능 소수자의경우에는 직접민주주의 형태의 소수자 민주주의 보다는 소수자를 위한 민주주의를 가능하게 해주는 다수자 기반 소수자 옹호 세력의 구축을 통해서 자신들의 정체성을 보장받는 간접민주주의가 통용될 수 있을 것이다.

여기서는 글로벌사회를 개인과 세계가 즉시 호환되는 질서 체계로 상정하고, 소수자의 개념을 국민국가와 지구적 국제사회에서 포괄적으로 존재하는 확장된 범주로 이해한다. 이것이 가능한 이유는 국민국가간 협력에 의한 국제기구와 자발적 세계시민들로 구성된 국제비정부기구가 글로벌 수준의 민주주의를 인간의 기본권 보장 차원에서 작동시키고 있는 것이 현실세계이기 때문이다. 따라서 소수자의 전지구적(cosmopolitan) 차원의 인정도 전제할 수 있게 되는 것이다. 요컨대, 소수자와 민주주의의 연계를 글로벌세계 속에서 가능한 것으로 진단하고, 소수자에 의한 민주주의와 소수자를 위한 민주주의의 논리를 탐색해 보기로 한다.

Ⅱ. 소수자의 유형과 차원

글로벌 다문화사회에서의 소수자는 국민국가 내부적 동인에 의해 구분되는 외국인 소수자, 내국인 소수자, 외부적 동인에 의하는 다문화 소수자, 글로벌 소수자의 형태로 분류할 수 있다. 외국인 소수자는 출신, 언어, 문화 등의 측면에서 내국인 소수자와는 분명히 구분되는 측면이 있다. 그러나 일단 한국사회에 진입한 외국인 소수자는 국내 소수자와 거의 유사한 사회적 곤경에 처하게 된다. 국내 소수자의 경우에도 외국인 소수자 못지않은 사회적 장애를 갖기는 마찬가지이다. 즉, 소수자로서 경험하게 되는 권력의 열세, 차별적 대우, 식별 가능성, 소수자로서의 의식 등은 외국인과 내국인 소수자 모두에게 공통으로 적용된다(전영평 2009, 849). 소수자의 본질에서 비롯되는 고유성과 권력성은 어떤 소수자에게라도 그대로 적용되는 것이다.

최근 한국사회에는 외국인과 내국인 소수자 모두에서 영향을 주는 다문화 소수자들의 급증하고 있다. 2015년 기준 약 179만 명에 달하는 다문화 소수자들은 주로 경제적 이유에서 한국으로 이주해온 외국인노동자, 결혼이민자들이 다수를 점하며, 3만 여명의 북한이탈주민들과 귀화자, 외국인 유학생 등도 특유의 언어 말씨와 행동 등으로 다문화 소수자의 대열에 합류하고 있는 실정이다. 이러한 양상은 2022년 기준 약 226만 명으로 증가한 것으로 나타나 총인구 대비 4.4%에 달하는 것으로 추계되고 있으며(내일신문 2023/12/08), 2024년에는 인구의 5%에 이를 것으로 추정되고 있다.

일반적으로 다문화 현상이 전통적인 국민국가에 발생하면 사회적 갈등이 촉발되는 원인을 다문화가 제공할 수 있다. 특히, 다른 문화에 대한 자기 문화의 우월성을 의미하는 자민족중심주의가 강한 사회일수록 다문화가 진행되는 과정에서 불필요한 갈등이나 소모적 논쟁이 계속될 수 있다. 물론, 이것을 자연스런 현상으로 보려는 입장도 있다. 문화의 특성상 자기의 '문화 렌즈'(cultural lens)를 통해서 다른 문화를 보려하기 때문에, 다른 문화에 대한 이해가 부족한 것은 당연하다는 논거에서다. 그러나 특정 문화 렌즈로 사회를 보는 것이 시민들의 다른 문화에 대한 무능력(inability)으로 발달되면 국가사회의 정치통합과 사회질서에 대한 합의에 심각한 위협 요인으로 작용할 수도 있는 것이다(김용신 2008, 33-34). 다문화 소수자들의 증가 추세는 소수 이주자와 다수 정주자 집단 간의 갈등 양상으로 나타날 수 있는 것이다.

또한 주목해야 할 부류의 소수자들이 글로벌 소수자이다. 전지구적 차원의 소수자들은 지역과 국가, 국제사회를 포괄하는 범주를 설정하면서 선천적-후천적, 국내적-국제적, 고정적-유동적 형태 등 다양한 형태로 존재한다. 물론 엄밀히 구분되는 것은 아니나 전자의 범주에는 원주민, 장애인, 성소수자, 여성, 아동, 노인 등이 포함되고, 후자의 범주에는 난민, 정치적 망명자, 양심수, 빈곤으로부터 탈출한 경제적 이주자, 불법체류자 등이 포함된다(김용신 2014, 136). 전지구적 차원의 민주주의나 국민국가적 차원의 민주주의는 공히 자유와 평등의 원칙에 의한 개별적 인권의 보장을 약속하고 있지만 국적, 성별, 인종, 종족, 종교, 연령, 이민, 성적인 측면 등에서의 소수자들은 사실상 동등한 수준의 자유와 평등을 누리지는 못한다.

이처럼 글로벌세계에서 존재를 위협받는 사람들이 있다는 사실, 최소한의 삶의 권리까지도 위협받는 집단이 존재한다는 것에서 문제가 발생한다. 이와 같은 문제는 단지 병든 노인들, 아이들, 언어가 소통되지 않는 외국인 노동자들, 이민자들, 탈북 난민들, 입국거절 당한 자들, 추방된 자들, 이방인들뿐만 아니라, 아직 오지 않은 미래 세대들에까지 적용될 수(김연숙 2008, 305) 있으므로 더 큰 전지구적 수준의 문제가 될 수 있다. 아직 글로벌사회의 시민권은 공식적으로 인정되고 있지 않으며 글로벌 주권 개념도 성립되지 않았으므로 전지구적 차원의 소수자들은 인권 NGO, 건강 식량 지원 단체, UN, 문명화된 선진국 등의 최소한의 지원에 기댈 수밖에 없는 실정이라는 점에서 준비가 덜 된 상태이기 때문이다.

오늘날 그것이 어떤 차원의 소수자 유형이든 관계없이 인권을 포함한 다양한 권리와 시민권, 소속감, 토착주의(autochthony)를 비롯한 국가에 대한 지위 요구와 관련해 새로운 문제가 되었다. 이들은 국가가 져야 할 의무를, 또한 엄밀한 의미의 시민과 일반적 의미의 인간 사이에 위치한 정치적 인간의 경계선을 새롭게 검토할 것을 요구한다(Appadurai, 장희권 역 2011, 64). 유의할 점은 소수자는 언제나 항상 다수자들이 지배하는 사회로부터 탈주를 욕망하는 주체가 아니며, 언제나 항상 다수자이기를 열망하고 다수자를 흉내 내는 주체도 아니라는 것이다. 특히, 오늘날 글로벌화에 따른 사회공간적 분절화와 근대적 인식의 폭력과 한계에 도전하는 다양한 개별주체들의 정체성의 정치를 고려할 때, 소수자는 특정 사회집단에 국한된 문제일 뿐만 아니라 모든 분절화된 개별 주체들의 문제라고 할 수 있다(박경환 2008, 300).

예를 들면, 인종, 언어, 혹은 종교상의 소수자들을 배려하고 보호한다는 것은 궁극적으로 이들에게 정치적 자유를 허용한다는 것을 의미하게 되고, 이는 결국 인종, 언어, 혹은 종교상의 소수자들이 그들의 거주국과 분리 독립하려는 의식을 강화시키는 방향으로 작용할 수 있으므로(박정원 2009, 556) 글로벌 차원과 국민국가적 차원은 서로 연계될 수밖에 없는 것이다. 이러한 소수자들의 혼종적 지위 때문에 국가 자체는 물론이고 개별국민의 시민권마저 불안감이 나타날 수 있으며, 소수자들의 모호한 법률적 지위는 기본법과 여타 법질서에 압력으로 작용하게 되고, 그들의 이동은 국경의 안정성을 위협할 수도 있게 된다(Appadurai, 장희권 역 2011, 68). 다수자와 소수자간의 시민권과 국경의 보장과 관련된 대립 양상이 정치와 경제, 종교와 인종 간의 문제와 중첩되어 국내외 분쟁이나 제노포비아 현상으로 진행될 수 있는 것이다.

Ⅲ. 소수자 민주주의의 논리

소수자 문제를 논의하기 위해서는 기본적으로 역사적 맥락과 더불어 문화적 맥락이 규명될 필요가 있다. 일본군위안부는 일본제국주의 식민지 지배라는 역사적 맥락에서 발생한 소수자인 동시에, 당시부터 최근까지 이어지는 시간 속에서 변함없이 이어진 성매매여성에 대한 문화적 낙인이 중첩된 소수자라고 할 수 있다. 이런 부류의 소수자에 대하여 식별가능성, 차별적 대우, 사회적 위험 등의 기준을 평면적으로 적용할 수 없음은 너무나 당연하다. 한국의 소수자 중에서 가장 역사적, 문화적 특성을 강하게 표출하는 소수자는 일본군위안부이며, 납북자가족, 탈북자도 역사적 상황을 잘 반영하는 소수자 사례라고 할 수 있다. 일본군위안부는 일제의 침략 전쟁 수행 과정에서 발생된 여성피해자이며, 탈북자, 양심적병역거부자, 납북자가족은 수십 년에 걸친 남북분단과 이념대립의 소산으로 발생한 소수자이다. 역사적 맥락에서 비교적 자유로운 소수자로는 비정규직, 외국인노동자, 결혼이주여성 등을 들 수 있을 것이다(전영평 2009, 841).

이런 맥락에서 한국사회의 소수자들을 보면, 북한이주민, 이주노동자, 노숙자, 장애인 등과 같은 사회적 소수자들은 시민적 · 정치적 권리 중심의 시민권 보장에 머물러 있는 수준으로, 경제적 · 사회적 · 문화적 권리가 제대로 보장되지 않음으로써 시민사회 구성원들 간의 불평등과 갈등이 심각해지고 있는 상황이다(남지애 2012, 125). 정치사회적 소수자의 권리에 대한 기본 관점은 보편주의와 문화적 다원주의의 이분법적인 두 가지 접근법으로 나눠 볼 수 있다. 보편주의는 개인의 인권을 천부적 보편적 권리로 파악한다. 그 권리는 불가양, 불가침의 천부적 인권이다. 개인이 국가와 맺고 있는 역할에 따라서 그의 권리가 규정되지는 않는다. 단지 존엄성을 가진 인간 개체로서 본연적 권리가 있으며 사회는 어떠한 명분으로도 이를 침해할 수 없다고 본다. 그러나 이에 반해 문화적 다원주의는 개인의 권리를 규정함에 있어 문화의 자율성, 문화가 위치하는 국지성과 지역성을 강조한다. 말하자면, 인간의 권리와 의무 등 인간의 사회적 관계가 개인이 사회 속에서 누리는 의무와 권리 양식을 규정한다고 본다. 개인은 각자가 속한 사회의 독특한 문화와 전통의 맥락을 벗어날 수 없다는 입장이다(곽재석 2001, 95).

이러한 보편주의와 문화다원주의 입장에서 세계시민주의(cosmopolitanism)를 조망하면, 세계의 단일성과 민족의 다양성 사이의 혹은 보편성과 개별성 사이의 대립인 내적 긴장 관계가 형성됨을 알 수 있다. 단일성의 강조는 전체주의를 불러들이고, 다양성의 강조는 지역문제에 대한 세계시민적 개입을 어렵게 할 개연성을 가진다. 세계시민주의는 이념과 정책의 문제이자 소속감의 문제를 초래할 수 있으며, 세계시민은 민족과 종족 등의 지역적 범주에 자신을 가두기를 거부할 수도 있다(김성호 2009, 7-8). 여기서 중요한 것은 민주주의의 확장이다. 시민권은 통시적으로 보면 역사문화적으로 문명화된 글로벌세계 속으로 범주와 심도를 확대하여 왔음을 관찰해 낼 수 있다. 시민권은 개별에 한정된 개념에서 노동계급을 포함하여 여타의 다른 소수집단을 포용하는 개념으로 변화해 왔으며, 국가로부터 부여되는 법적·형식적 권리개념이라는 단순한 권리 이외에도 평등이나 사회정의, 시민적 가치나 원리를 포괄하는 개념으로 확장되어 왔다. 또한, 개인적 · 독립적 권리에 국한 되었던 시민권도 집단적 · 상호의존적 권리를 포괄하는 개념으로, 시민적 · 정치적 권리뿐만 아니라 경제적 · 사회적 · 문화적 권리를 포괄하는 개념으로 변화해왔고, 국가가 위로부터 부여해 주는 소극적 개념에 한정되지 않고, 시민들이 아래로부터의 요구를 통해 적극적으로 쟁취해 나간 아래로부터의 권리 개념으로 재인식되었다. 뿐만 아니라 시민권은 현재 국경을 넘어 국제적인 차원으로 발전되고 있는 것이다(남지애 2012, 124).

같은 맥락에서 김용신(2013)은 국민국가 내부에 속해 있는 다문화 소수자로서의 이주자들의 이방인적 지위성에 대한 개선과 시민으로서의 인정의 정치가 글로벌 수준으로의 민주주의 확장의 논리와 맞닿아 있는 것은 밝히고 있다. 그에 따르면 민주주의 헌정체제의 기본 논리로서 인간의 존엄성과 적정 수준의 삶의 보장과 이를 추구할 수 있는 권리는 국민국가와 글로벌 수준에서 모두 구현되어야 할 합당성을 갖고 있는 것이다. 이것은 시민의 확장이라는 민주주의 기본논리와 합치하고, 민주시민사회라는 공동체의 유지와 발전에도 기여할 수 있는 아이디어를 제공해 줄 수 있는 것이다(p.140). 시민과 민주주의의 확장에 따른 포용적 민주주의 개념은 전통적인 다수자와 소수자, 보편성과 특수성 간의 갈등과 대립되는 문제들을 해결해 낼 수 있다. 글로벌 차원의 보편성과 개별성의 대립과 개인의 정체성 혼란 문제를 상호 이해와 통합의 관점에서 조망하기 때문이다.

구체적으로 소수자 집단이 정부와 사회에 대하여 그들에 대한 차별을 중단할 것을 요구하거나, 그들에게 유리한 정책을 추구하는 과정을 살펴보면, 처음에는 이들이 집단적 정체성을 형성하는 작업을 시작하며, 이후 차별에 대한 적극적인 저항운동을 전개하면서, 자기집단의 주장의 정당성을 사회적 이슈로 확산하는 현상을 관찰할 수 있다. 소수자의 집단정체성 확보, 저항운동 전개, 이슈 확산이라는 3단계 전략 · 전술이 잘 전개될 경우 소수자의 권리는 정치적 과정을 통해 정책적으로 보장될 수 있는 기회를 얻게 되는 것이다(전영평 2009, 843). 소수자 중에서 정체성, 저항, 이슈 확산의 자율성을 확보하고 비교적 소수자 운동을 자발적으로 강력하게 전개할 수 있었던 사례는 비정규직과 탈북자집단이라고 할 수 있다.

비정규직의 경우에는 수적으로는 정규직을 압도하는 다수자라고 할 수 있으나, 권력적 측면이나 경제적 측면에서는 열세와 차별적 대우를 받고 있는 소수자라고 할 수 있다(전영평 2009, 843). 탈북자는 장애인, 외국인노동자, 동성애자와 같은 다른 소수자들과는 다른 특수한 지위를 갖는다. 이들의 특수한 지위는 남북관계의 특수성에서 연유한다. 다른 소수자에 비교해서 특혜에 가까운 정부의 지원으로 많은 탈북자들은 적응 초기에 물적 토대를 빨리 마련할 수 있었다. 반면에 입국 시기에 따른 정착 금액의 차이, 북한에서의 신분과 북한에 대한 정보의 차에 따른 보조 금액의 차이 등은 탈북자간에도 불평등과 알력이 생기게 하였다. 1990년대 후반 들어 탈북자의 수가 급증하면서 탈북자들은 이러한 문제들에 대한 사회적 관심과 정책 개선을 강력히 요구하며 조직화하는 움직임을 보이기 시작했다(남지애 2012, 121). 탈북자집단은 소수이지만 남북분단 상황에서 강력한 정부 정책 개입과 지원, 정체성 집단화로 인하여 능동성을 확보해 나가는 소수자라고 볼 수 있는 것이다.[18]

---

18) 탈북자들은 개인 능력보다는 출신 지역이 북한이므로 편견과 차별을 당한다는 생각을 강하게 갖고 있다. 이들은 '자유북한인협회' '탈북인연합회' '통일을 준비하는 귀순자협회' 등과 같은 단체를 결성하여 자신들의 권익을 증진하려는 집단행동을 표출하기도 한다(남지애 2012, 121).

이와 같은 소수자에 의한, 소수자를 위한, 소수자의 민주주의로 은유할 수 있는 소수자 민주주의의 공간을 보려면 민주주의를 크게 구분할 필요가 있다. 주지하듯 민주주의를 크게 구분하면 직접민주주의와 간접민주주의 형태로 나눌 수 있다. 문제가 되는 것은 직접이든 간접이든 소수자에 의한 민주주의, 소수자를 위한 민주주의를 지향하기에는 논리적 모순이 많다는 점이다. 직접민주주의는 국민발안, 국민소환, 국민투표 등의 방법으로 운영되는 기제를 갖고 있으나 다수결이라는 절차적 정당성은 흔히 소수자의 권리를 침해하는 차별의 기제가 되기도 한다. 민주적 절차에 따른 다수에 의한 의사결정이 소수의 의견과 항의를 절차적 정당성 논리를 통하여 배제하기 때문이다. 대의제로 지칭되는 간접민주주의의 경우에도 문제는 마찬가지이다. 민주적 대의제도 다수결에서 탈락 배제된 소수자들의 기본적 자유와 인권 관련 의제가 대의되지 않을 가능성이 언제나 이미 상존하기 때문이다. 말하자면, 그것이 직접이든 간접이든 민주주의의 다수에 의한 지배라는 확고한 원칙이 실행되는 순간 언제나 소수자의 기본적 자유와 인권은 훼손될 가능성이 구체화 되는 것이다(김용신 2014, 136-138 참조).

따라서 소수자 민주주의의 구현을 위한 새로운 논리들을 도입할 필요가 있다. 여기서는 상호성, 심의성, 참여성을 중심으로 소수자 민주주의의 지향점들을 논하기로 한다. 먼저, 모든 사회에서 구성원간의 자원 배분을 포함한 여러 권리와 의무의 관계를 규율하는 일정한 법칙으로 존재하는 상호성(reciprocity)의 원칙을 들 수 있다. 사람들은 특정한 문화적 패턴 속에서 주어진 인간관계의 유형에 따라 상호대칭적인 교환의 관계를 맺으며 각 구성원들이 상호 공유하는 정의의 원칙에 따라 사회적 재화를 분배한다. 이러한 사회적 상호관계 속에서 어느 일방이 수긍할 수 없을 정도로 심히 불공정한 취급을 받는다든가 인정을 받지 못할 때 상호성의 원칙은 깨지고 좋은 관계는 이루어 질 수 없다. 관계 속에 들어간 구성원들은 자신이 속한 문화가 정한 방식대로, 자신의 자유스러운 의사에 따라 행동함으로써 모두가 만족하는 상태에 이르고자 한다(곽재석 2001, 103-104). 이러한 상호성의 사례로는 미국의 소수자우대정책을 거론할 수 있다. 미국에서 지난 50여 년 동안 시행되어 온 소수자우대정책(affirmative action policy)에 대한 최고법원의 판결 동향은 명확한 기준을 드러내고 있다. 대학이 입학정책으로 특정 인종에게 가산점을 주거나 그들을 위한 정원을 할당하는 것은 위헌 판결이 내려졌지만, 대학 인구의 다양성을 확보하는 관점에서 특정 인종을 고려 대상으로 삼는 것에 대해서는 합헌 판결을 내리고 있다(염철현 2013, 116).[19] 일련의 판결을 보면, 다수자의 보편성과 소수자의 입장을 고려하는 다양성 간의 균형을 어디에 찾을 수 있는지 고심하는 규준들이 나타난다. 상호성의 원칙에 따라 소수자 문제에 접근하려는 민주주의 운영의 사례로 볼 수 있는 것이다.

김용신(2014)은 소수자 민주주의의 중요한 원칙으로 상호성과 심의성을 들고 있다. 상호성이란 민주주의 헌정체제에서 주권을 가진 인민이 상호 교차적인 포용의 논리를 가지고 적정 수준의 삶을 공존과 공영의 틀에서 추구하는 원리이다. 상호성에 의해서 주권자들끼리 서로 능히 해낼 수 있는 역량의 범위 내에서 작동하는 소수자에 의한 민주주의를 추구할 수 있는 것이다(p.139 참조). 결국, 상호성의 원칙은 일반적

19) 미국에서는 1961년 케네디 대통령의 행정명령과 1964년 존슨 행정부의 민권법 제정으로 소수인종에 대한 차별 금지와 우대정책의 기틀이 마련된 이후 지속적인 논쟁이 연방법원 판결 형태로 진행되어 왔다. 염철현(2013)은 1978년 Bakke 판결, 1996년 Hopwood 판결은 특정 인종 할당제와 가산점제에 대한 위헌 판결이며, 2003년 Gratz와 Grutter 판결, 2013년 Fisher 판결은 다양성(인종) 고려 입학 정책이 정밀하고 엄격한 기준에 의할 경우 위헌이 아닐 수 있다는 취지의 판결 사례를 소개하고 있다(pp.111-116 참조).

으로 소수나 혹은 개인의 자유와 권리 등을 소중히 보는 자유주의적 입장과 전체적으로 사회가 공동으로 추구하는 가치와 목표에 대한 구성원들의 합의와 준수를 중시하는 공동체적 입장을 다함께 수용하는 것으로, 개인적 권리의 특수성과 사회적 의무의 보편성간의 팽팽한 긴장을 통하여 상호 견제하면서 하나의 중심을 찾아 발전해 나아가는 균형점을 찾아내는 것으로 볼 수 있다(곽재석 2001, 105). 결국, 상호성이란 소수자에 의한 민주주의 혹은 소수자가 주체로서 구현해 내는 직접민주주의의 구현 원리로 간주될 수 있다.

이에 비하여 심의성이란 심의민주주의, 숙의민주주의의 원리를 말하는 것으로 합의제적 민주주의의 기제로부터 도출된다. 주권자로서 인민의 역량 범위를 벗어나는 일은 대리자에게 맡기되 스스로 인민의 대표를 임명하여 그들이 대의되지 않는 특권적 대표가 되지 않도록 지속적인 심의를 진행해야 소수자들에게 합당한 정의와 소수자를 위한 민주주의가 실현될 수 있다는 것이다(김용신 2014, 140). 심의성의 원칙의 적용 사례로 들 수 있는 것이 브라질의 소수자우대정책이다. 브라질에서는 오랜 기간의 논의 끝에 2012년 사회적할당법(Law of Social Quotas)을 제정 시행하면서 소수자우대정책이 전통적인 인종민주주의(racial democracy)가 지닌 사회적 약자에 대한 실질적인 차별을 시정해 나가려는 움직임이 가시화 되고 있다. 2012년 브라질 최고법원도 2003년 브라질리아대학의 흑인 학생을 위한 입학할당제가 합헌이라고 판시하여 이를 뒷받침하고 있다. 브라질은 2억 명을 넘는 인구 중 백인의 비율이 과반수를 넘지 않는 국가로 흑인과 혼혈인종이 다수를 점하고 있다. 따라서 소수인종을 대상으로 시행되는 소수자우대정책과는 궤를 달리한다. 대개 인종차별과 분리가 심화된 경우에 소수자우대정책을 통해 과거의 차별을 보상하고 사회경제적 불평등을 시정하고자

하는 것이 일반적인 현상이라고 할 수 있지만, 브라질은 인종차별과 분리보다는 세계에서 가장 부의 격차와 사회경제적 불평등이 심각한 국가라는 점에서 소수자우대정책의 시행 필요성이 부각되었다고 볼 수 있다(염철현 2013, 121-126 참조). 의회와 사회의 지속적인 사회적 소수자들에 대한 논의의 결과 소수자를 위한 사회적 할당제도가 성립된 사례로 볼 수 있을 것이다. 심의의 과정에서 비권력자인 흑인 학생들의 소수자 권리를 의사결정 과정에서 반영하고 실질적으로 보장한 것이다. 따라서 지속적인 사회적 관심과 논의 속에서 소수자의 권리 보장이 이루어진다는 점에서 심의성은 소수자를 위한 민주주의 혹은 소수자를 지원하고 옹호하는 간접민주주의 원리의 실현 양태로 규정될 수 있을 것이다.

소수자 민주주의의 논리로써 참여성은 생태민주주의와 강한민주주의 관점에서 살펴 볼 수 있다. 생태민주주의는 진정한 민주주의는 위로부터가 아니라 아래로부터의 강렬한 대중적 힘에 의해 이룩된다고 본다. 생태민주주의는 사회변화에 대한 대중적 의지, 좀더 나은 삶에 대한 열정, 권력남용에 대한 철저한 반대, 그리고 정의로운 공동체 건설을 위한 사회 전체적인 의지로부터 연원하므로 시민공동체를 토대로 하며, 또한 권력집단이 아닌 평범한 대중들에 기반을 두는 것으로 정의될 수 있다(Morrison, 노상우·오성근 역 2005, 203). 생태민주주의는 참여를 위한 변화와 개인과 시민단체들의 연합, 협동, 연대와 같은 기제의 작동을 요구하는 것이다. 강한민주주의는 모든 사람들이 최소한의 일부 시간에 최소한의 일부 공적인 문제들에서 스스로를 통치하는 정부형태로 민주주의를 정의함으로써 능률적인 정부의 문제들을 무시하지 않고 시민정신을 재활성화 시키려고 한다. 최소한의 일부 시간에 법률을 제정하고 시행하는 것은 우리들 모두에게서 모든 시간에 시민

정신의 의미와 기능을 살아 있게 만드는 것이다.[20] 통치 권력을 대리시키는 것은 대의된 권력이 아니라 시민활동이 되는 것이다(Barber, 박재주 역 1992, 16). 이러한 참여성의 사례는 소수자들의 연대와 다수자들의 협력에 의해 진행되어 온 2016년 한국사회의 민주주의 헌정체제의 정상화 운동, 2017년 1월 서울 광화문의 세월호 1천일 집회 시위를 들 수 있을 것이다. 개별적으로 집단적으로 자발적으로 참여하되 대의되지 않는 권력에 대한 교정을 강력한 참여의 힘으로 관철하고 있는 것이다. 이런 점에서 참여성이란 민주주의 헌정체제에서 동등한 개별주체로서 정치과정에 관여하는 소수자의 민주주의로 해석될 수 있을 것이다.

Ⅳ. 결론

한국사회에서의 소수자 문제의 부각 요인은 1987년 6월 항쟁 이후 가속화된 민주화의 역동적 전개, 세계화 과정 속에서의 축적된 경제적 풍요, 국민 전반의 교육수준 및 인권의식의 향상, 정보통신기술의 발달로 인한 의사소통의 활성화 등을 들 수 있다(전영평 2009, 857). 이러한 소수자 문제의 대두는 민주주의에 대한 관점의 숙고를 요청하고 있다. 기본적으로 민주주의의 특징은 국민에 의한 정치라 할 수 있을 것

20) 이런 점에서 강한민주주의는 정치를 삶의 방식(way of life)으로서가 아니라 살아가는 방식(way of living)으로 본다. 살아가는 방식이란 가변적이지만 순응적인 본성을 지니고 있으며, 경쟁적이지만 상호 중첩하는 이해관계를 지닌 인간들이 그들 상호간의 이익뿐만 아니라 공동체의 이익을 위해 공동으로 협력하여 살아가려는 방식이다(Barber, 박재주 역 1992, 187).

이다. 국민을 위한 정치의 경우, 민주적 절차에 의한 권위 소지자가 아닌 온정적 계몽군주에 의해서도 가능하지만, 국민에 의한 정치는 국민이 통치의 주체가 됨을 의미하기 때문이다(김연숙 2008, 309). 소수자 민주주의는 원칙적으로 소수자에 의한 정치라고 보아야 하는 것이다. 그러나 민주주의의 본질적 속성인 다수결 원리는 소수자에 의한 정치로서의 소수자 민주주의의 실행에 결정적인 문제점을 안겨 주고 있다. 일반적인 안건이 의사결정의 주제로 상정된 경우, 성적 소수자, 인종적 소수자, 이념적 소수자, 경제적 소수자 등의 견해는 언제나 다수결에 의해서 배제될 수밖에 없는 것이 현실이기 때문이다.

이처럼 소수이지만 자신들의 특수성과 정체성에 의해서 본질적이고 극복하기 어려운 편견과 차별, 배제를 겪고 있는 사회적 약자로서의 소수자들과 소수집단의 이익 추구가 국가의 전통적인 다수주류사회의 정체성과 상치되고 주류문화의 보편적 가치관에 대립될 때 사회가 어떻게 이들을 수용하는가 하는 문제가 대두된다(곽재석 2001, 105). 민주주의는 국민의, 국민에 의한, 국민을 위한 정치로 운위된다. 여기에 국민국가 구성원 혹은 글로벌사회의 구성원으로서의 소수자를 대입하면, 소수자의, 소수자에 의한, 소수자를 위한 정치가 소수자 민주주의라고 해석될 수 있다. 그러나 현실세계에서의 소수자 민주주의는 언제나 존재하는 권력적 열세 혹은 수의 적음으로 인하여 실행되기 어려운 것이 사실이다. 따라서 상호성과 심의성, 참여성에 의한 전통적 민주주의에 대한 성찰과 수정 보완이 필요한 것이다.

이런 관점에서 김용신(2013)은 '다수로부터의 하나'라는 논리를 제시하면서 민주적 원칙인 자유와 평등의 균형에 근거한 포용을 주장한다. 소수자들의 다수주류문화로의 일방적인 동화를 강조하면, 현실세계에서는 실질적으로 보장된 동등한 기회균등을 의미하는 평등을 주로 훼손하기 때문에 '진정한 하나'(authentic unum)에 드달할 수 없다. 역으로 다수자들의 전통문화가 지향하는 기본 가치들을 위협할 정도로 소수자 정체성이 고착화된 형태로 도입되면 다수자들의 자유를 현실적으로 침해할 수 있다. 어느 쪽이나 '다수로부터의 하나'가 지향되기 보다는 '강요된 하나' (imposed unum)에 머무를 수밖에 없는 것이다(김용신 2013, 141). 따라서 소수자와 다수자가 지니는 고유한 경계를 인정하면서 동시에 이를 넘어서 자유와 평등의 균형점을 지향하는 상호성과 심의성, 참여성에 바탕을 둔 포용적 민주주의가 필요한 것이다.

여기서는 소수자에 의한 민주주의 논리를 상호성에서 찾고, 소수자를 위한 민주주의는 심의성에서, 소수자와 다수자의 연계에 의한 소수자의 민주주의를 참여성에서 추구하였다. 상호성이란 권력을 가진 집단이나 개인이 그렇지 못한 자들과 갈등과 대립을 겪을 때 나타나는 상호 배려와 존중에 의한 민주주의의 작동 원리이다. 글로벌사회에서의 소수자들은 적정 수준의 삶을 보장하는 분배 몫을 스스로의 의지를 관철하는 상호성 속에서 실행할 수 있는 것이다. 심의성은 소수자의 기본적 권리를 다수자와의 협력을 통해서 구할 때 작동되는 논리이다. 의제화와 지속적인 토론을 통하여 민주주의 헌정체제의 구성원으로서의 지위를 실질적으로 인정받을 수 있는 것이다. 참여성은 포용적 수준의 소수자 민주주의의 작동 원리로 볼 수 있다. 다수자 집단과의 동일 목표 추구 과정에서 정치 참여의 통로는 소수자들의 민주적 권익을 현실세계에 구현해 낼 수 있게 해주는 것이다.

참고문헌

곽재석. 2001. “좋은 정부의 균열 가능성: 싱가포르의 정치적 소수자.” 『동남아시아연구』 11(봄). 87-113.

김성호. 2009. “세계시민성의 재구상-다문화주의 이후의 세계시민주의.” 『비평과 이론』 4(2). 5-29.

김연숙. 2008. “지구공동체를 위한 소수자 권리와 책임.” 『동서철학연구』 47. 303-321.

김용신. 2014. “글로벌사회의 소수자 인권과 민주주의.” 『글로벌교육연구』 6(2). 129-144.

김용신. 2013. 『글로벌 시민교육론』. 경기: 이담북스.

김용신. 2008. “다문화사회의 시민형성 논리: 문화민주주의 접근.” 『비교민주주의연구』 4(2). 31-57.

남지애. 2012. “소수자, 시민, 동역자로서 북한이탈주민.” 『기독교와 통일』 6. 115-129.

박경환. 2008. “소수자와 소수자 공간: 비판 다문화주의의 공간교육을 위한 제언.” 『한국지리환경교육학회지』 16(4). 297-310.

박정원. 2009. “국제법상 소수자 개념 정의에 관한 소고: 국적소지요건에 특히 주목하며.” 『중앙법학』 11(1). 555-581.

염철현. 2013. “소수자우대정책의 최근 동향 및 시사점: 미국과 브라질의 사례를 중심으로.” 『교육법학연구』 25(2). 109-134.

전영평. 2009. “한국 소수자 정책의 지형.” 『한국행정논집』 21(3). 839-861.

조성술. 1998. “존 듀이의 민주주의 이론.” 『철학연구』 66. 99-114.

Appadurai, Arjun. 2006. *Fear of Small Numbers.* 장희권 역. 2011. 『소수에 대한 두려움』. 서울: 에코리브르.

Banks, James, A. 2007. *Educating Citizens in a Multicultural Society.* NY: Teachers College Press.

Barber, Benjamin. 1983. *Strong Democracy.* 박재주 역. 1992. 『강한

민주주의』. 서울: 인간사랑.
Callan, Eamonn. 1997. *Creating Citizens.* Oxford: Clarendon Press.
Harrison, Ross. 1993. *Democracy.* London: Routledge.
Morrison, Roy. 1995. *Ecological Democracy.* 노상우 · 오성근 역. 2005. 『생태민주주의』. 서울: 교육과학사.
Newman, William. 1973. *A Study of Minority Groups and Social Theory.* N.Y: Harper & Row.
내일신문. 2023/12/08

Chapter
6 제노포비아

Ⅰ. 서론

인간은 일상적으로 낯선 것이나 다른 것에 대해 경계심을 갖고 있다. 국내외를 막론하고 어떤 형태로든 공간과 장소의 이동은 일어나게 마련이며, 기존의 정주사회에 이질감을 불어 넣어 변화나 혼재에 대한 태도나 가치를 형성하게 한다. 문화적인 유대감을 의미하는 종족 혹은 민족이라는 동질성과 정치적인 소속감을 뜻하는 시민이라는 지우성이 일치하는 국민국가에서의 이동은 융화 형태의 결합으로 전이하기 쉬운 환경으로 구성되어 있다. 그러나 이방인으로 구별될 수 있는 다른 인종, 종족, 언어, 종교, 국적의 형태를 갖춘 이동은 정체성의 차원에서 이미 상대화된 다양성을 확보하고 있기 때문에 서로 다르다는 인식을 쉽게 형성하여 상호 경계의 환경을 설정한다(김용신 2012, 166). 글로벌사회는 이주의 일상화를 기본 특성으로 한다. 따라서 국경을 가로지르는 공간과 장소의 초국적 형성을 유발한다. 언제나 정주자와 이주자들 사이의 정서적 경향성은 나타나기 마련이며 이것은 다양한 스펙트럼의 태도와 행동으로 표출된다.

1945년 이후에 시작되어 1980년대 이후 급격히 확대된 최근의 이주 현상은 전 세계의 거의 모든 지역을 포괄한다. 새로운 교통수단과 통신 기술의 발달은 물론이고, 최근의 정치적 · 문화적 변화의 결과로 국가 간 이동이 예전보다 훨씬 쉬워졌기 때문에 발생한 현상이다. 그 결과 국제이주는 전지구화(globalization)의 중요한 동력이 되고 있다(Castles & Miller, 한국이민학회 역 2013, 26). 이러한 추세와 관련하여 우리나라의 송출 이주 현황을 보면, 재외동포들이 175개국에 걸쳐 거주하면서 코리안, 카레이스키, 한궈런, 차오셴쭈, 간코쿠진, 코레아노 등으로 불리면서 약 727만 여명이 디아스포라로 살고 있다(중앙일보 12/09/30). 이스라엘에 버금가는 세계적 수준의 글로벌 이민국가인 셈이다. 우리나라는 오래전부터 이주의 시대라는 역사 속으로 들어와 있었으며 익숙하게 적응해 왔던 것이다.

관점을 바꾸어 우리나라에 체류하는 유입 외국인 현황을 보면 2002년 629,006명을 기점으로 연평균 10% 이상의 증가율을 유지하면서 2013년 12월 기준 1,576,034명에 도달하여 총인구 대비 3%를 넘어서고 있다(출입국·외국인정책본부, 2014: 10). 이러한 통계추세는 우리나라가 글로벌 다문화 국가로 급속하게 전이하고 있다는 사실을 말해주는 것이며, 당면한 국가적 과제인 저출산 · 고령화 시대의 문제점을 이주의 수용에 의해 해결해 낼 수 있음을 보여주는 징표이기도 하다. 실제로 위의 출입국 · 외국인정책본부(2014) 통계자료에 따르면 경제생산활동이 왕성한 20-40대의 이주자가 총 외국인 체류자 대비 72%를 점하여 외국인 체류자들의 긍정적인 국가사회 기여 가능성이 현실화 될 수 있음을 확인할 수 있다.

그러나 외국인 이주자의 증가에 대한 국내 정주사회의 반응은 호의적인 것만으로 해석하기 어렵다. 일례로 여성가족부(2012) 자료에 의하면 다문화가정 자녀라는 이유로 차별을 경험한 아이들이 13.8%이며, 이 중 친구에 의한 차별이 36.5%로 가장 많았고, 모르는 사람이 20.8%, 이웃 11.7%로 나타났다. 다문화가정 자녀들에게는 자연스러운 생김새와 말씨, 고유문화에 대한 편견이 실제 생활에서 차별로 이어지고 있는 것이다. 여론의 주목을 받은 또 다른 사례로는 2012년 4.11 총선에서 비례대표 의원으로 당선된 이자스민 의원에 대한 악성적 형태의 비난과 SNS의 논란을 들 수 있다. 언론 매체는 외국인 혐오 현상을 진단하는 시리즈를 전개하면서 '이참은 돼도 이자스민은 안 된다?', '우리반 친구 엄마는 저랑 못놀게 해요', '목숨 건 탈북, 차별은 휴전선보다 높았다', '한민족인데 중국보다 더 냉대해요', '다문화는 현실, 차별 땐 처벌'이라는 타이틀로 한국사회의 외국인 혐오증에 대한 우려와 대안을 제시하였다(머니투데이, 12/04/17-12/04/23 연재). 다문화 속에 나타난 차별을 결혼이민자, 외국인 노동자, 북한이탈주민이라는 이주자 유형으로 구분하면서 한국인의 다문화 수용력이 부정적이라고 판단하고 사회적 교육과 차별금지법 등을 해결 방안으로 거론한 것이다.

글로벌 이민국가의 대열에 위치한 한국사회에서 아이러니하게도 '다른 것'에 대한 승인 거부와 배제의 문제가 나타나 사회적 쟁점이 되고 있는 양상이다. 일반적으로 이주자 집단이 발생하는 이유는 정치, 경제, 사회, 문화적 측면의 동인이 인종과 종교, 국제분쟁 등과 어우러져 보다 더 잘 살고 민주적인 복지국가로 옮겨 가려는 인간적 본능에 의거한다. 이주는 최소한의 인간다운 생활을 보장 받으면서 적정 수준의 삶을 추구하려는 자연스런 현상으로 볼 수 있는 것이다. 그러나 글로벌 차원에서 이질적인 소수 이주자 집단의 빈번한 등장은 '다른 것'으로서의 이방인에 대한 정주국(host country) 시민들의 의식적 인식과 반응은 어떤 형식으로든 드러나게 마련이다. 한국 재외동포에 대한 외국 주류 다수자들의 수용과 관용, 차별과 배제가 있어온 것이 역사적 사실이며, 현재에도 같은 양상이 진행 중인 것처럼 외국인 이주자에 대한 한국사회의 반응도 다양한 형태로 표출되는 것으로 해석할 수 있다.

이처럼 이방인에 대한 인식으로부터 비롯되는 태도와 행동을 지칭하는 용어가 제노포비아(xenophobia)이다. 어의적으로 제노포비아는 잘 알려지지 않은 것이나 특별한 것에 대한 비이성적 두려움, 혹은 다른 국적을 가진 사람들에 대한 막연한 증오나 두려움을 의미한다(Steenkamp 2009, 439). 제노포비아 자체는 혐오적 태도나 행동으로 직결되지 않는 것이다. 하지만 글로벌 이주 시대의 도래에 따라 세계적으로 널리 퍼진 일반적 현상으로써의 제노포비아는 전통적인 정주사회의 인구 구성원과는 본질적으로 다른 이방인들에 대한 적대적인 태도 경향성으로 정의되고 있다. 흔히 그것은 인종주의와 연계되며 우익 극단주의와 관련되어 나타나는 현상으로 여겨진다(Boehnke 1998, 586). 이주의 부정적 측면을 부각하는 용어로써 제노포비아가 사용되는 것이다. 특히 글로벌 금융위기와 같은 경제사회적 위기 상황이 국내외에 걸쳐 중첩될 경우, 제노포비아 현상은 서구 선진국 이외의 국가에서도 이에 대한 대응을 둘러싸고 얼마든지 정치사회적 갈등과 불안정을 유발할 수 있고, 동시에 관련국 간 외교적 마찰을 불러일으킬 수 있는 요인이 될 수도 있다(송태수 2006, 278). 제노포비아의 본래의 의미가 현실적 여건에 따라 얼마든지 극단적 갈등을 묘사하는 국면으로 확장 전이될 수 있는 것이다.

본고는 다의적으로 받아들여질 수 있는 제노포비아를 과학적 용어로 치환하여 이론화 과정에서의 개념과 지표라는 측정도구로써의 역할에 주목하고자 한다. 제노포비아 현상을 관찰하고 분석하기 위해서는 추상적이고 상식적인 수준의 논의를 경험적이고 과학적인 차원으로 전환하는 것이 필수적이다. 이를 위해 제노포비아의 의미에 관한 이론적 배경을 정의, 발생 원인, 유형을 중심으로 논하고, 제노포비아의 개념화 전략을 '교량의 원리'(bridge principle)에 따라 제시하여 제노포비아 현상 분석을 위한 개념과 지표를 구축하며, 실제 적용 사례를 선정하여 도출된 측정도구의 유용성을 확인하는 동시에 한국사회의 미래를 조망할 수 있는 탐색적 사례분석을 진행하는 것이 연구의 개요와 목표이다.

Ⅱ. 제노포비아 현상의 이론적 배경

1. 의미와 원인, 유형화 논리

글로벌 시대의 전형적 현상으로써 제노포비아는 이방인에 대한 잠재적 인식이 일단의 계기에 의해서 의도적 양태로 진행되고, 이어서 승인과 거부의 심리적 기제를 통하여 여러 형태의 태도와 행동으로 나타나는 것을 말한다. 기본적으로 이방인에 대한 두려움이나 경계심은 오래되었으면서 현존하며 지속되어 나갈 인간의 기본 성향으로 볼 수 있다. 누구든지 이미 설정된 고유 공간이나 장소 속으로 다른 사람이 들어오는 장면을 만나면 자기보존 본능에 따라 막연한 형태의 불안감을 느낄 수 있는 것이다(김용신 2012, 178). 다른 사람과의 관계에서 발생하는 자아의식은 역사와 문화, 언어와 인종, 신념과 가치를 함께해 온 내집단 생활양식을 습득하는 과정에서 발생한다. 이러한 자기범주화(self categorization) 과정은[21] 자아와 타자를 구분하는 차이에 대한 인식

21) 이러한 자기범주화 논리로부터 생성되는 고정관념, 편견, 제노포비아와 관련된 자세한 이론적 관점은 쿠마르와 세아(Kumar & Seay 2011)의 "Shades of white: Identity status, stereotypes, prejudice, and xenophobia"를 참조할 것

으로 발전하여 자아가 존재해 온 내집단(in-group)은 우월한 것으로, 타자로 규정된 외집단(out-group)은 열등한 것으로 간주하게 되어 결국 경계의 획정 과정으로 확대되면서 이방인에 대한 부정적 인식과 편견을 유발하는 것이다. 제노포비아는 이러한 이분적 도식에서 어떤 인식과 태도를 갖느냐에 따라 형성되는 인간의 의식과 행동 작용으로 규정할 수 있다.

다수 정주사회를 구성하는 내집단과 소수 이주사회를 표상하는 외집단이 한정된 정치경제적 자원을 놓고 경쟁을 할 때 상대 집단에 대한 편견이 발생하게 되고, 권력이 강한 다수집단이 상대적으로 열세인 소수집단에 대해 편견과 고정관념을 생성하고 정당화하게 된다(윤인진 외 2010, 41). 최근 심각한 사회문제가 되고 있는 유럽에서의 제노포비아는 적어도 유럽의 경계를 흔들어 모호하게 만드는 정체성의 상실과 불안감에서 나타나는 반응으로 해석할 수 있다(Shore 1997, 248-249). 정주사회의 고유성과 다수자들의 자아를 침식하는 요인으로 외국인 이주자들이 현실 생활세계에 등장한 것에 대한 대응 작용인 것이다. 따라서 제노포비아는 상대적으로 발전된 선진국에 이주한 외국 인력이 있는 곳은 어디든지, 즉 굳이 백인들이 주류사회를 형성한 국가가 아니더라도 발생할 수 있다는 점에서 지구촌 전역으로 확산될 잠재성을 내포하고 있는 현대적인 현상이라 할 수 있다(장명학 2006, 327).

제노포비아의 형성에 영향을 미치는 요인에는 민족주의와 인종주의, 정치적 요인, 경제적 요인, 사회적 요인, 제도적 요인 등으로 다양하다. 민족주의는 오래 전부터 있어온 유럽사회의 반유대주의(anti-semitism), 인종주의는 다문화정책 구사 이전의 호주에서 있었던 백호주의, 정치적 요인은 2001년 발생한 9/11 사태 이후의 미국과 유럽사회의 이슬라모포비아(Islamophobia), 경제적 요인은 남아프리카공화국의 2008년 소수종족 학살 폭력 사태, 사회적 요인은 한국사회의 조선족 차별, 제도적 요인은 러시아의 이민법 등을 사례로 거론할 수 있다. 그러나 이러한 요인들은 독립되어 발생하는 것이라기보다는 흔히 상호조응 양상으로 전개되는 것이 일반적인 현상이다.

외국인 이주자에 대한 차별과 폭력적 행동이 두드러지게 나타나는 것은 전형적으로 사회경제적 위기 상황으로부터 비롯된다. 이민 유입국의 경제 침체가 장기화되는 경우 사회적 불안정과 높은 실업률, 경제상황 악화 요인으로 이주자들이 일종의 희생양(scapegoat)으로 지목되는 경향이 강하다. 남아프리카공화국에서 1994년 이후 지속된 장기적인 경제위기와 빈곤율 증가는 사회적 요인과 맞물려 악성적 형태의 제노포비아로 표출되었다(Amisi et al. 2011, 60-66; Steenkamp 2009, 440-442). 제노포비아는 정치사회의 구조적 요인에 의하여 발생하는 것으로 볼 수 있다.

사회제도적 양상의 제노포비아는 경제적 측면에서는 인구통계적으로 이주노동자들에 대한 수요가 증가함에도 불구하고 제한된 이주정책이 구사되는 경우 발생한다. 국가는 민족주의적 이슈를 토대로 새로운 이민법을 제정하여 미디어 등으로 여론 상징 조작적 수사를 구사하면서 외국인에 대한 감정적 수준의 혐오의식을 실질적으로 조장한다(Schenk 2010, 109-113 참조). 소비에트 해체이후 CIS국가로부터의 이주자들에게 자유로운 일자리와 통행을 허용하던 러시아는 민족주의 감정이 고조되면서 2007년 새로운 이민법 제정에 따른 쿼터제와 외국인 노동자의 취업금지 조치를 실시하여 600만 여명에 이르렀던 이주자들을 2010년 130만 여명으로 감소시켰다(Schenk 2010, 101). 이것은 사회적인 형태의 제노포비아가 제도적인 형태의 것과 결합되면서 나타난 현상으로 파악할 수 있다.

또한, 타라스(Taras 2009)에 의하면 유럽에서의 제노포비아는 제2차 세계대전을 겪으면서 발생한 인종주의라는 기원을 갖고 있다. 20세기 전반기까지 미국으로의 송출 이민이 주류였던 시대에는 쟁점화 되지 않았으나, 21세기에 들어서면서 제국주의적 다문화가 잠재해 있던 유럽사회에 제3세계로부터의 이주자들에 대한 차별이 나타나기 시작하였다. 이런 현상은 유럽연합(EU)의 확장 이후 동유럽 국가로부터 서유럽국가로의 유럽내 이민이 증가하면서 증폭되는 양상을 보이고 있다. 제노포비아가 인종적이고 민족적인 이유뿐만 아니라 경제적이고 문화적인 동기를 갖고 있다는 것을 확인해주는 통시적 사례로 볼 수 있다. 결국, 제노포비아는 단일 요인보다는 복합적 요인에 의해 추동되는 것이다. 정치, 경제, 사회, 문화, 종교 등 각 영역의 요인들이 민족주의와 인종주의, 순혈주의 등과 결합되면서 이방인에 대한 의도적 인식, 차별과 편견 의식이 발생하고 유지 확장되는 현상이 제노포비아이다.

구체적으로 김용신(2012)은 제노포비아를 존스(Jones 2009)의 '배타적-소유적-악성적' 형태의 수준에서 실현되는 양상으로 조망하면서, 프랑스, 스위스, 남아프리카공화국, 러시아, 미국 등의 사례를 내러티브로 분석하여 '민족상징-경제사회-혼합가중' 유형으로 구분하였다(pp.167-171 참조). 그러나 이러한 구분은 제노포비아가 엄밀한 의미에서 이방인에 대한 막연한 두려움에 대한 인식과 반응 양태로 나타난다는 점에서 적확한 개념 유형 논리로 보기에는 미흡하며 보완을 요한다. 제노포비아는 이방인에 대한 태도와 행동으로 표상된다는 점에서 이방인에 대한 인식과 수용의 관점을 제거한 채로 배타적이거나 폭력적 혐오 현상으로 규정한다는 것은 무리한 논리 전개이다. 두려움이 그대로 혐오로 연결된다는 전제의 도입은 입증 불가하며, 외국인 이주자들에 대한 인식을 토대로 두려움에 대한 이해와 포용으로부터 거부와 배제의 범주화가 제노포비아 현상 분석을 위한 출발점이 되어야 한다고 본다.

본질적 관점에서 제노포비아를 조망하는 논리를 바빈(Bavin)이 제공한다. 바빈(2007)은 러시아의 62개 지역에서 수행된 FOM (Public Opinion Foundation)의 조사연구에서 외국인 이주자들에 대한 주류사회의 다수 정주자들의 태도를 '관용-방어-순수-혐오'의 형태로 범주화 한다. 조사연구의 설문항은 세 가지 형태로 구성되어 있다. ① 어떤 사람들은 특정 소수종족 구성원들에 대하여 적개심이나 분노를 경험한다. 그런 감정이 귀하에게 개인적으로 어떤 영향을 주는가? ② 귀하의 지역(krai, 공화국)에 특정 소수종족 구성원들이 거주하는 것을 제한해야만 한다고 생각하는가? ③ 만일, 귀하의 지역으로부터 특정 소수종족 구성원들을 추방하는 결정을 한다면, 귀하는 승인하겠는가 아니면 반대하겠는가?(pp.56-57). 연구결과 이러한 질문에 대한 응답자들의 반응은 이방인으로서의 이주자들에 대한 네 가지 태도로 요약된다. 첫째, 관용형은 이주자들에 대한 종족적 적대의식을 갖고 있지 않으며, 당국의 이주 억제 조치를 지지하지 않는 응답자들, 둘째, 방어형은 다른 지역으로부터 종족집단 이주자들이 유입되는 것을 제한하는 조치를 지지하지만, 이미 거주하고 있는 이주자들의 제거를 옹호하지 않으며 적대적 감정을 느끼지 않는 응답자들, 셋째, 순수형은 다른 소수종족 출신의 이주자들의 퇴거를 위한 모든 수단과 조치들을 지지하면서도 그들에 대한 적개심은 갖고 있지 않다는 응답자들, 넷째, 혐오형은 다른 종족집단 구성원들에 대한 적대의식을 숨기지 않고 드러내며, 그들을 배제하거나 추방하기 위한 당국의 모든 조치와 행동을 승인하는 응답자들이다(pp.59-60). 이방인들에 대한 인식 수준에 따른 반응을 관용과 혐오 사이의 스펙트럼으로 구분한 것이다. 여기서는 현실세계에서 나타나는 사실적 관계와의 조응 양상을 유형화 논리와 연계하여 반영한 바빈의 견해를 수용하여 제노포비아 현상을 복합적 요인에 의해 발생하는 현상으로 직시하면서, 분석의 체계성을 갖추기 위해 정치, 경제, 사회, 문화적 측면에서 접근하여 개념화 논리를 개발하고 적용사례에 대입하여 검토하기로 한다.

2. 우리나라의 제노포비아 현상

최근 한국사회에는 저출산 고령화 현상이 뚜렷하게 나타나고 있다. 따라서 다민족 다종족 다문화 국가로 진행되는 것을 인정하거나 수용하는 것이 국가사회적 수요와 글로벌사회에서의 지속가능발전을 구가하기 위한 필수적 요건이라는 점을 인정해야 할 상황이 도래하였다고 볼 수 있다. 글로벌 다문화사회에서 흔히 발견되는 소유적이거나 악성적 형태의 제노포비아 현상은 불필요한 소모적 사회갈등 양상이라고 판단되는 연유이다. 단일민족적인 충성심을 유지하면서 다민족국가를 유지하고 있는 전형으로써의 스위스는 문화 언어적 분절성에도 불구하고 강력한 공통의 충성심을 굳건히 하고 있다. 다민족적인 다문화 국가는 다양한 민족 혹은 종족집단들이 자신들이 함께 살고 있는 광범위한 전체 정치공동체에 대한 충성심이 없다면 생존할 수가 없을 것이다. 스위스는 민족적 집단들이 보다 광범위한 전체사회가 자신들의 고유한 민족적 존재를 인정하고 존중해 주기 때문에 보다 광범위한 전체 국가에 대한 충성심을 느낀다(Kymlicka, 장동진 외역 2010, 26). 향후 다문화사회로의 추동력이 증가하고 확실할 것으로 판단되며 또한 이것이 국내외적인 수요와 흐름에 긍정적 영향을 미칠 것으로 객관화된 상황에서는 배타적이고 차별적 형태의 제노포비아는 불필요한 사회현상이다.

이런 관점을 전제로 한국사회의 제노포비아의 진행 양상에 직접적인 관심을 나타내고 있는 주요 신문의 타이틀과 보도 내용을 중심으로 소수 이방인에 대한 다수 정주인의 인식에 접근하기로 한다. 대중 미디어로써의 신문은 인터넷판 및 방송, 종편채널 편성 등과 맞물려 제노포비아 현상에 영향을 미치고 있는 것이 사실이다. 미디어는 2012년 조선족에 의한 한국인 살해 사건 등을 집중 보도하여 특정 종족이나 인종에 대한 증오와 차별, 편견 등을 일거에 확산시킬 수도 있으며, 동시에 다문화가정에 대한 긍정적 사례와 다문화에서 글로벌로의 연계 혹은 이주자의 인권에 관한 특집 등을 편성하여 교육적 기능을 수행하기도 한다. 이런 점에 유의하면서, 여기서는 우리나라의 제노프비아 현상 진단을 위해 미디어의 사실 비평적 보도 측면에 집중하여 살펴보도록 한다.

일반적으로 제노포비아는 불법체류자들을 최초로 겨냥하는 경향이 강하다. 불법체류 외국인 이주자들은 주권국가의 동의 없이 국경을 통과하였거나 체류기간을 초과하여 주권의 영역 내에 거주하기 때문에 그들의 존재는 명백하게 국가의 권위를 손상시키고 의협하는 것이 된다(Mosselson 2010, 644). 우리나라에서도 동일한 형태의 불법체류자에 대한 제노포비아가 최초로 가시화 되었다. 아래와 같이 반외국인 시위의 이유는 불법체류자의 권리보장을 반대하고 법적 통제의 필요성을 주장하는 것이었다.

> 우리나라의 제노포비아는 2007년 12월 불법체류자추방운동본부에 의해 행해졌다. 법무부의 출입국 · 외국인정책본부에 의한 불법체류자 단속을 지지하는 반외국인 시위가 국내 처음으로 개최된 것이다. 시위 참가자들은 20-30대 청년들인데 내국인도 실업으로 어려운

판에 합법체류자가 아닌 불법체류자의 노조설립과 인권을 보호해달라는 주장은 어불성설이라고 비판하며 불법체류자 단속의 필요성을 역설하였다(윤인진 외 2010, 20; 김용신 2012, 170-171에서 재인용).

초기 단계를 지나면 제노포비아는 경제사회적 상황과 연계되어 심화된 형태로 나타난다. 현실적 측면에서 볼 때 이주자들에 대한 정주자들의 태도 정향은 일상생활에서 사회경제적인 구조 양태를 띠고 나타나는 경우가 많다. 따라서 제노포비아는 합법이든 불법이든 경제적 상황의 악화와 밀접하게 관련되어 있다. 정주사회의 시민들의 이방인에 대한 두려움이 행동으로 나타나고, 외국인 이주자에 대한 혐오적 성격의 공격으로 이어지는 것은 국가 내부적인 빈곤의 지속과 높은 실업률, 생활시설 서비스에 대한 불만족이 확장될 때 발생한다(Mosselson 2010, 649; Sinwell 2011, 131). 일자리를 둘러싸고 이주자에 대한 부정적 모티프가 발생 확산되는 것이다. 국가적 필요성에 의해 도입된 다문화정책에 대한 비판이 진행되고 국내 정주사회의 적극적인 대응을 촉구하는 형태의 제노포비아 현상이 경제사회의 구조적 양상에 대한 불만과 함께 표출된 것으로 해석할 수 있다.

'다문화정책 반대' 카페의 운영자 이모씨는 "일자리는 한정돼 있는데 외국인 근로자가 유입되면서 우리의 일자리가 없어졌다" … "외국인들의 유입으로 피해를 보는 것은 다문화정책을 만든 사람들이 아니라 우리 같은 서민들"이라며 "서민들의 실상도 모르고 네오나치를 운운하는 사람들이야말로 네이티브포비아(nativephobia)라고 했다(조선일보, 11/03/19).

이러한 외국인 이주자들에 대한 적대의식이 발전하면 혐오와 공격적 태도와 행동으로 이어지게 된다. 우리나라의 제노포비아 전개 양상에 대한 언론의 연재에서 조선일보는 '방글라데시 출신 다문화가정의 왕따 절규: 큰애는 고통없이 죽는 법 하소연, 작은애는 유치원서 벌써 차별 당해', '왕따로 학업 그만두는 탈북학생 비율, 일반학생의 7배', '다문화가정 자녀 37%가 왕따: 엄마, 학교엔 제발 오지마', '다문화 자녀, 게임중독률 3배: 난 게임에서만 한국인'이라는 제하의 기사를 실으면서 다문화에 대한 한국사회의 차별과 편견의 벽이 높음을 이미지화하고 외국인 혐오증에 대한 체계적인 대응 방안의 마련과 실천이 필요하다는 것을 강조하고 있다(12/01/09-12/02/07, 연재). 또한, 중앙일보는 '무차별 확산되는 제노포비아: 외국인 혐오증, 벽인 학원강사 뒤캐는 사냥꾼까지 등장'이라는 제하의 글에서 오원춘 사건으로 인하여 중국동포에게 쏟아진 무차별적인 비난과 모욕의 문제점과, 이자스민 의원이 '필리핀으로 가라'는 인종차별적인 공격을 받았다는 사실을 보도하면서, 사회적 다양성 확보 차원의 대응책이 필요하다는 인터뷰를 기사화하였다(12/04/21). 다문화와 연계지어 외국인에 대한 이유없는 적대의식에 대하여 비판적이고 대안적인 기사를 연재하면서, 사회적 반응으로 나타난 공격적 외국인 혐오 행동을 부각시켜 한국사회의 제노포비아 전개 양상을 사건 나열 형식으로 진단한 것이 특징이다.

위와 같은 형태로 나타나는 우리나라의 이방인에 대한 인식에서 중요하게 작동하는 것이 뿌리 깊은 민족주의와 순혈주의, 인종주의적 요소이다. 한겨레신문은 워싱턴포스트(WP)의 81개 국가를 대상으로 실시한 인종 차별 의식 조사를 보도하면서 한국은 3분의 1이상이 다른 인종의 이웃을 원하지 않은 것으로 나타났으며, 이집트 · 나이지리아 · 사우디아라비아 · 이란 · 베트남 · 알바니아 등과 30%대에 속했다는 사실을 기사화 하였다. 소득 · 교육 수준이 높으면 인종적 관용도가 높으

리라는 예상과는 달리 한국은 유럽연합(EU) 국가들 중 인종차별이 가장 심한 것으로 드러난 프랑스의 22.7%보다 높은 것으로 판명된 것이다(13/05/17).[22] 아래 기사 사례에서 볼 수 있듯이 한국사회에서 난민이라는 소수자의 지위를 가진 외국인 가족은 배제와 혐오의 대상이 되게 마련이고, 더하여 무슬림이라는 소수 종교를 가진 문화종족의 흑인이라는 인종은 '괴물'이라는 지칭을 받으면서 반인권적 차별을 당하는 것이 현실이다.

> 벤자민(가명 · 남자)은 작은아들이 다니는 고등학교에 한 번도 가본 적이 없다. 언젠가 아들은 아빠에게 학교에 오지 말라고 신신당부했다. "친구들한테 엄마는 외국인이지만 아빠는 한국 사람이라고 했대요. 그래서 학교에 오지 말라고…." 아이는 한국 사회에서 흔치 않은 무슬림이었다. 학교 급식에서 돼지고기라도 나올라치면 입에 대지 않았다. 말도 통하지 않는 낯선 학교에서 아이는 점점 고립됐다. 결국 아이는 중학교 진학을 포기했다. 탈학교 청소년이 된 셈이다.… 아프리카 출신 흑인들에 대한 차별과 편견이 아이에게 씻을 수 없는 상처를 줄까봐 늘 걱정이다. 동네 사람들은 제제네 가족을 '괴물'이라고 놀린다(한겨레21, 13/10/07, 제980호).[23]

난민과 유사한 또 다른 사례로 경계인적 지위성을 가질 수밖에 없는 재중동포 이주자들에 대한 차별이 아래와 같은 방미화(2013, 15)의 연구 면담 기록에서 발견된다. 인종주의적 차별과 사회경제적인 차별이 연계되어 이주자의 정체성을 부인하고 타자화된 정체성을 부여하는 논리가 여기에 나타난다. 경계인으로서의 이주자들은 순혈주의적 민족주

---

22) 한겨레 http://www.hani.co.kr/arti/international/international_general/587971.html (검색일: 2013.11.27).

23) 한겨레21 http://h21.hani.co.kr/arti/cover/cover_general/35460.html(검색일: 2013.11.27).

의의 현재적인 방어와 배제의 대상이 되는 것이다.

> 중국에서 어렸을 적에는 한족들이 우리를 조선사람 '꼬리빵즈'라고 배척하고, 한중수교 이후에는 한국제품들의 중국에 들어오자 또 우리를 '너희 한국인들' 하면서 우리가 중국인이라는 것을 부정하고, 지금 한국에 와서도 한국 사람들이 '너희들은 중국인이다'라고 하기에 조선족들은 결코 박쥐같은 존재일 수밖에 없는 거야. 중국인도 아니고 한국인도 아닌 조선족일 수밖에 없는 존재지(전수철, 면담 대상자).

전반적으로 보건대 사회적 다양성의 확대와 일상화에 따라 발생하는 제노포비아와 민족주의의 연계성은 다문화주의의 대안적 논의와 함께 진행될 필요가 있다. 이주노동자 및 이주민의 급증이 상징하는 다문화 시대를 맞이하여 세계적으로도 유례없는 우리의 강력한 순혈주의에 기반한 민족 정체성 담론을 어떻게 변화시켜야 하는지에 대해 심층적인 논의와 전략과 대안 모색이 중요한 과제라고 볼 수 있다. 국민의 경계, 시민의 경계를 새롭게 재구성하지 못한다면, 다문화주의적 토대가 허약한 우리 사회에서 경기변동에 따라 언제든지 폐쇄적인 민족주의 담론으로 회귀할 가능성이 높기 때문이다(심승우 2013, 39). 주지하듯 우리나라는 단일민족국가를 지향 교육해 왔으며 속인적 순혈주의 전통을 갖고 있다. 이러한 형태의 민족주의는 국민국가 내부의 다양성과 국제사회의 다양성을 감소시키는 방향으로 작동하는 것이 일반적이다.

민족주의는 국내외적으로 시민사회와 종족집단 모두에 작동되며 흔히 인종주의, 차별과 연계된다. 민족주의의 부정적 측면이 제노포비아를 형성하고 고착화하는 기능을 수행하는 것이다(Hjerm 2001, 46). 따라서 잠재된 단일민족의식에 근거한 우리나라의 제노포비아 전개 양상을 개괄 정리하면 민족상징 유형으로부터 경세사회 유형으로 전이하면서 사이버 공간에서는 혼합가중 유형의 일단이 이미 표출되는 단계로 진단할 수 있으며, 전형적인 혼합적 형태의 제노포비아 현상이 관찰되는 것으로 볼 수 있다. 현실 생활세계에서 혐오형으로 전이된 제노포비아가 본격적으로 표출된 것은 아니지만 최소한 방어형 혹은 순수형에 가까운 양상이 진행되면서 관용형과 혐오형이 혼재된 형태의 제노포비아 현상이 진행되는 것으로 요약할 수 있다.

Ⅲ. 제노포비아의 개념화

제노포비아 현상을 분석하기 위해서는 제노포비아를 과학적 용어로 변환하는 과정이 필요하다. 분석대상현상의 구성요소들을 추상적이고 구체적인 수준에서 개념화하여 측정도구를 만들어내는 작업이 선행되어야 실증적 접근이 가능하기 때문이다. 과학적 개념(concepts)이란 사물이나 현상의 속성을 묘사하는 언어이다. 개념은 사실의 집합체이며 이론을 구성하는 변인들로 사용된다. 보편적이고 서술적이며 대표성, 추상성을 띤 언어라고 규정할 수 있다(Isaak 1981; Nachmias & Nachmias 1992; McGaw & Watson 1976). 따라서 이론화 작업은 개념의 구축으로부터 출발한다 해도 과언이 아니다. 연구과정에서 사용 개념을 명확히 정립하지 않고서는 엄밀한 의미에서의 과학적 통칙이나 이론을 도출할 수 없다. 이러한 개념은 사회과학연구에서 특정의 부류의 정치사회현상이 지닌 보편적 속성을 전달하는 매체적 용기라고 말할 수 있다. 즉 개념은 명칭과 내용물의 성분을 표시한 라벨(label)을 붙인 빈 병과 같다고 말할 수 있다. 우리는 이런 빈 병에 분석대상현상의 속성을 라벨의 카테고리에 따라 담아서 그 심도를 측정하는 것이다(김웅진·김지희 2000, 78). 여기서 말하는 분석대상현상의 구체적인 속성을 지표(indicators)라고 지칭하며, 이론화 과정에서 지표는 개념에 실증적 측정가능성을 부여하는 역할을 수행한다. 이러한 개념과 지표의 구축 과정을 전반적으로 개념화(conceptualization) 작업으로 본다.

과학적 개념화는 속성의 범주를 구축하는 개념정의와 경험지표로 전환시켜 자료용기(data container)로 활용되게 만드는 조작정의의 단계로 진행된다(김웅진 1992, 124). 개념정의는 용어가 지닌 고유한 의미를 일반적이며 추상적 수준에서 명백하게 제시해 주는 것이며, 조작정의는 의미에 내재된 속성의 존재 심도를 구체적 수준에서 관측할 수 있도록 실증성을 부여하는 작업을 말한다(Nachmias & Nachmias 1992, 30-31). 개념정의(conceptual definition)는 분석대상현상의 속성을 어떤 차원에서 규정할 것인가를 제시해주는 가장 추상적이며 또한 가장 포괄적인 이론적 시각의 선언을 지칭한다. 이런 속성의 맥락적 성격을 규정하는 개념정의 과정을 거쳐 얻어진 개념을 통상 이론적 구성개념(theoretical constructs)이라고 칭하는데, 이들은 그 내용에 있어서 지극히 추상적인 관계로, 현실세계에서 어떠한 경험적 현상을 지칭하는 것인지를 명확히 제시해주지는 못한다. 따라서 실증성을 부여하는 정의작업이 이어져야 한다. 조작정의(operational definition)는 개념정의에 따라 선택된 접근 맥락에 입각해 어떤 개념이 지칭하는 보다 구체적이며 경험적인 속성들을 규정하는 작업을 의미한다. 즉 하나의 이론개념이 지니고 있는 추상적 속성을 실증적 변량으로 전환하는 작업이 바로 조작정의이다(김웅진·김지희 2000, 78-79).

추상적 이론개념들은 분석대상현상의 실증적 속성을 반영하지 못한다는 측면에서 검증가능성을 확보한 것은 아니다. 조작정의 과정을 통해서 비로소 개념화 과정이 실제 현상과 조응하는 것인지 판정되는 것이다. 이러한 추상에서 구체로, 이론에서 경험으로의 과정을 이끌어내는 논리를 교량의 원리(bridge principle)라고 말한다(김웅진·김지희 2000, 81). 교량의 원리는 개념화 과정에서 직접적으로는 관측 불가능한 이론적 실체들을 관측가능한 전이론적 실체들과 연계시켜주는 이론적 언어와 전이론적 언어의 접속 과정이다. 교량의 원리는 첫째, 관측 불가능한 실체를 관측가능한 실체로 연계시켜 주기 위해서, 이론적 언어를 전이론적 언어를 도구로 직접 연결시켜주는 방법과, 둘째, 이론적 언어를 다른 이론적 언어를 매개로 정의하고, 이어서 전이론적 언어로 규정해내는 절차가 있다. 어느 것이나 중요한 것은 개념화 과정에서 추상적 카테고리들을 구체적인 실증지표와 연결해 내는 일이다(McGaw & Watson 1976, 122-123). 교량의 원리는 분석대상현상에 과학적으로 접근하여 엄밀한 차원에서 고유의 의미를 도출하고 측정 가능성을 부여하는 일련의 과정을 총칭한다.

제노포비아의 개념화는 개념정의와 조작정의 절차에 교량의 원리를 적용하여 이루어진다. 개념정의는 분석대상현상의 핵심 속성을 다른 용어들을 활용하여 전포괄적으로 규정해 내는 작업이므로 제노포비아를 인식 가능한 모든 맥락을 고려하여 추상적 수준에서 이론적으로 합당한 범주를 획정하는 단계이다. 기본적으로 중요한 것은 제노포비아란 이방인에 대한 막연한 두려움에 대한 인식 양태와 행동을 의미한다는 점이다. 외국인에 대한 혐오적 공격 행동에만 집중하여 제노포비아를 규정하는 것은 이론적으로 충분하지 않고 합당한 범주 설정이 아니다. 제노포비아 현상의 부분적인 모습만을 부각시킬 가능성 크다. 따라서 여기서는 포용적인 관용형, 억제적인 방어형, 배제적인 순수형, 악성적인 혐오형의 포괄적 스펙트럼이 모두 나타난 맥락을 고려하여 외연을 확보하는 개념정의를 하여 제노포비아 현상 분석의 이론적 토대를 구축하기로 한다. 조작정의는 이렇게 구성된 추상적 수준의 제노포비아 이론개념들을 교량의 원리에 의거하여 구체적 수준으로 낮추어 측정 가능한 경험지표(empirical indicators)로 전환하는 과정이다. 제노포비아의 구체적인 속성들을 도출하여 내포를 형성하는 작업인 셈이다. 개념정의에서 규정된 관용, 방어, 순수, 혐오의 맥락을 구체적인 제노포비아의 실증지표들과 연결시키는 단계가 수행된다. 본고는 제노포비아의 구체적인 핵심 속성을 이방인에 대한 인정, 적대, 수용, 혐오, 포용의 심도에 있다고 규정하고 이들을 제노포비아 현상 분석을 위한 지표 요인으로 삼아 설문항들을 작성하였다.

위의 논의를 종합하여 제노포비아의 개념화 논리를 교량의 원리에 따라 제시한 것이 〈표 1〉이다. 여기서 이방인 인정이란 외국인 이주자들을 이방인으로 인식하고 있다는 것이며, 이방인 적대란 이주자에 대한 적대의식을 숨기지 않는 다는 것이고, 이방인 수용이란 외국인의 이주를 허용한다는 것을 말하며, 이방인 혐오란 외국인 이주자에 대한 혐오의식을 행동으로 표출한다는 것이고, 이방인 포용이란 한국사회 발전의 기여 측면에서 외국인 이주자의 활동을 긍정적으로 본다는 의미이다. 이를 반영한 실제 설문항 구성에서 제노포비아 현상을 외국인 혐오증으로 단순 제시하지 않고 결혼이민자, 외국인 근로자, 중국동포(조선족), 다문화가정(이슬람) 자녀 등 이주자로서의 이방인들로 설명 소개하여 이방인에 대한 인식을 조사하였다. 초등학생들이 제노포비아를 그대로 외국인 혐오의식으로 고정관념화하지 않도록 다른 것에 대한 막연한 적대의식이 어떻게 응답으로 재현되는가에 초점을 맞춘 설문

전개로 보면 된다.

〈표 1〉 교량의 원리에 의한 제노포비아의 개념화 논리

개념정의 / 조작정의	관용	방어	순수	혐오
이방인 인정	○	○	○	○
이방인 적대	×	×	○	○
이방인 수용	○	○	×	×
이방인 혐오	×	×	×	○
이방인 포용	○	×	×	×

위의 〈표 1〉을 준거로 하여 초등학생들의 제노포비아 인식실태 분석을 위한 '사례예시 응답형' 지표를 개발하였다. 응답을 위한 스토리를 사실적 관계가 나타난 정치, 경제, 사회, 문화 사례별로 제시하고 이에 응답하도록 한 것이다. 이자스민 의원, 외국인 노동자의 유입으로 인한 실업, 중국동포의 범죄, 이슬람 여성의 의상 등으로 사례를 제시한 후 이방인 인정, 이방인 적대, 이방인 수용, 이방인 혐오, 이방인 포용 지표 형태의 설문항에 응답하도록 하였다. 이에 따라 나타난 제노포비아 인식 지향성을 판단하여 관용, 방어, 순수, 혐오의 이론적 개념 유형으로 구분하였다. 이방인 인정, 이방인 적대, 이방인 수용, 이방인 혐오, 이방인 포용의 지표 요인을 〈그림 1〉과 같이 배열하여 관용, 방어, 순수, 혐오의 이론적 유형을 측정 분류한 것이다. 응답결과 평균값이 작을수록 관용적이며 클수록 혐오적인 인식 태도를 표명한 것으로 볼 수 있다. 응답의 평균 심도에 따라 1 이상 2 미만 구간은 관용형, 2 이상 3 미만 구간은 방어형, 3 이상 4 미만 구간은 순수형, 4 이상 5 이하 구간은 혐오형으로 판단하였다.

〈그림 1〉 개념화 논리에 따른 경험지표

1	↔	2	↔	3	↔	4	↔	5
	관용		방어		순수		혐오	

Ⅳ. 적용사례: 초등학생들의 인식 실태 분석

1. 연구 설계

이론적 논증 과정을 통해 타당성을 확보한 제노포비아 현상 측정도구로써의 개념과 지표를 실제 사례에 적용하여 확증하는 경험적 검증 과정을 실행하였다. 교량의 원리에 의해 도출된 지표를 초등학생들의 수준에 맞게 설정하여 탐색적 사례조사연구에 적용한 것이다. 2013년 10월에 실시한 사례분석의 대상은 서울의 A초등학교 6학년 학생 68명이다.[24] 이 중 특수 아동과 유효하지 못한 응답을 한 6명을 제외한 응답자 수는 62명이다. 〈표 2〉의 설문항의 내용을 보면, 응답자의 사회경제적 배경을 별항으로 제시하였고, 이후 정치, 경제, 사회, 문화 영역으로 구분하여 각각 이자스민 의원, 외국인 노동자, 중국동포, 이슬람 문화를 소재로 5개 문항씩으로 구성하였다. 위에서 도시한 〈표 1〉과

24) 본 연구에서 구축된 제노포비아의 개념과 지표를 활용한 초등학생들의 인식 실태 사례분석은 연구보조원으로 참여한 황은영의 설문항 실행 자료를 토대로 정량분석 차원에서 진행되었음을 밝힌다.

〈표 2〉 설문항의 내용 구성

문항 번호	사례 내용	변인	영역
1-5(별항)	응답자 배경	성별, 경제수준, 학업성취, 외국경험, 이주자거주	62명(유효 응답자)
1-5	이자스민 의원	국적인정, 이주자 정치활동 적대의식, 국회의원직 유지, 국회의원직 박탈, 이주자의 정치적 포용	정치
6-10	외국인 노동자	권리인정, 외국인 경제활동 적대의식, 외국인 경제활동 찬성, 외국인 노동자 추방, 외국인의 경제적 포용	경제
11-15	중국 동포	민족인정, 중국 동포 적대의식, 중국 동포의 국내사회 활동 찬성, 중국 동포 추방, 중국 동포의 사회적 포용	사회
16-20	이슬람	문화인정, 이슬람 고유문화 적대의식, 이슬람 국내문화 유입 찬성, 이슬람 문화 추방, 문화 다양성 포용	문화

〈그림 1〉의 개념화 논리에 따른 경험지표로써 이방인 인정, 이방인 적대, 이방인 수용, 이방인 혐오, 이방인 포용의 요인 척도를 순서에 따라 배열하여 관용, 방어, 순수, 혐오의 이론적 유형의 심도를 측정한 것이다.

별항을 제외한 각각의 변인들은 '매우 그렇다', '그렇다', '보통이다', '아니다', '매우 아니다'의 항목에 순서대로 1~5점을 부여하는 척도로 구성되었다. 응답이 1에 가까울수록 관용적이고, 5에 가까울수록 혐오적인 태도와 행동 성향을 나타내는 것을 의미한다. 4개 영역의 변인 중 '적대의식'과 '추방(박탈)'으로 서술 제시된 문항은 역코딩(recoding) 과정을 거쳐 다른 변인들의 의미와 일치시켜 분석하였다. 분석방법은 척도의 요인 신뢰도 검증을 선행하여 활용 가능성을 확인한 후, 빈도분석을 중심으로 응답 대상자의 제노포비아 인식 실태를 영역별로 조사 분석하였다. 응답자의 사회경제적 배경에 따른 변인과의 통계적 유의성은 x^2 검증을 통하여 논증하였다.

2. 분석 결과

정치 영역 사례에 대한 인식은 필리핀계 한국인 이자스민 국회의원(19대 비례대표)을 소재로 하였다. 〈표 3〉에 나타난 분석 결과, 국적인정은 긍정 84.5%, 부정 4.8%로 관용적 성향이 강하여 이주자의 정치적 국적을 인정하는 태도를 보였다. 이주자 정치활동에 대한 적대의식은 소극 24.2%, 적극 45.1%의 응답을 보여 이주자의 적극적인 정치참여를 부정적으로 인식하는 경향이 나타났다. 정치 영역에서의 배제적 태도가 드러난 것으로 볼 수 있다. 이자스민 의원의 국회의원직 유지는 긍정 69.4%, 부정 12.9%로 방어적 관용의 태도가 나타났다. 국회의원직 박탈은 반대 75.8%, 찬성 8.1%로 부정적인 응답이 많았다. 이주자의 정치적 기여를 인정하는 포용성을 묻는 질문에는 긍정 58.1%, 부정 8.0%로 응답하여 인정과 수용의 태도를 보였다. 변인별 평균값을 보면 이러한 응답 추세가 그대로 반영되어 국적인정 1.92, 이주자 정치활동 적대의식 3.18, 국회의원직 유지 2.26, 국회의원직 박탈 2.13, 이주자의 정치적 포용 2.44, 총평균 2.73으로 분석되었다. 정치 영역은 방어적 성향이 전반적으로 드러난 가운데 이주자의 정치활동이 한국사회 발전에 기여할 가능성이 있지만 아직 적극적인 정치 관여는 어렵다는 유보적 태도를 보인 것이 특징이다.

〈표 3〉 정치 영역 - 이자스민 의원에 대한 인식

	국적인정		이주자 정치활동 적대의식		국회의원직 유지		국회의원직 박탈		이주자의 정치적 포용	
	빈도	비율	빈도	비율	빈도	비율	빈도	비율	빈도	비율
매우 그렇다	18	29.0	5	8.1	13	21.0	13	21.0	6	9.7
그렇다	35	56.5	10	16.1	30	48.4	34	54.8	30	48.4
보통이다	6	9.7	19	30.6	11	17.7	10	16.1	21	33.9
아니다	2	3.2	25	40.3	6	9.7	4	6.5	3	4.8
매우 아니다	1	1.6	3	4.8	2	3.2	1	1.6	2	3.2
합계	62	100	62	100	62	100	62	100	62	100

경제 영역 사례에 대한 인식 실태는 외국인 노동자의 국내 경제 활동을 매개로 조사하였다. 〈표 4〉의 외국인 노동자들의 저임금 경제활동 참여로 인한 내국인의 실직 사례에 대한 응답 분석 결과, 근로권 인정은 긍정 72.6%, 부정 6.5%의 응답을 보여 외국인 이주자의 기본 노동권을 수용하는 방어적 관용의 성향이 나타났다. 외국인의 경제활동에 대한 적대의식은 소극 22.5%, 적극 43.5%로 배제적 순수형이 더 많은 것으로 응답되었다. 정주사회 구성원들의 경제적 이익에 반하는 외국인의 경제활동에는 반대한다는 의견으로 해석할 수 있다. 외국인 경제활동 찬성은 긍정 41.9%, 부정 11.3%로 나타나 외국인의 경제활동이 필요하다는 것에 동의한다는 태도를 보였다. 외국인 노동자들을 추방하는 것에 반대 71.0%, 찬성 4.8%로 응답하여 기존의 외국인 이주자들의 경제활동을 금지하는 것에 방어적으로 반대한다는 의견이 나타났다. 외국인의 경제활동이 발전에 도움이 된다는 것에 긍정 32.3%, 부정 17.7%로 응답하여 외국인에 대한 경제적 포용이 더 많은 것으로 조사되었다. 각각의 변인 평균값은 외국인 노동자의 근로권 인정 2.10,

외국인의 경제활동에 대한 적대의식 3.19, 외국인의 경제활동 참여 허용 2.55, 외국인 노동자 추방 2.13, 외국인 노동자의 경제활동에 대한 긍정적 평가와 포용인식 2.81, 총평균 2.56으로 나타났다. 외국인의 경제활동에 대한 방어적 경계심을 드러내면서 이주자들의 국내경제 활동의 필요성과 기여를 인정하는 태도로 정리할 수 있다.

〈표 4〉 경제 영역 - 외국인 노동자에 대한 인식

	권리인정		외국인 경제활동 적대의식		외국인 경제활동 찬성		외국인 노동자 추방		외국인의 경제적 포용	
	빈도	비율	빈도	비율	빈도	비율	빈도	비율	빈도	비율
매우 그렇다	15	24.2	3	4.8	9	14.5	13	21.0	5	8.1
그렇다	30	48.4	11	17.7	17	27.4	31	50.0	15	24.2
보통이다	13	21.0	21	33.9	29	46.8	15	24.2	31	50.0
아니다	4	6.5	25	40.3	7	11.3	3	4.8	9	14.5
매우 아니다	0	0	2	3.2	0	0	0	0	2	3.2
합계	62	100	62	100	62	100	62	100	62	100

사회 영역 사례의 설문은 중국동포의 국내 이주 활동으로 인한 사회적 부작용을 범죄행위를 소재로 다룬 것이다. 〈표 5〉에 나타난 분석 결과 중국동포의 같은 민족으로의 인정은 긍정 33.9%, 부정 29.0%로 유보적 태도를 보였으며 방어형에 가까운 응답 성향을 나타냈다. 중국동포에 대한 적대의식은 소극 12.9%, 적극 43.5%로 응답되어 적대적 성향이 나타났으며 배제적인 순수형이 드러났다. 최근 중국동포에 대한 인식이 두드러지게 부정적인 사회적 분위기와도 일치하는 응답으로 볼 수 있다. 중국동포의 국내사회 활동에는 긍정 6.5%, 부정 41.9%로 나

타나 부정적인 성향이 두드러졌다. 이어서 중국동포를 추방하는 것에는 반대 30.6%, 찬성 17.7%로 드러나 응답 유보적인 성향이 다수로 나타났으며 기존의 중국동포의 거주에는 일단 찬성하는 태도를 보였다. 중국동포의 국내활동이 한국사회 발전에 도움이 된다는 것에는 긍정 6.5%, 부정 58.1%로 응답되어 도움이 안 된다는 태도가 가장 두드러졌다. 중국동포에 대한 포용성이 같은 민족임에도 불구하고 낮은 심도로 나타나 이주자들의 국내사회 활동이 사회적 부작용을 낳을 경우 이를 용납하지 않겠다는 인식이 그대로 드러났다. 변인별 평균값은 중국동포의 같은 민족인정 2.90, 중국동포에 대한 적대의식 3.29, 중국동포의 국내사회 활동 찬성 3.39, 중국동포 추방 2.92, 중국동포의 사회적 발전 참여에 대한 포용인식 3.60, 총평균 3.22로 분석되었다. 외국인 이주자들이 사회적 문제로 부각되었을 경우 언제든지 이주자 혐오적 성향의 태도와 행동이 표출될 수 있다는 것을 보여준 응답 결과로 해석할 수 있다.

〈표 5〉 사회 영역 - 중국동포에 대한 인식

	민족인정		중국동포 적대의식		중국동포의 국내사회 활동 찬성		중국동포 추방		중국동포의 사회적 포용	
	빈도	비율	빈도	비율	빈도	비율	빈도	비율	빈도	비율
매우 그렇다	6	9.7	2	3.2	0	0	0	0	0	0
그렇다	15	24.2	6	9.7	4	6.5	19	30.6	4	6.5
보통이다	23	37.1	27	43.5	32	51.6	32	51.6	22	35.5
아니다	15	24.2	26	41.9	24	38.7	8	12.9	31	50.0
매우 아니다	3	4.8	1	1.6	2	3.2	3	4.8	5	8.1
합계	62	100	62	100	62	100	62	100	62	100

문화 영역 사례는 이슬람 문화의 고유성에 대한 비판을 소재로 한 설문항이다. 이슬람 여자아이들도 한국의 학교생활에서는 전통의상을 고집하지 말아야 한다는 사례 제시에 대한 응답 분석 결과가 〈표 6〉에 제시되었다. 문화인정은 긍정 45.2%, 부정 30.7%로 방어적 관용의 태도를 보였다. 이슬람 고유문화에 대한 적대의식에는 소극 27.5%, 적극 45.2%로 나타나 배제적 순수형의 양태를 드러냈다. 외국인 이주자들이 문화적 다양성을 고집할 경우 인정과 수용보다는 정주사회로의 동화를 원하는 것으로 볼 수 있다. 이슬람 문화의 국내유입 찬성은 긍정 20.9%, 부정 22.6%로 응답 유보적 태도가 많았다. 이는 이슬람 고유문화의 문화적 침투 현상을 경계하는 태도로 해석할 수 있다. 이슬람 문화 추방에는 반대 70.9%, 찬성 9.7%의 응답을 보여 기존의 문화적 다양성을 방어적으로 수용해야 한다는 태도를 보였다 이슬람 문화 등 문화적 다양성이 한국사회의 발전에 기여할 수 있다는 것에는 긍정 58.4%, 부정 13.0%로 응답하여 관용적 방어의 형태로 문화 다양성을 포용할 수 있다는 태도를 보였다. 각각의 변인 평균값은 이슬람 전통문화인정 2.89, 이슬람의 고유문화에 대한 적대의식 3.23, 이슬람 문화의 국내유입 찬성 3.00, 이슬람 문화 추방 2.24, 문화 다양성 측면의 이슬람 문화 포용인식 2.45, 총평균 2.76으로 분석되었다. 글로벌 다문화 시대의 문화적 다양성을 인정하면서도 한국사회의 문화적 동질성을 전제로 해야 한다는 인식이 잠재되어 있는 응답 결과로 해석할 수 있다.

〈표 6〉 문화 영역 - 이슬람에 대한 인식

	문화인정		이슬람 고유문화 적대의식		이슬람 문화 국내유입 찬성		이슬람 문화 추방		문화 다양성 포용	
	빈도	비율	빈도	비율	빈도	비율	빈도	비율	빈도	비율
매우 그렇다	5	8.1	4	6.5	3	4.8	11	17.7	16	25.8
그렇다	23	37.1	13	21.0	10	16.1	33	53.2	14	22.6
보통이다	15	24.2	17	27.4	35	56.5	12	19.4	24	38.7
아니다	12	19.4	21	33.9	12	19.4	4	6.5	4	6.5
매우 아니다	7	11.3	7	11.3	2	3.2	2	3.2	4	6.5
합계	62	100	62	100	62	100	62	100	62	100

다음으로 응답자의 배경 특성별 외국인 이주자들에 대한 인식 실태를 정리하면 〈표 7〉과 같다. 응답자의 배경 특성 5개와 이방인에 대한 인식 변인 20개의 교차분석에 따른 x^2 검증 결과, 총 100개의 가능한 셀에서 통계적으로 유의성을 갖는다고 판단된 경우는 13개이며, 유의성을 보인 변인만으로 축약하면 9개로써 대부분 '학업성취'와 교차상관관계를 갖는 것으로 분석되었다. '성별'은 '이슬람 문화 추방'과 $p<.05$ 수준에서 유의하여 남학생보다 여학생이 더 포용적인 문화 수용력이 있다고 판명되었다. '경제수준'은 '중국동포 추방'과 $p<.05$ 수준에서, '외국인 경제활동 적대의식'과 $p<.01$ 수준에서 유의하여 중산층 이상의 가정 학생일수록 중국동포 추방에 반대하고 외국인의 경제활동 참여에 관용적이거나 수용적인 인식을 갖고 있는 것으로 드러났다. '학업성취'는 '이슬람 문화 추방', '외국인 경제활동 적대의식', '중국동포 추방', '이주자의 정치적 포용' 등과 $p<.05$ 수준에서, '국적인정', '국회의원직 유지', '국회의원직 박탈' 등과 $p<.01$ 수준에서 통계적으로

〈표 7〉 응답자의 배경 특성별 이방인 인식 x^2 검증 결과

통계적으로 유의한 변인	성별 df=4	경제수준 df=16	학업성취 df=16	외국경험 df=4	이주자거주 df=4
이슬람 문화 추방	10.727*		26.785*		
외국인 경제활동 적대의식		34.828**	28.880*		
중국동포 추방		24.894*	22.100*		
국적인정			36.047**		11.169*
국회의원직 유지			36.436**		
국회의원직 박탈			35.849**		
이주자의 정치적 포용			26.844*		
외국인 경제활동 찬성				7.583*	
외국인의 경제적 포용					8.330*

*p〈.05, **p〈.01

유의미한 상관관계가 있는 것으로 밝혀졌다. 이것은 스스로 평가하는 학업성취도 - 자기평가 학업성취도 - 가 높은 학생일수록 이슬람 문화와 중국동포의 국내활동, 외국인 노동자의 국내유입에 대해 수용적 태도를 갖고 있으며, 이자스민 의원을 한국인으로 인정하고 따라서 국회의원직을 그대로 인정해야 하며 한국정치의 발전에도 기여할 것이 기대된다는 관용적 형태의 방어형에 가까운 이방인에 더한 인식을 나타냈다. 공부에 대해서 긍정적인 자존감을 갖는 학생일수록 제노포비아에 대한 인식이 배제적이거나 악성적인 성향을 나타낼 가능성이 적다는 의미이다. '외국경험'은 '외국인 경제활동 찬성'과 p〈.05 수준에서 유의한 것으로 나타나 외국에 다녀온 경험이 있는 학생이 그렇지 못한 학생에 비하여 외국인 노동자들의 국내경제활동 참여에 긍정적으로 반응하였다. '이주자 거주'는 '국적인정', '외국인의 경제적 포용'과 p〈.05 수준에서 유의미하여 이웃에 이주자가 거주하는 학생들이 그렇

지 못한 학생들보다 이주자의 동등한 시민권 인정과 외국인의 경제활동 참여가 한국사회에 유익할 것이라는 태도를 드러냈다.

전체적으로 외국인 이주자들에 대한 이방인 인식의 심도를 구축된 지표 요인별로 분석한 결과가 〈표 8〉이다. 여기서 Cronbach 알파 값이 .60 이상이라는 것은 현상의 맥락과 실증 관계가 성립된다는 것을 의미한다. 제노포비아 현상 분석을 위한 개념화 과정에서 관용, 방어, 순수, 혐오의 개념 정의 맥락에서 이론적 타당성을 가지면서 실증지표들과 경험적으로 조응하는 신뢰도를 확보하고 있음을 말해 주는 결과이다. 구체적으로 〈표 8〉을 보면, 외국인 이주자들을 이방인으로 의식하면서 인정하는 요인이 2.45로 가장 낮은 방어형으로 나타났다. 이것은 기본적으로 분석사례 초등학생들의 이주자들에 대한 제노포비아 인식수준이 공격적 혐오 행동보다는 관용적 인정과 수용 구간에 있다는 것을 보여준다. 요인 총평균도 2.73으로 방어형에 가까운 양태를 드러낸 것으로 볼 수 있다. 다만, 이주자들을 싫어한다는 것에 대한 도덕적 판단이 3.22인 점은 이방인에 대한 두려움과 적대의식이 잠재적으로 배제형에 가깝다는 것을 의미한다. 이주자들을 인정하지만 불편한 존재 혹은 언제든지 적대적 경쟁 관계에 설 수 있다는 입장을 표명한 것으로 해석할 수 있다.

〈표 8〉 외국인 이주자에 대한 지표 요인별 인식

지표 요인	요인 평균
이방인 인정	2.45
이방인 적대	3.22
이방인 수용	2.80
이방인 혐오	2.36
이방인 포용	2.82
Cronbach α=.646, M=2.73, N=62	

생각건대, 이주의 시대는 더 나은 생활주준으로의 이동, 정치적 환경과 인구학적 압력, 종족 갈등으로 인한 피난처 추구, 자유무역으로 인한 노동의 이동 등으로 지속 확대될 것이다. 이주자들의 직면하는 조건들은 고될지도 모르지만 대개 이러한 고난은 모국에서의 빈곤과 불안정, 부족한 기회에 비하면 양호한 것이다. 그렇지 않으면 전 세계 인구의 3%에 달하는 이주는 일어나지 않았을 것이다(Castles & Miller, 한국이민학회 역 2013, 29-30 참조). 제노포비아 현상은 자연스럽게 그리고 지속적으로 우리들의 일상생활 속에서 등장하는 글로벌 다문화사회의 다양성 패턴으로 볼 수 있다.

이러한 문화적 다양성을 킴리카(Kymlicka 2010)는 두 가지 모티프로 정리한다. 하나는 아전에는 자치적이었던, 그리고 영토적으로 집중이 되어있던 문화들을 보다 광범위한 전체사회로 통합하였던 것으로부터 발생하는 것으로 이들은 고유한 사회의 유지를 보장하기 위해 다양한 형태의 자율성이나 자치를 요구한다. 또 다른 하나는 개인적 및 민족적 이민으로부터 발생하는 것으로 종족집단들 간의 느슨한 협회(loose association)로 뭉쳐지며 이들은 자치민족이 되기보다는 주류사회의 제도와 법들이 문화적 차이를 수용할 수 있도록 수정을 요구하는 것이다(pp.20-21). 제국주의 혹은 생태적 형태의 다문화국가보다 비교적 최근 글로벌 다문화사회로 진입한 우리나라의 경우 전자보다는 후자의 논리에 따라 문화적 다양성의 패턴을 이해할 필요가 있다. 가시적 형태의 제노포비아의 해결 방안으로 문화적 다양성과 정체성에 대한 적극적인 포용정책을 추구해 나가는 것이 민주적 공존과 국가사회의 발전을 지속가능하게 만들어 줄 것으로 본다.

V. 결론

역사적 관점에서 글로벌 이민국가에 속한 한국사회는 민족주의적 색채를 강하게 띤 순혈주의 추구 국가이기도 하다. 최근 외국인 이주자들의 급증 추세에 따라 우리나라 사람들이 해외 이민으로 인해 겪고 있는 여러 가지 형태의 어려움들을 국내에서도 발견할 수 있게 되었다. 적정 수준의 인간다운 삶을 영위하기 위해 익숙한 공간과 장소를 떠나서 낯선 이국으로 생활의 터전을 옮긴 사람들은 정주자들의 이해와 견제, 관용과 배제, 포용과 차별의 스펙트럼을 경험하는 것이 일상이다. 우리나라의 경우 저변에 잠재해 있는 순수주의(purism) 속성이 강하여 이질적인 요소의 갑작스런 증가에 따른 사회구조적 변화 양상과 맞물려 새로운 사회 갈등 요소로 등장하고 있는 것이 현실이다.

본고는 소수 이주자들에 대한 다수 정주자들의 막연한 두려움을 제노포비아의 본질적 성격으로 규정하고 과학적 접근을 위한 개념화 작업과 사례분석을 수행하였다. 제노포비아 현상은 단일 요인보다는 인종주의와 민족주의, 종교적 신념 등이 정치, 경제, 사회, 문화, 제도적 요인들과 결합되어 나타나는 복합적 사회현상으로 볼 수 있다. 따라서 제노포비아를 일종의 외국인 혐오나 공격적 행동으로 단순화 시켜서는 안 되며, 바빈이 제시한 것처럼 '관용-방어-순수-혐오'의 중립적이고 경험적인 형태의 현상으로 정의하고 유형화할 필요가 있다. 관용형은 이주자들을 이해하고 포용하는 성향이며, 방어형은 경계하면서 수용하는 성향이고, 순수형은 배제적이고 적대적 태도를 숨기지 않으며, 혐오형은 적대의식을 혐오적 행동으로 드러내는 제노포비아 양태이다. 이들이 혼재되어 현실세계에 재현되는 것이 일반적인 제노포비아 현상인 것이다.

우리나라의 제노포비아 현상도 전형적으로 혼합 형태를 띠면서 표출되는 것으로 나타났다. 주요 대중 미디어인 신문을 중심 분석대상으로 관찰한 결과, 불법체류 외국인 노동자들에 대한 법적 규제 강화를 주장하며 등장한 제노포비아 현상이 사회경제적 상황의 악화와 함께 심화되는 경향을 보이다가 외국인 범죄의 발생이나 다문화가정의 증가에 따른 차별과 병합되어 공격적 적대의식으로 변이해 나가는 상황이 관찰되었다. 난민이나 재중동포와 같은 특정 대상에 대한 성향은 반인권적인 인종 차별이나 경계인에 대한 타자화된 정체성 부여 혹은 소속의식 부인으로 나타나 인종주의, 민족주의와 연계되는 상황이 나타났다. 전반적으로 방어적 형태의 제노포비아를 주축으로 관용형과 순수형, 혐오형이 작동하는 것으로 평가할 수 있다.

이러한 한국사회의 복합적 제노포비아 현상을 엄밀한 경험적 차원에서 분석하기 위해서 과학적 개념화 작업이 교량의 원리에 따라 이루어졌다. 제노포비아의 외연을 설정하는 개념정의 단계에서 포용적인 관용형, 억제적인 방어형, 배제적인 순수형, 악성적인 혐오형의 포괄적 맥락이 모두 반영되도록 이론과 추상 수준의 범주를 도입하였으며, 내포를 구성하는 조작정의 단계에서는 관용, 방어, 순수, 혐오의 맥락을 실증적 수준으로 구체화하여 이방인 인정, 적대, 수용, 혐오, 포용의 심도에 따라 지표를 개발 구축하였다. 각각의 설문항으로 전환된 경험지표들은 초등학생들의 수준에 적합하도록 사례예시 응답형으로 제시하였다. 제노포비아 인식은 이방인에 대한 것으로 치환되어 정치, 경제, 사회, 문화 영역에서 각각 결혼이민자 국회의원, 경제적 실업과 외국인 근로자, 중국동포의 범죄, 이슬람의 고유문화에 대한 실태로 나누어 사례조사를 실행하였다.

사례분석 결과, 정치 영역은 방어적 성격이 드러나 이주자의 정치활동에 포용적 성향을 나타내면서도 엘리트로서의 정치 참여에는 유보적 태도를 나타냈다. 경제 영역에서도 방어적 태도가 주요 성향으로 표출되면서 이주자들의 경제활동 필요성을 기여 측면에서 수용하는 양상이 수반되었다. 사회 영역에서는 국내에서 외국인 이주자들이 사회문제를 유발하였을 경우 순수형에 가까운 배제적 성향이 나타나 언제든지 혐오적 태도와 적대의식으로 전환될 수 있다는 사실이 발견되었다. 문화 영역은 고유한 문화 정체성에 근거한 문화 다양성을 수용하는 태도를 나타내면서도 한국사회가 지닌 문화와의 통합을 지향해야 한다는 방어적 논리가 주요 인식 실태로 분석되었다. 초등학생들의 제노포비아 인식은 개방적 방어형으로 축약될 수 있으며, 외국인 이주자들의 국내사회 활동을 긍정적으로 수용하면서도 혐오의 논리가 포함된 억제와 배제의 경계심을 갖고 있는 다중적 태도를 드러낸 것으로 해석할 수 있다.

이주의 일상화가 진행되는 글로벌사회가 도래함에 따라 이방인으로서의 외국인 이주자들에 대한 정주사회의 인식은 중요한 함의를 촉발하고 있다. 실제적으로 국내사회의 수요를 충족시키기 위해 시작된 외국인 이주가 관용, 방어, 순수, 혐오의 반응 양태에 따라 다양한 방식으로 이주자와 정주자들의 현실 생활세계에 영향을 주고 있는 것이다. 본고는 이에 대한 과학적 분석을 위해서 이론적 차원에서 제노포비아 현상의 의미와 원인, 유형화 과정을 논증하면서 제노포비아 개념의 타당성을 포괄적 맥락 속에서 확보하였다. 또한 경험적 차원에서 실증적으로 구체화된 지표 요인의 신뢰성을 적용사례에 대입함으로써 검증하였다. 여기서 발견된 주요 사실은 여학생, 중산층, 자기평가 학업성취도, 외국인 이주자와의 만남이라는 응답자 특성 변인들이 제노포비아 현상에 유의미한 영향을 미치고 있다는 것이다. 사회적 포용력 수준이 높고

안정적인 생활을 영위하며, 자기 긍정적이고 이주자들과의 소통이 많은 학생일수록 관용적인 성향을 가질 가능성이 높다는 것은 한국사회가 당면한 제노포비아 현상에 대한 대응 방안을 탐색할 수 있는 단초를 제공할 수 있다는 점에서 유용하다고 볼 수 있다.

참고문헌

김용신. 2012. “제노포비아에서 포용으로: 다수로부터의 하나.” 『비교민주주의연구』 8(2). 163-182.

김웅진. 1992. 『정치학방법론서설』. 서울: 명지사.

김웅진·김지희. 2000. 『비교사회연구방법론』. 서울: 한울.

방미화. 2013. 『이동과 정착의 경계에서』. 경기: 이담북스.

송태수. 2006. “현대 유럽의 제노포비아 현상 비교연구: 영국, 프랑스, 독일의 사례 비교.” 『유럽연구』. 23. 253-282.

심승우. 2013. 『다문화 시대의 도전과 정치통합의 전략』. 경기: 이담북스.

윤인진 외. 2010. 『한국인의 이주노동자와 다문화사회에 대한 인식』. 경기: 이담북스.

장명학. 2006. “독일의 제노포비아 현상에 대한 연구: 통일 이후의 사회경제적 불안정과 제노포비아 확산.” 『사회과학연구』. 14(2). 324-449.

Amisi, Baruti. et al. 2011. “Xenophobia and civil society: Durban's structured social division.” *Politikon* 38(1). 59-83.

Bavin, Peter S. 2007. “Social geography of xenophobia and tolerance.” *Russian Politics and Law* 45(4). 56-77.

Boehnke, Klaus. et al. 1998. “On the development of xenophobia in Germany: the adolescent years.” *Journal of School Issues* 54(3). 585-602.

Castles, Stephen and Miller, Mark J. 2009. *The Age of Migration,* 한국이민학회 역. 2013. 『이주의 시대』. 서울: 일조각.

Hale, Michael. 2011. “Xenophobia in schools.” *Educational Studies* 47. 317-322.

Hjerm, Mikael. 2001. “Education, xenophobia and nationalism: a comparative analysis.” *Journal of Ethnic and Migration Studies* 27(1). 37-60.

Isaak, Alan C. 1981. *Scope and Methods of Political Science*. Ill.: Dorsey Press.

Jones, Rachel Bailey. 2011. "Intolerable intolerance: toxic xenophobia and pedagogy of resistance." *The High School Journal* 95(.2). 34-45.

Kymlicka, Will. 2010. *Multicultural Citizenship*. 장동진 외 역. 2010. 『다문화주의 시민권』. 서울: 동명사.

Kumar, Revathy and Seay, Nancy. 2011. "Shades of white: identity status, stereotypes, prejudice, and xenophobia." *Educational Studies* 47. 347-378.

McGaw, Dickson and Watson, George. 1976. *Political and Social Inquiry*. N.Y.: Wiley.

Mosselson, Aidan. 2010. "There is no difference between citizens and non-citizens anymore: violent xenophobia, citizenship and the politics of belonging in post-apartheid South Africa." *Journal of Southern African Studies* 36(3). 641-655.

Nachmias, Chava and Nachmias, David. 1992. *Research Methods in the Social Sciences*. N.Y.: St. Martin's Press.

Schenk, Caress. 2010. "Open borders, closed mind." *Demokratizatsiya* 18(2). 101-121.

Shore, Cris. 1997. "Ethnicity, xenophobia and the boundaries of Europe." *International Journal on Minority and Group Right*. 4. 247-262.

Sinwell, Luke. 2011. "Obtaining peace, searching for justice: evaluating civil society and local government responses to xenophobia in Alexandra." *Politikon* 38(1). 131-148.

Steenkamp, Christina. 2009. "Xenophobia in South Africa: what does it say about trust?." *The Round Table* 93(403). 439-447.

Taras, Raymond. 2009. "Transnational xenophobia in Europe? literary representations of contemporary fears." *The European Legacy* 14(4). 391-407.

여성가족부. 2012. 전국다문화가족실태조사. 자료집

출입국·외국인정책본부. 2014. 출입국 · 외국인정책. 통계월보 2013년 12월호

머니투데이. 2012/04/17-2012/04/23. 연재.

조선일보. 2012/01/09-2012/02/27. 연재.

조선일보. 2011/03/19.

중앙일보. 2012/04/21.

중앙일보. 2012/09/30.

한겨레. 2013/05/17.

한겨레21. 2013년 10월 7일. 제980호. http://h21.hani.co.kr/arti/cover/cover_general/35460.html (검색일: 2013.11.27.).

제 4 부

글로벌 다문화와 통일교육

제7장 글로벌 학습 논리

제8장 다문화 통일교육

Chapter

7 글로벌 학습 논리

Ⅰ. 서론

글로벌화(globalization)라는 용어는 현대사회를 총칭하는 역사적 의미를 가진 글로벌세계를 만들어내는 일련의 시대적 과정을 말한다. 지능정보기술의 발달에 의해 구현되고 있는 전지구적인 인간관계의 초연결성(hyper connectivity)과 영토성의 약화 또는 해체, 시간과 공간의 축약, 국제사회 행위자의 다양화, 문화의 접속과 그에 따른 혼종화 또는 동종화 등을 포괄하는 현상이 글로벌화인 것이다. 따라서 글로벌화라는 용어를 구사할 때는 글로벌 범위로 명시적으로 전개되어 설명 가능한 수많은 구조와 상호 작용을 지칭하는 일반적인 용어라는 점에 주목해야 한다. 글로벌화를 하나의 자율적인 과정, 멈출 수 없는 어떤 역사적 운동, 그리고 일종의 규범적인 정치적 필연성으로 고려해서는 안 된다(Osterhammel & Petersson, 배윤기 역 2013, 204). 이것은 글로벌화로 나타나는 글로벌세계란 매우 역동적이며 다양하다는 것이며, 오늘날 세계는 산업혁명 시대와 디지털 혁명 시대가 공존하며 심지어는 원시적인 농경사회도 그대로 유지되고 있다는 점을 인정해야 한다는 의미이기도 하다.

이러한 글로벌세계의 다양성을 전제로 하면서 글로벌화의 가속성을 고려하면 글로벌화는 지구적 스케일의 확장을 의미한다. 그것은 초대

륙적인 교류와 사회적 상호작용 양상의 심화와 가속화, 관계 심도의 증가로 나타나며, 인간의 권력관계와 관련된 소통과 범주가 세계적인 스케일로 확장되어 결국에는 사회 집단과 조직의 변환과 전이가 나타나는 것으로 귀결되는 현상으로 규정할 수 있다(Held & McGrew 2002, 1). 따라서 글로벌화는 수렴과 확산, 통합과 구분, 차별과 조정, 서구화와 반서구화 등이 복합적으로 작동하는 현상을 지칭하는 용어로 보인다. 이처럼 스케일의 확장을 통하여 글로벌화를 정의하는 관점은 타당하지만 개념의 명료성과 표상성이 무엇인지 여전히 모호할 수 있다. 글로벌화에 관한 개념 정의 논쟁은 지속적이며 불가피한 측면이 있는 것이다.

Ⅱ. 글로벌화의 의미

글로벌화[세계화]라는[25] 용어에 대하여 광범위한 논쟁이 벌어지고

25) 이상현(2017)은 *globalization*을 '세계화'로 번역하고 있으나 이 글에서는 '글로벌화'로 표기한다. 지구화 또는 전지구화로도 표기되는 글로벌화 현상의 전개는 1648년 성립된 베스트팔렌-케인지언 체제 이후 나타난 국민국가체제에서 국가를 국제사회의 핵심적인 중심 행위자로 전제하면서 사용되어온 국가 간 교류와 협력을 의미하는 19세기까지의 '국제화'(internationalization)라는 용어를 거쳐, 여전히 국가의 중심 행위자성을 인정하면서 다양한 국제정부기구와 국제비정부기구 등의 등장과 탈냉전과 자유무역을 보장하는 새로운 국제질서와 WTO 체제를 표방하며 진행된 20세기적인 '세계화'(worldization)로 이행하여, 현재의 개체와 총체, 지역과 세계, 주변과 중심을 가로지르는 초국적 초연결사회를 뜻하는 SNS-AI 기반의 탈영토성, 시공간의 압축성, 즉시성, 호환성을 구성 요소로 하는 전지구성(globality)으로 나타낼 수 있는 용어로써의 21세기 '글로벌화' 수준에 이르렀다고 해석할 수 있다. 이런 의미에서 여기서는 지방과 세계의 동시적 연결을 말하는 '글로컬화'(glocalization) 현상을 '글로벌화'에 이미 포함된 기표로 보

있으며, 글로벌화에 대하여 누가 무엇을 읽었는가 하는 것은 자신의 경험을 이해하고자 하는 사람들과, 그 경험들을 어떻게 변화시킬 것인가 고민하는 사람들에게 글로벌화의 의미는 각각 다르게 채색될 수 있다. 글로벌화는 이라크 전쟁에 대한 반대, 이주자[외국인] 혐오증(xenophobia), 개인의 일자리에 대한 염려, 문화적 패권주의에 대한 두려움, 지구 생태계 건강에 대한 우려 등을 대신 나타내는 용어가 될 수도 있다(Haas & Hird, 이상현 역 2017, 2). 이처럼 글로벌화는 너무나도 많은 의미를 포함하는 용어이고 이론적 관점이나 현실 상황에 따라 다르게 사용할 수 있기 때문에 글로벌화가 무엇인지를 단언한다는 것은 매우 난해한 작업일 수 있다. 이러한 글로벌화 현상에 대하여 통상적인 다양화 혹은 혼종화, 단일화 혹은 동질화의 관점에서 접근해 보면 다음과 같다.

먼저, 다양화 혹은 혼종화의 관점에서 글로벌화는 지구적 차원에서의 상호연결과 상호의존의 증가, 시공간의 압축, 기술혁신에 따른 가속화에 의한 즉각적인 지방과 세계의 호환성 등으로 규정할 수 있다. 이것은 정치, 경제, 문화면에서의 국민국가의 경계를 넘나드는 다층적 체계의 형성, 경제생활의 변화에 따른 존재 양식의 전환, 혼종적인 형태의 새로운 생활 방식의 출현 등으로 표출된다(Mittelman 2004, 4). 글로벌화란 글로벌 생산 네트워크, 사회경제적 조직, 규격화된 국가체제, 테러리스트 네트워크 등 다양한 글로벌 차원의 인간 사회성활과 세계 질서에서 변화와 전환을 이끌어내고 있는 현상을 지칭한다는 것이다(Held & McGrew 2002, 7).

기로 한다. 요컨대, 포괄적 의미로 구사되거나 구사될 수 있는 '세계화'를 전지구화를 뜻하는 '글로벌화'의 의미로 사용하는 것이 본고의 기본 관점이다. 이하 [ ]는 원저자 혹은 번역자가 구사한 [ ] 안의 용어를 본고의 서술 맥락에 적합한 적정 용어로 전환하여 사용한다는 것을 의미하는 병기 표시로 본다.

한편, 단일화 혹은 동질화의 관점에서 글로벌화란 현재 진행 중인 현상으로써 세계가 하나의 규범과 기준, 나아가 이념, 기호, 가치관 등을 갖게 된다는 것으로 정의할 수 있다. 즉 각각의 국가가 가지고 있던 기준, 가치관 등이 지구적 기준이나 가치관 등에 의해 대체되는 현상이 바로 글로벌화의 본질로 보는 입장이다(유현석 2006, 64). 이때 글로벌화는 경제, 정치, 문화, 환경 등 모두가 하나의 지구적 울타리 내로 통합 동질화 되어가는 현상을 지칭하게 된다. 각종 통신 기술의 발달, 다국적 기업의 활동, 대중문화의 확산 등으로 인해 지구의 시공간은 하나로 압축이 되고, 이러한 현상은 영토를 중심으로 하는 근대 국민국가의 경계를 허물고 지구촌의 통합과 동질화를 촉진시키게 되어 국제와 국내의 구분이 모호해지는 과정을 의미한다고 볼 수 있다(박성인 2016, 98).

위와 같은 관점을 정리하면 글로벌화라는 동일한 현상에 대한 해석의 문제가 결국 정의의 문제를 유발한다는 것으로 환원된다는 점을 발견할 수 있다. 따라서 글로벌화 현상 자체가 내포하고 있는 공통적 요소들을 전지구성(globality)으로 규정하고 논의를 진전시킬 필요가 있다. 일반적으로 글로벌화란 그것이 무엇에 의해 추동되었든 시공간의 압축과 가속적 동시성의 확대, 탈영토화를 의미하는 것으로 요약할 수 있다. 글로벌화된 초연결사회(hyper connected society)에서 시간은 즉각적인 소통과 호환을 가능하게 해준 정보통신기술의 혁신으로 압축되었으며, 공간은 어디서 언제든지 교류와 접촉이 가능할 수 있도록 개방되어 있다. 또한 문명화된 사회의 개인과 집단, 기업 등은 동시 화상통화와 회의, 의사결정이 이루어질 수 있는 SNS/AI(Social Networking Service/Artificial Intelligence) 시스템을 갖추고 있다. 이에 더하여 국가의 경계를 넘나드는 사람들과 초국적 기업들이 폭발적으로 증가했다는 사실이다. 이들은 전통적인 국민국가체제를 완화시키고 있으며 그 결과 국가 주권은 세계시민의 활동 공간을 확장적으로 허용하는 수준에서 작동하는 것으로 나타나고 있다.

이러한 전지구성의 확대와 심화는 지구적으로 상호 연결된 이슈들을 생성시키며, 초국적 사회(transnational society)의 개인과 기업, 집단, 국제정부기구(IGO), 국제비정부기구(INGO)의 다양한 국제사회에의 참여와 활동은 국가의 주권을 제약할 수도 있는 현실적인 권력에 도달시키고 있다. 국가의 힘은 전통적인 베스트팔렌 체제(Westphalia system)에서 이탈하여(김용신 2017b, 66-67) 글로벌 차원의 이슈들을 자체적으로 해결할 수 있는 수준에서 벗어나고 있는 것이다. 예를 들어 산업화와 문명화의 댓가로 나타난 이산화탄소와 메탄의 증가로 유발된 지구온난화 현상은 전지구적 노력을 통해서만 해결할 수 있는 문제이며, 글로벌 테러리즘과 대량살상무기의 사용에 대한 우려와 제한 등은 글로벌 레짐 속에서 그 위협을 감소시켜야 할 이슈들이고, 저수준 교육과 빈곤의 상호 연결된 악순환의 고리는 지구촌 차원의 지원과 배려 없이는 해결하기 어려운 과제인 것이다.

Ⅲ. 글로벌 이슈의 이론과 유형

글로벌화[세계화]의 중심에는 다양한 초국경적 힘과 과정들이 있는데 이것들은 국가 내에서 발생하는 문제들에 대한 국가의 통제력을 축소시키고, 멀리까지 사회적, 경제적, 정치적 영향력을 행사하는 일련의 새로운 정치행위자들을 만든다. 글로벌화는 국경선이 의미가 없는 많은 문제 또는 이슈들을 포함하고 있는데, 이것은 흔히 표현되는 것처럼 '여권 없는 문제들'(problems without passport)이라고 말할 수 있다(Haas & Hird, 이상현 역 2017, 1). 이와 같이 글로벌화로 인한 초국적 스케일의 등장은 국민국가와 시민들의 관계에도 적용되는 현상이며, 광범위한 글로벌 수준의 망명 등이 주권국가의 국가 정체성에 영향을 미치고 있다는 것이 사실이다. 물론 글로벌화 현상이 역으로 국가의 동질성과 정체성을 강화시키는 현상을 초래할 수도 있다. 그러나 중요한 것은 글로벌 차원의 국민국가는 이미 많은 고유성의 약화와 보편성의 심화에 직면하고 있다는 것이다(김용신 2017a, 6). 이것은 글로벌화 현상으로 인하여 더욱 부각되고 있는 인권, 빈곤, 분쟁, 평화, 분배, 교육, 환경, 안보, 젠더, 에너지, 식량, 질병 등과 관련된 이슈와 문제들이 국민국가는 물론 여타의 행위자들이 개별적으로 고립되어 해결할 수 있는 차원을 넘어서고 있으며, 전지구적 협력과 연대를 통하여서만 대안을 모색하고 실천할 수 있다는 것을 의미한다.

현실세계에서 이미 지구상의 많은 나라들은 전쟁과 안보의 문제, 개발과 관련된 문제, 환경에 대한 문제, 인권 침해 등의 문제들로 어려움을 겪고 있다. 또한 인간으로 태어나면 당연히 누려야 할 생명, 자유, 평등, 정의 등의 보편적인 권리를 침해당하는 사람들도 지구상에는 많이 존재하고 있다. 이러한 문제들은 국가적인 차원을 넘어 지구적인 차원에서 해결되어야할 성격을 갖고 있으며 인류적 관점에서 공동 노력을 기울여야 해결될 수 있는 것들이다. 이런 이유로 이들을 세계문제 혹은 글로벌[세계]이슈라고[26] 부를 수 있다(김현덕 외 2005, 157). 글로벌 이슈는 두 가지 형태의 현상을 지칭하는 것으로 볼 수 있다. 첫째,

---

26) 본고에서는 세계문제와 세계이슈란 사실상 동일한 현상과 대상을 지칭하는 용어로 해석하여 동일한 기의를 가진 기표로써 글로벌 이슈(global issue)로 통칭하기로 한다.

초국가적 이슈들이다. 이들은 정치적 경계선 혹은 국경을 넘나들며 한 국가 이상의 국민들에게 영향을 미치는 문제들이다. 미국의 공장에서 배출된 대기오염 물질이 바람에 실려 캐나다까지 이동하는 것이 그 좋은 예이다. 둘째, 반드시 국경을 넘나드는 것은 아니지만 전 세계의 수많은 개인들에게 영향을 미치는 문제와 이슈들이 있다. 예를 들어 인종대립과 인권침해는 한 국가 내에서 발생할지라도 그 국가를 넘어 다른 국가들에게도 영향을 미치게 된다(Snarr & Snarr 2012, 3). 이것이 말해주는 것은 인류사회가 직면한 쟁점과 문제들은 국내외를 막론하고 언제든지 상호연결 되어 글로벌 이슈로 부상할 가능성이 있다는 점이다.

이러한 글로벌 이슈가 내포한 연결성과 융합성은 여기에 관여하고 있는 행위자들을 보면 더욱 두드러진다. 지구적 문제에 관여하고 있는 행위자들은 국가, 국제정부기구, 비정부기구, 다국적 기업, 개인 등 다양하다. 여기서 가장 강력한 행위자는 국가이다. 국가는 독자적인 글로벌 행위자이면서 동시에 유엔, 세계은행, 유엔아동기금과 같은 국제정부기구(IGO)를 설립하여 협력하기도 한다. 또한 글로벌 이슈를 다루는 국제비정부기구(INGO)들도 적십자, 그린피스, 국제사면기구, 월드비전, 국경없는 의사회 등 매우 능동적인 단체들이 개별국가들과 협력하여 활동하기도 한다. 다른 측면의 비정부 행위자로 다국적기업(TNC)이 있는데 이들은 글로벌 이슈에 직접적인 영향력을 행사한다. 나이키, 도요타, 삼성, GE 등이 그 예이다. 한편, 개인들도 글로벌 이슈에 광범위하게 관여하고 있다. 라이베리아 태생의 Gbowee는 10대에 내전을 겪고 유엔아동기금이 지원하는 치유 세미나에 참여한 이후, 평화운동가 되어 무슬림과 크리스천 여성들을 이끌고 비폭력, 반전시위를 주도하여 라이베리아 내전의 협상을 유도하는 등 평화활동으로 2011년 노벨평화상을 공동으로 수상하였다(Snarr & Snarr 2012, 13-14). 이처럼 글로벌 이슈는 국내와 국제사회, 개인과 세계, 공식적 인간 조직과 비공식적 조직 등이 총합적으로 관여하고 있는 전지구적 성격을 지닌 인류 공동의 과제들로 규정할 수 있다.

글로벌화 현상은 글로벌 이슈를 통하여 나타난다고 보는 Payne(조한승·고영일 역 2014)은 정치, 경제, 문화 면에서 접근하여 인권, 민주주의, 글로벌 테러리즘, 무기확산, 글로벌 경제위기, 글로벌 무역, 글로벌 불평등과 빈곤, 환경, 인구와 이주, 글로벌 범죄, 질병의 글로벌리제이션, 문화적 충돌과 갈등해소로 나누어 지구사회의 쟁점들을 설명하고 있다. Snarr과 Snarr(김계동 외 역 2012)도 정치, 경제, 문화적 측면을 글로벌 이슈의 기본적인 틀로 거론하면서 이것을 분쟁과 안보, 글로벌 경제, 개발, 환경으로 크게 분류하였다. 구체적으로 분쟁과 안보 영역에는 무기 확산과 분쟁, 민족주의, 세계의 인권, 글로벌 안보를, 글로벌 경제에는 자유무역과 보호주의, 개발의 정치경제학, 빈곤과 불평등을, 개발 영역에는 인구와 인구이동, 여성과 개발, 아동, 보건을, 환경에는 지속가능한 개발, 대기환경보호, 자연자원을 둘러싼 갈등과 협력을 내용 요소로 제시하고 있다.

이와 같이 글로벌 이슈를 전통적으로 정치, 경제, 문화의 판에서 구분하고 설명하는 것과 궤를 같이 하면서도 이를 더 구체화한 논의를 Haas와 Hird(이상현 역 2017)가 제공한다. 그들은 글로벌화를 추동하는 요인으로 기술혁신, 경제적 상호의존/확대, 인구의 분산, 정치적 다양성, 환경오염/관심, 이념적 수렴으로 규정하면서 글로벌 이슈들을 네 영역으로 분류한다. 첫째, 국제정치경제 영역에 자유무역과 경제성장, 무역과 평등, 빈곤, 금융위기를 포함시키고, 둘째, 안보 영역에는 테러리즘, 핵무기, 군사개입과 인권, 해양안보, 국제분쟁을 내용 요소로 제시하였으며, 셋째, 환경/에너지와 공중보건 영역에는 기후변화와 환경, 에너지의 미래, 질병과 에이즈를 항목으로 하였고, 넷째, 사회이슈 및 인구와 민주주의의 영역에는 성과 젠더, 문화와 다양성, 시민사회, 민주주의를 제시하고 있다.

이러한 글로벌 이슈의 영역별 분류는 글로벌화 현상의 성격을 좀더 반영한 논의로 볼 수 있다. 국제정치경제 영역은 주로 경제면을 강조하되 정치적 요소로 평등과 빈곤의 문제를 포함하고 있으며, 안보 영역은 정치 영역을 구체적으로 제시한 것으로 볼 수 있고, 환경/에너지, 공중보건 영역은 글로벌 문제들의 복합성을 생태계를 중심으로 분류한 결과이며, 사회이슈, 인구와 민주주의는 문화 영역을 중심으로 민주주의와 시민사회를 내용 요소로 제시한 분류 체계로 해석할 수 있다. 물론 이러한 해석은 배타적 성격의 범주 구분이라고 볼 수는 없다. 이것은 글로벌 이슈와 문제들을 보편적인 인간의 생존과 생활을 중심으로 분류해 냈다는 점에서 의의를 가지는 것으로 평가할 수 있을 것이다.

이러한 글로벌 이슈의 영역별 요소에 대한 논의를 이론적 관점에 따라 전지구적 문제의 포괄성을 토대로 유형화하기 위한 논의를 하기 위해서는 글로벌화[글로벌리제이션]에[27] 관한 지배적인 입장을 검토할 필요가 있다. 첫째, 극단적인 글로벌화 이론가들과 변화론자들은 주권의 소멸, 민족국가의 약화, 세계시장 어디에서든 사람들이 통합되는 국경 없는 경제, 전통 국가에 도전하는 사회적 · 경제적 조직의 새로운 출현 등과 같은 획기적인 국가체제의 변화를 주장하는 사람들이다. 둘째, 온건한 글로벌화 이론가들은 국제화의 심화가 극단적 글로벌화 이론가들과 변화론자들이 주장하는 정도로 세계를 바꾸고 싶지 않다고 논박

27) 조한승 · 고영일(2014)은 *globalization*을 '글로벌리제이션'이라는 용어로 직역하여 사용하고 있으나 본고에서는 보다 일반적인 번역어인 '글로벌화'라는 용어로 구사하기로 한다.

한다. 국가들이 아직 주권을 갖고 있고 전 세계의 사람들이 지구촌에 살고 있기는 하지만 계속해서 자신들의 국경[오두막]을 빈틈없이 지키려 한다는 것이다. 셋째, 회의론자들과 반대론자들은 글로벌화가 결국은 강력한 주권국가들의 실상과 세계에서 주요한 경제적 구분의 실상을 위장하는 대부분 근거 없는 믿음일 뿐이라고 생각한다(Payne, 조한승 · 고영일 역 2014, 23). 회의론자들은 글로벌화를 신제국주의 혹은 자본주의 서구적 질서의 위장적 확대를 의미한다고 보는 것이다. 이러한 이론적 입장은 각각 변화론, 온건론, 회의론으로 지칭할 수 있다.

변화론은 사실상 국민국가체제의 경계를 넘어서는 세계정부를 지향하는 관점이므로 세계주의(cosmopolitanism) 혹은 글로벌리즘(globalism)의 다른 이름으로 볼 수 있다. 온건론은 기본적으로 국제사회의 핵심 행위자로 활동하고 있는 국가의 유지와 세계시민사회를 함께 인정한다는 점에서 현실세계를 거의 정확하게 표현하고 있다. 따라서 전통적인 국가중심 글로벌화를 주장한다는 점에서 현실주의(realism)라고 말할 수 있으며, 세계주의적 경향성을 띈다는 점에서 절충적인 입장을 취하는 자유주의(liberalism)로 칭할 수 있을 것이다. 한편, 회의론은 글로벌화를 서구 중심 혹은 미국 중심의 패권주의의 다른 표현으로 여기는 입장이므로 급진주의(radicalism)라고 할 수 있다. 이러한 세계주의, 현실주의, 자유주의, 급진주의 논의에 대하여 Haas와 Hird(이상현 역 2017)의 견해를 통하여 보다 역사적 전개 순서를 고려하여 현실주의, 자유주의, 급진주의, 세계주의 차례로 상세하게 살펴보면 다음과 같다.

그들은 현실주의를 정치적 현실주의로 지칭하면서 이것을 국제정치에서 국민국가의 핵심적 역할을 강조하는 오래된 국제관계의 시각으로 본다. 이 관점에 따르면 글로벌화는 상당 부분 19세기 영국 패권과 20

세기 미국 패권의 산물이다. 지배적인 정치적 힘을 가진 국가들, 즉 패권국들은 글로벌 행위를 통하여 자국의 이익을 확보할 수 있는 규칙을 제정하며, 기본적으로 글로벌화에 대하여 매우 실용적인 견해를 가지고 있다. 현실주의자들의 관점에서 볼 때 지나친 세계화는 지배적 행위자의 힘을 약화시키기 때문에 좋지 않은 것이다(Haas & Hird, 이상현 역 2017, 40). 현실주의에 따르면 글로벌화된 세계는 여전히 국제관계에서의 힘의 정치에 의해 유지되고, 결국에는 패권국의 이익이 관철되며, 따라서 각국은 자국이익우선주의에 따라 행동한다는 주장이 성립한다.

한편, Haas와 Hird는 자유주의를 시장 자유주의와 정치적 자유주의로 나누어 설명한다. 시장 자유주의자들은 시장의 자유화가 보편적 혜택을 가져다준다고 믿는다. 자유무역은 법치, 인권, 그리고 여성의 복지뿐만 아니라 민주화와 인류의 번영을 강화해 준다고 보며, 만일 시장이 인간이 노력하는 모든 분야에 만연하게 된다면 다국적 기업들이 전세계에 걸쳐 활약하면서 고용과 번영을 제공하게 될 것이라고 믿는다. 정치적 자유주의자들은 상호 경제이익, 국민국가를 초월한 정치적 정체성 형성을 향한 잠재성을 가진 글로벌화의 창조적인 기능에 대하여 긍정적으로 생각한다. 그러나 그들은 글로벌화의 부정적인 측면을 고려한다. 자유이념에 반대하는 사람들끼리의 접속은 재정위기, 환경파괴, 노동여건 악화 등의 문제를 유발할 수 있으므로 이에 대한 국가의 개입을 인정한다(Haas & Hird, 이상현 역 2017, 42-43). 자유주의는 글로벌화의 다양한 패턴을 이해하고 있으며 이에 대해 현실주의와 세계주의 노선을 시장과 정치적 자유라는 측면에서 절충적으로 대응하는 견해를 취하는 것이다.

현실주의의 결과에 비판적인 입장을 고수하는 급진주의자은 글로벌화를 제국주의의 또 다른 이름에 불과한 것으로 본다. 왜냐하면 글로벌화는 자유무역, 해외투자, 그리고 해외 대량 소비문화에 대한 노출을 촉진함으로써 지속가능하지 않고 적절하지 않은 생산형태를 대부분의 세계에 투입하는 효과를 가지고 있기 때문이다. 그 결과로 나타난 것이 밑바닥 경쟁이고, 낮아진 노동기준, 환경파괴, 악화된 경제적 불평등, 소수의 재벌에 의해 장악된 정치권력의 강화 등인 것이다. 따라서 급진주의자들은 대중시위와 공공교육을 통하여 글로벌화에 도전하는 지속적인 운동을 옹호한다(Haas & Hird, 이상현 역 2017, 44). 급진주의는 글로벌화에 대한 이론적 관점의 스펙트럼에서 현실주의와 반대 지점에 위치하는 입장으로 해석된다.

끝으로, 글로벌화에 대한 새로운 관점으로써 세계주의가 있다. 세계주의자들이 보는 글로벌화의 특징은 광범위한 정치행위자들의 네트워크가 확산되었다는 점이다. 급속한 기술혁신에 의한 이러한 네트워크들은 주요 국가와 비국가 행위자들 사이에 오가는 정보를 신속하게 이동시킨다. 이러한 관점을 지지하는 사람들에 따르면, 글로벌화는 국제협력을 촉진하는 감독 능력과 정보의 분산된 기제뿐만 아니라 광범위한 학습을 위한 잠재성을 창조한다. 세계주의자들은 글로벌 네트워크가 확산되지 못하게 할 수 있는 지리적, 지역적 불균형과 만연한 빈곤이 가져오는 제약에 대해 인정하면서 동시에 글로벌 채널의 개방과 시민사회의 촉진, 경제정책과 해외원조 등이 해결 대안이 될 수 있다는 사실도 인정한다(Haas & Hird, 이상현 역 2017, 44-45). 세계문제의 해결 대안의 지속적인 창안과 실천, 협력이라는 측면에서 가능성을 적극적으로 열어 두는 세계주의는 교육적 차원에서 중요한 시사점을 주는 관점으로 여겨진다.

여기서는 글로벌화에 대한 이론적 논의에 따라 반복되거나 중첩된 글로벌 이슈들을 다시 분류하여 〈표 1〉과 같이 현실주의, 자유주의, 급진주의, 세계주의 관점에 따른 유형으로 재구성하여 관련 내용 요소들을 제시해 보기로 한다.

〈표 1〉 글로벌 이슈의 유형과 내용 요소

유형	현실주의	자유주의	급진주의	세계주의
내용 요소	정치와 안보: 군사 안보, 테러리즘과 안보, 핵무기, 군사개입과 인권, 해양안보, 국제분쟁	시장과 자유: 경제, 자유무역과 경제성장, 무역과 평등, 개입과 균형, 에너지와 미래, 국가와 세계	정의와 분배: 빈곤, 금융위기, 노동, 고용 불평등, 민족 자립, 다양성, 공정과 재분배, 원조와 연대	평화와 문화: 성/젠더, 소수종족, 이민, 거버넌스, 민주주의, 기후변화와 환경, 질병과 에이즈

출처: Haas & Hird, 이상현 역 2017, 38-45 참조

현실주의 유형은 정치와 안보와 관련된 군사, 테러리즘, 핵무기, 군사개입과 인권, 해양안보, 국제분쟁을 내용 요소로 하고 있으며, 자유주의 유형에는 시장과 정치적 자유와 연관된 경제와 자유무역, 성장, 무역과 평등의 문제, 균형을 위한 개입, 에너지와 미래, 국가와 세계의 관계 등이 포함되며, 급진주의 유형은 정의와 분배의 문제와 연결된 빈곤, 금융위기, 노동, 고용, 불평등, 민족자립, 다양성, 공정과 재분배, 원조와 연대가 내용 요소로 분류될 수 있고, 세계주의 유형은 평화와 문화와 관련된 이슈로 성과 젠더, 소수종족, 이민, 거버넌스, 민주주의, 기후변화와 환경, 질병과 에이즈 등이 분류될 수 있다. 이론적 관점에 따른 글로벌 이슈의 유형화 논의는 체계적인 글로벌 수업의 디자인과 실천에 기여할 수 있을 것으로 본다.

글로벌화는 사람들의 경제활동이 국경을 넘어서 자유롭게 이루어지고 있는 현상, 정보사회의 출현과 그로 인한 문화와 의식의 지구화, 전지구적 쟁점의 등장 등의 현상을 총칭하는 개념으로 정의된다(유현석 2006, 63).[28] 여기서 전지구적 쟁점이란 평화와 안보의 문제, 개발과 관련된 문제, 인류 환경에 대한 문제, 인권의 개념 등 글로벌 문제들을 뜻한다. 또한 생명, 자유, 평등, 정의, 식량, 인구, 에너지 등 인류가 행복한 삶을 유지하기 위해서 반드시 존중해야 할 보편적인 가치관들도 이에 포함된다. 구체적인 예로 중국의 인권문제, 북한의 식량난과 식량지원문제, 국경없는 의사회의 활동, 핵폐기물 처리문제 등을 들 수 있다. 그리고 지구 상황에 대한 정보와 지구의 미래에 대한 내용도 포함된다(김현덕 외 2005, 24).

이와 같이 글로벌화 현상이란 곧 전지구적 문제의 인식과 재현이라는 관점과 맥락을 같이하면서 Snarr과 Snarr(김계동 외 역 2012)은 글로벌화 현상 자체가 이슈이며 문제를 일으킨다고 본다. 그들은 글로벌화가 영향을 미치는 세 분야로 정치, 경제, 문화로 크게 나누어 글로벌화의 이득과 손실을 설명한다. 정치면에서 권위주의 정부의 권력이 약화되고, 경제면에서는 직업, 자본, 소비자 선택의 확대가 이루어지며, 문화면에서 다른 문화에 대한 개방이 장점인 반면에, 정치면에서 원하지 않는 외부 영향을 제거하기가 불가능하고, 경제에서는 양극화와 착취, 소수에게만 혜택이 돌아가게 되며, 문화는 문화적 제국주의가 나타난다는 단점이 있다고 해석한다(p.9). 즉 글로벌화 현상은 인류 사

28) 김영삼 정부의 세계화는 영문표기를 *globalization* 대신 *segyewha*로 하였다. 이 때 세계화의 의미는 글로벌화라기보다는 세계적인 무한경쟁시대에 한국이 살아남아 생존하기 위해 국가의 각 부문이 세계 수준의 경쟁력을 갖추는 것을 의미한다(유현석 2006, 63-64). 이것은 물론 일반적인 글로벌화 현상을 지칭하기에는 너무나 좁은 개념 정의이다.

회에 긍정적인 면과 부정적인 면을 동시에 포함하면서 이슈를 발생시키고 또한 지구사회에 영향을 미치는 것으로 해석될 수 있다. 본 절에서는 이러한 글로벌화 현상을 포괄적으로 정의하고, 글로벌 이슈의 의미를 일반적으로 규명하면서 구체적인 영역별 논의를 진행하였으며, 더 나아가 글로벌 이슈 학습을 위한 이론적 관점에 따른 유형화를 시도하여 현실주의, 자유주의, 급진주의, 세계주의 유형으로 구분하여 제시하였다. 이러한 글로벌 이슈와 이론적 관점을 이해하기 위한 글로벌 학습 논리는 구성주의와 자기주도학습을 통하여 제시할 수 있다.

Ⅳ. 구성주의와 자기주도학습

글로벌화에 따른 즉각적인 소통이 이루어지는 세계에서 전지구성에 대한 글로벌 인식은 필수적이다. 인류의 복지와 비인간적인 삶, 지구생태계의 보호, 다양성과 단일성 사이에 나타나는 분쟁의 증가, 인간의 기술적 능력의 발달을 다룰 수 있는 도덕적 역량을 넘어 서는 기술혁신, 전쟁의 현실에서 항구적 세계 평화에 대한 지향성 등에 대한 교육적 접근으로써 글로벌 시민성의 함양이 필요한 시대이다(Noddings 2005, 1). 이러한 글로벌 시민성은 글로벌사회의 이슈들을 어떻게 학습자들이 인식하고 수용하고 비판적으로 성찰할 수 있는가에 대한 교육적 성찰과 방법에의 추구를 필요로 하고 있다.

시공간의 압축과 동시성, 가속성, 탈영토성을 특성으로 하면서 다양한 역동적 양상을 표출하는 글로벌세계를 보다 총체적으로 인식하기 위해서 개별적 적합성과 사회적 적합성을 동시에 추구하게 해주는 구성주의적 접근이 필요하다(박성인 2016, 111). 구성주의는 영어 '*construct*' 만들어진다는 의미가 핵심이다. 구성주의의 핵심적 논의는 사회적 현실을 주어진 것으로 간주하지 않고 행위자의 속성, 제도 그리고 구조 등의 사회적 현실이 행위자 간의 상호작용에 의해 만들어지는 것으로 파악한다. 실증주의 혹은 현실주의에서 국가의 행동을 결정하는 무정부상태라는 국제체제의 구조 역시 우리에게 주어진 것이 아니라 국가 간의 상호작용에 의해 만들어진 현실이라는 것이다. 예를 들어 남한과 북한 간의 적대적 관계도 애초에 주어진 것이 아니라 남북 간의 역사적 상호작용 속에서 만들어진 현실이며 이러한 현실은 얼마든지 변화할 수 있다는 것이 구성주의적 접근이다(유현석 2006, 27). 따라서 국제관계의 다채로운 틀과 네트워크 속에서 발생하는 글로벌 이슈를 해석하고 교육적 차원에서 접근하는 이론적 관점으로써 구성주의는 실천적인 유용성을 가지는 것이다.

전지구성에 대한 본질적 이해와 글로벌 이슈에 대안 모색은 교육을 통해서 추구할 수 있다. 사실상 교육은 가능성을 현실로 바꾸어 나가는 점진적이고 토대적인 과정이다. 따라서 글로벌 시대의 이슈와 문제들을 해결해 나가는데 있어서 교육적 접근과 이에 따른 해결 방안의 생성과 실천은 필수적이다. 이런 관점에서 여기서는 상호 연결된 과거와 현재, 미래의 글로벌 이슈들에 대한 분석과 이에 대한 교육적 접근의 논리를 제시해 보기로 한다. 구체적으로 SNS/AI, 사물인터넷(IoT)으로 표상되는 초연결 글로벌 시대의 학습자들에게 글로벌 이슈와 문제들에 대한 인식과 적응, 비판 역량의 확보는 필수불가결하다는 전제하에 이에 도달하기 위해 실질적으로 유용한 교수 이론으로써 구성주의와 수업 방법으로써의 자기주도학습을 연계하여 제시해 보기로 한다.

구성주의(constructivism)에서 학습자는 환경, 다문화, 자원, 인권

문제 등 다양한 글로벌 이슈에 참여하고 교류하며 지식 구성 과정을 경험함으로써 글로벌 인식 역량을 함양할 수 있을 것으로 기대된다. 예를 들어 후쿠시마 원전 문제나 리비아 사태에의 인도주의 개입 문제 등 글로벌 이슈를 주제로 하여 학습자들 사이에 다양한 상호작용의 기회를 부여하고 집단지식을 만들어 가는 학습의 장을 제공할 수 있을 것이다. 권위주의적이고 단편적인 지식의 일방적 전달과 암기의 과정이 아닌, 사고와 경험의 재구성 과정을 통한 글로벌 지식의 습득은 글로벌 시민으로서의 소양 형성에 필수적이다. 구성주의 관점에서 개인은 지식의 소유자가 아닌 만드는 과정의 참여자이고 지식은 대화의 소산으로 공동체적 산물이 된다(박성인 2016, 113). 이런 점에서 구성주의는 세계 문제와 이슈를 혼종성과 동질성의 융합 관점에서 이해할 수 있도록 지원해주는 교수학습이론이 될 수 있다.

글로벌 이슈의 교육적 접근으로써의 구성주의는 지배적으로 유지되어온 전형적인 수업모형을 변환시킨 주요 교수학습이론이다. 전통적인 수업 장면은 교사 중심의 지식 전수와 학습자의 직접적인 정보 습득에 치중하는 반면, 구성주의는 어떠한 학습 상황에서라도 학습자는 능동적인 의미 형성자 혹은 문제 해결자라는 점이 강조되어야 한다고 말한다. 교사는 학생에게 유의미한 학습이 일어나도록 지원하는 상호작용과 경험의 제공자로서의 역할을 하게 되는 것이다(Lin 2015, 639). 교수학습의 실천에 있어서 구성주의는 학습은 인지적으로 능동적인 학습자에 의해서 발생한다는 점과, 학습은 맥락 안에서 구조적으로 연계된 주제 또는 주요 개념과 관련하여 일어난다는 것, 새로운 지식은 선행 지식과 관련하여 구성되고, 적용되어야 하며 피드백이 제공되어야 한다는 점, 이러한 학습 과정에서 학습자의 자기 성찰이 핵심 학습 활동이 되어야 한다는 것을 필수 전제로 한다(Yoders 2014, 12). 현재 진행 중인 현상으로써의 글로벌화와 이로 인한 인류의 전반적인 생활과 생태계와 관련된 복합적인 이슈들을 주도적으로 파악하여 인식하고 해결해 낼 수 있는 학습능력의 함양에 유용한 논리를 담고 있는 것이다.

구성주의는 개인의 인지적 요소와 사회와 문화를 지식의 기원으로 보는 입장이다. 전자를 강조하면 인지구성주의(cognitive constructivism)이며, 후자를 강조하면 사회구성주의(social cosntructivism)라고 칭한다. 인지구성주의는 Piaget로부터 연유하는 것으로 발생적 인식론과 동화와 조절, 평형과 비평형, 재평형이라는 상호작용 논리에 의한 인지구조(schema)의 발달을 특성으로 한다. Piaget는 아동과 환경 간의 상호작용에 의해서 인지구조의 발달이 이루어진다고 보다. 이때 인지발달의 주체는 아동이고 객체는 환경이 되며, 아동과 환경 간의 끊임없는 상호작용을 통해 동화와 조절이 나타나며, 이것이 인지구조의 발달로 이어진다는 것이다(김용신 2012, 149). 이에 비하여 사회구성주의는 지식의 발달 기원을 사회 속의 언어에서 찾는다. Vygotsky는 지식의 발생은 사회에 기원하며, 사회란 곧 언어로 이루어진 문화적 상징체로 여겨지므로 기호적 중재에 의한 상호작용과정에서 개인의 지식이 구성된다는 입장이다. 따라서 지식의 생성과 발달은 사회적 언어계에서 시작되어 자기중심적 언어, 내적 언어의 단계로 이행해 나가게 되며 이것이 순환적으로 재귀(recursion)된다는 논리를 취하는 것이 사회구성주의이다.

어떤 논리를 취하든 환경이나 문화와의 상호작용을 통하여 지식이 생성되며 학습이 일어난다는 점과 지식 구성의 주체는 결국 개별 학습자가 된다는 점은 동일하다. 이런 점에서 구성주의는 학습자의 자기주도적인 글로벌 인식 역량을 제고할 수 있는 학습 논리와 연결된다. 이런 측면에서 수업방법으로써의 자기주도학습(SDL: Self Directed

Learning)은 개별 주체를 인식과 지식 발생의 기원으로 보는 구성주의를 기반으로 하는 것이다. 구성주의는 지식이 인식 주체와 분리되어 객관성을 발견해 나가는 과정이 아니라 개별 주체가 환경과 상호작용을 통하여 생성시키는 것으로 본다. 이것은 인지구성주의에서 학습자가 환경의 자극을 받아 인지구조의 교란과 문제해결, 추상화된 지식으로 이행해 나가는 과정으로 설명될 수 있으며, 사회구성주의에서는 지식 형성의 주체로서 학습자가 심리간 수준의 사회적 단계에서 심리내 수준을 의미하는 내면화의 단계로 사고가 발달해 나가는 과정으로 볼 수 있다. 따라서 구성주의에서 학습자는 지식을 만들어 가는 주도적 위치에 서게 되며, 순환적인 사고발달의 과정에서 학습자가 스스로에게 의미 있는 지식을 수정, 보완, 생성시키는 주인공이 되는 학습활동을 자기주도학습으로 지칭한다.

일반적으로 학습자의 입장에서 자기주도학습이란 학습자 스스로가 제3자의 권위와 의견에 종속되지 않고 스스로 판단하여 주체적으로 결정하며 그 결과에 책임질 수 있도록 하는 교육이다. 반면 교사의 입장에서 볼 때, 학생주도적 수업이란 학습자의 자유를 받아들이는 교육으로써 문제해결에 대한 자유가 학생에게 허용되고 획일적인 기준 대신에 다양성이 허용되는 교육이라 할 수 있다(김판수·백현기 2007, 25). 따라서 자기주도학습의 특성은 교사와 학습 환경의 지원을 받으면서 학습자 자신이 학습 목표, 학습 계획, 실행 및 평가에 주도적인 책임을 진다는 것으로 이해해야 한다. 이때 주도적인 책임을 진다는 것의 의미는 자율적인 학습을 말하는 것이지 혼자만의 학습을 의미하는 것은 아니다. 즉 조언자와 안내자, 혹은 협력학습자, 협동학습자로서 교사와 동료들이 항상 학습을 지원하는 요인으로 작용하는 과정에서 학습자 중심의 활동이 이루어지는 것이다(김용신 2012, 148).

여기서는 사회구성주의의 논리를 중심으로 인지구성주의를 부가하여 자기주도학습 디자인을 만들어 보기로 한다. 사회구성주의의 요점은 수업에서 교사와 학습자, 또는 학습자들 사이의 상호작용에 있다. Vygotsky에 따르면 어떤 발달단계에 있는 어린이든 그들이 학습 가능한 일정한 범주 혹은 범위가 있다. 학습자가 다른 도움이 없이 성공적으로 과제를 수행할 수 있는 발달 범위를 현재발달범위(ZAD: Zone of Actual Development)라고 칭하며, 이를 뛰어 넘어 교사 혹은 다른 뛰어난 학습자의 지원 없이는 도달하지 못하는 영역을 근접발달범위(ZPD: Zone of Proximal Development)라고 지칭한다. 그러므로 근접발달범위는 학습자가 적정 수준의 지원을 받아 주어진 학습 내용이나 성취 기능을 수행해 낼 수 있는 구성범위(construction zone)라고 정의할 수 있다(Maxim 2011, 316). 학습자가 학습 문제를 해결할 수 있는 근접발달범위 내에서 지원된 학습을 수행하기 위해서, 교사는 학습자가 이미 알고 있거나 할 수 있는 것과 의도된 학업 성취 간의 차이를 좁히고 연결하려는 시도를 하기 위한 적정 수준의 지원 방법을 알아야 한다. 이렇게 성인이나 수월성 있는 또래 학습자가 근접발달범위 내에서의 과제를 완수하려는 학습자를 지원하는 활동을 비계설정(scaffolding)이라고 말한다(Maxim 2011, 316).

Vygotsky(1962)는 인간의 학습은 외재적 단계에서서 시작하여 객관적, 내재적 단계로 이행하면서 일어난다고 본다. 인간은 태어나면서 사회적 언어를 접하고 이후 성장하면서 자기중심적 언어로 대화하고 사고하며, 성인이 되어서 비로소 자신과 세계를 일치시키는 내적 언어를 구사하게 된다(p.20). 이러한 지식의 구성 과정을 단원 주제 학습으로 전환하면 수업의 도입은 교사의 주도하에 학습자의 사고 작용을 활성화시키는 사회적 언어의 단계로 나타나며, 문제해결이 이루어지는 수업 전개 과정은 다양한 수업 지원 활동 및 중재가 발생하는 자기중심적 언어의 단계가 형성되고, 수업의 정리는 학습자의 내부에 교사의 언어와 새롭게 만들어 지거나 수정 보완된 지식체계로써의 내적 언어가 구성되는 것으로 볼 수 있다. 여기서 언제나 수업 총괄자로서의 교사의 관심사는 학습자의 근접발달범위를 파악하여 지식의 구성범위를 확인하고 적합한 비계설정을 하는 교수활동에 있어야 한다. 글로벌 이슈를 자기주도학습이라는 수업방법 혹은 학습모형 속에 들여와 글로벌 수업활동을 진행하기 위한 교수논리의 전문적 습득이 필요한 것이다.

이런 관점을 전제로 김용신(2012)은 자기주도학습 수업 디자인의 논리를 교사주도, 교사와 학습자 주도, 학습자 주도의 단계로 설정하여 사회과 교수학습에 적용한다. 여기서는 위에 제시된 구성주의와 교수학습의 논리를 기반으로 글로벌 이슈를 이해하기 위한 자기주도학습을 사회적 단계, 상호지원적 단계, 내면화 단계를 중심으로 〈그림 1〉과 같이 디자인해 보기로 한다(p.160 참조).

〈그림 1〉 자기주도학습 디자인

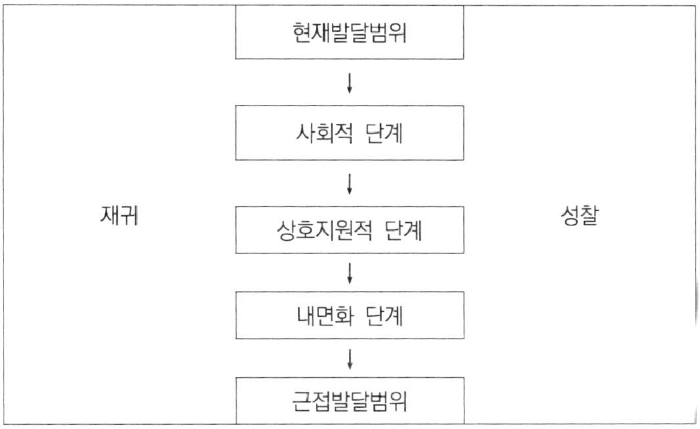

〈그림 1〉에 나타난 자기주도학습은 학습자의 독립적 수행으로 문제를 해결할 수 있는 현재발달범위에서 시작하여 다양한 중재자의 지원을 통해 도달한 근접발달범위에서 마친다. 이러한 과정은 여러 학습 환경과의 상호작용을 거치면서 교수학습 참여자들의 대화와 협력을 토대로 하는 수업에 대한 전반적인 성찰(reflection)과 수업의 전 과정을 되돌아가며 재검토하는 재귀(recursion)의 절차를 거치게 된다. 현재발달범위란 학습자의 개별적인 선행경험 수준을 확인한다는 의미를 가지고 있으며, 사회적 단계는 교사 중심으로 학습자의 현재발달범위에 기반하여 학습문제가 제기되어 기존의 인지구조를 움직이게 하는 비평형으로 이끌어 나가는 학습의 과정이다. 외적 중재와 직접 교수가 나타난다. 상호지원적 단계는 교사와 학습자, 또 다른 학습자들이 상호교수자로서 등장하여 문제를 능동적으로 해결해 나가는 대화학습의 절차를 말하며, 이때 다양한 형태의 비계설정 방법과 기법들이 학습자의 사고에 동화와 조절을 유발하여 교수학습을 역동적으로 만들어 준다. 내면화 단계는 문제가 해결되어 교사와 학습자의 언어가 일치되는 과정을 나타내 준다. 내적 중재와 자율교수가 주로 이루어지는 단계이다. 근접발달범위는 학습자의 지식 구성범위를 확인하여 다음 과제로의 전이를 개별적인 수준에 따라 지원해야 한다는 의미를 지닌다.

V. 결론

지구상의 많은 사람들은 지구가 처한 상황에 대해 정확하게 알고 있지 못하고 글로벌 이슈와 문제들이 한 나라의 문제로만 그치지 않고 결국 자신의 문제가 될 수 있다는 사실을 인식하지 못하고 있다. 따라서 이러한 문제들이 세계적으로 상호 밀접하게 연관되어 있고, 이러한 문제의 해결은 세계적인 차원에서 이루어져야 함을 가르쳐야 한다. 또한 자신들의 행동이 전 세계에 영향을 미칠 수 있다는 것을 깨닫게 하여, 세계문제에 대한 정보를 지적으로 처리하는 능력과 이러한 상황의 개선에 적극적으로 참여하는 태도를 기르도록 해야 한다(김현덕 외 2005, 157-158). 또한 오늘날 자신의 행동이 지구의 미래에 미치는 영향에 대해서도 이해시켜야 한다. 이런 측면에서 보건대 글로벌 이슈와 세계문제에 대한 자기주도적 학습 역량의 함양은 필수적인 글로벌 시민교육의 요소이다.

우리나라는 글로벌 국가이며 글로벌 국가를 지향하고, 이 과정에서 지속적으로 성과를 이루어 내야만 유지되고 발전할 수 있는 지정학적 위치를 갖고 있다. 현재 진행 중인 글로벌화는 한반도를 국제사회의 중심에 서게 하였다. 정보의 동시적 상호 호환성과 시공간의 급속한 압축은 2018년 북한 비핵화와 포괄적 평화체제 구축을 위한 남북한의 판문점 선언과 평양선언, 북한과 미국 간의 간 싱가포르 회담을 전지구적 차원에서 인식하게 하였고, 지금도 국제사회의 주요 관심사로 대두되어 있는 글로벌 이슈임이 분명하다. 한반도 분단과 평화 통일이라는 글로벌 이슈에 대한 교육적 접근의 체계화와 정교화가 어느 때보다 절실하며 적정 수준에서 추구되어야만 하는 이유이다.

다층적 국면에서 총체적으로 연결된 글로벌 이슈들에 대한 학습자의 인식 지평은 포괄적으로 열려져 있어야 하며 자기주도적인 지식 구성의 과정이 되어야 한다. 학습자 스스로 의미 있다고 여기는 글로벌 인식의 과정을 전제로 해야 가속과 동시성의 시대를 살아갈 역량을 습득할 수 있기 때문이다. 글로벌 이슈에 대한 접근과 대안 모색의 추구는 다양하다. 예를 들어 지속가능개발 문제에서 지속가능성에 무게를 두면 환경의 보호에 중점을 둔 개념으로 이해하고 접근하게 되며, 개발에 중점을 두면 기술혁신을 통한 환경오염의 가능성 축소와 성장을 모색하는 방향으로 이해와 실천이 일어나게 된다.

이런 점에서 글로벌 이슈에 대한 자기주도학습은 유용하다. 자기주도학습은 개별 인식 주체를 새롭게 강조한 구성주의를 기반으로 한다. 구성주의는 지식이 객관적으로 주어지거나 존재하는 것이 아니라 개인의 주도적인 정신활동에 의해서 형성된다는 주장을 가지고 있다. 따라서 지식을 만들어 나가는 위상을 갖고 있는 학습자는 자신이 살고 있는 주변 세계와 환경을 스스로의 학습경험에 의해서 재구성하며, 지식은 학습자의 구성범위인 근접발달범위의 확인과 확장의 지속적인 과정과, 인지구조의 평형과 비평형, 재평형의 연속 과정을 통하여 내면화된 기호로 자리 잡고 사고 발달로 이어지게 되는 것이다. 그러므로 다양하고도 중첩적으로 움직이는 여러 행위자들이 상호 존재를 확인하면서 가속적으로 연결 중인 글로벌사회를 스스로 인식하고 재구성해 나가야 하는 학습자들에게 글로벌 이슈를 주제와 소재로 하는 자기주도학습은 중요한 학습의 기제로 활용될 수 있는 것이다.

참고문헌

김용신. 2012. 『사회과교육론서설』. 서울: 교육과학사.

김용신. 2013. 『글로벌 시민교육론』. 경기: 이담북스.

김용신. 2017a. “민주주의 헌정체제와 글로벌 정의 스케일의 유형화.” 『국제지역연구』. 21(5). 3-20.

김용신. 2017b. “평화교육과 글로벌 정의의 근접 지향성.” 『글로벌교육연구』. 9(4). 65-82.

김판수·백현기. 2007. 『공부의 절대시기 자기주도학습법』. 서울: 교육과학사.

김현덕·문영주·김현숙. 2005. 『교실에서의 국제이해교육』. 서울: 교육과학사.

박성인. 2016. “글로벌 시민성 교육,” 김용신 편. 2016. 『초등학교의 글로벌 다문화교육』. 서울: 강현출판사. 97-118.

유현석. 2006. 『국제정세의 이해』. 서울: 한울아카데미.

Haas, Peter M. and Hird, John A. 2013. *Controversies in Globalization*. 이상현 역. 2017. 『세계화의 논쟁』. 서울: 명인문화사.

Held, David and McGrew, Anthony. 2002. *Globalization/Anti-Globalization*. Cambridge: Polity Press.

Lin, Yingyu. 2015. “The Acquisition of words’ Meaning Based on Constructivism.” *Theory and Practice in Language Studies* 5(3). 639-645.

Maxim, George W. 2011. *Dynamic Social Studies for Constructivist Classrooms*. Boston: Allyn & Bacon.

Mittelman, James H. 2004. *Whither Globalization?*. London: Routledge.

Noddings, Nel. 2005. “Global citizenship: promises and problems.” in Noddings, Nel. ed. 2005. *Educating Citizens for Global Awareness*. N.Y.: Teachers College Press. 1-21.

Osterhammel, Jürgen and Petersson, Niels P. 2000. *Geschichte der Globalisierung.* 배윤기 역. 2013. 『글로벌화의 역사』. 서울: 에코리브르.

Payne, Richard J. 2013, *Global Issues.* 조한승 · 고영일 역. 2014. 『글로벌 이슈』. 서울: 시그마프레스.

Sinclair, Timothy J. 2012. *Global Governance.* Cambridge: Polity Press.

Snarr, Michael T and Snarr, D. Neil. 2012, *Introducing Global Issues.* 김계동 외 역. 2015. 『세계화와 글로벌 이슈』. 서울: 명인문화사.

Vygotsky, Lev S., Hanfmann, E. and Vakar, G., trans. 1962. *Thought and Language.* Mass.: MIT press.

Yoders, Samuel. 2014. "Constructivism Theory and Use from a 21st Century Perspective." *Journal of Applied Learning Technology* 4(3). 12-20.

Chapter
8 다문화 통일교육

Ⅰ. 서론

21세기 초·중반의 글로벌세계 지정학은 동북아를 중심으로 전통적인 지구 패권국가 미국과 핵무기 보유국으로서의 지위를 확보해 나가고 있는 김정은의 북한이 주요 행위자로서 공간을 확보하고 이익을 추구하고 달성하고 있는 것이 사실이다. 역동적인 한반도를 둘러싼 국제정세의 변화에도 불구하고 김정은 체제의 북한은 핵실험에 이은 대륙간 탄도탄 미사일 개발 및 시험 발사를 통하여 핵운반 체제의 완성을 공언하고 있으며 심지어는 이를 시공간적으로 추인 받고 있다.

이러한 북한의 무력시위과 성공 전제에 따른 판단은 한반도는 물론 동북아의 핵확산 도미노라는 긴장을 고조시키며 국제사회의 우려를 자아내고 있는 상황이다. 이것은 북한의 대내외적 요인에 의한 김정은 체제의 불안정성과 급변사태의 가능성을 말해주는 현상으로 해석될 수 있으므로 한반도 통일에 대한 당위적 논의를 현실적 담론으로 이끌어 내고 있는 동인(motif)으로 작동한다. 다른 측면에서 보면, 연이은 북한의 도발과 고립, 국제사회의 제재의 악순환은 해방과 한국전쟁을 통하여 굳어져 온 분단의식을 더욱 고착화 시켜 민족 간 문화적 이질성을 특징으로 하는 중층적 구조를 정형화하고 심화시키는 결과를 초래하고 있다. 하지만 이러한 한반도의 정치군사적 대립과 분단구조의 정형화는 역설적으로 통일에 대한 논의의 현실세계에서의 활성화를 가능하게 해준다. 한반도의 불필요한 군사적 긴장과 분단 대립은 미국, 중국을 비롯한 강대국들의 이해관계에 따른 개입을 불러올 수 있으므로 글로벌 질서의 안정화를 위해서는 통일에 대한 현실적 모색이 필요한 실정이다.

그러나 위와 같은 현실적 필요와 기대와는 달리 20대 이하의 젊은 세대는 전반적으로 북한에 대한 이해와 관심 수준이 낮고 남북한 통일에 대해서도 점차 무관심해지는 경향을 나타내고 있다(박영호·김형기 2011). 통일에 대한 무관심의 확산은 북한에 대한 이해와 지식 습득 의욕의 저하를 불러일으킬 뿐 아니라 통일에 대한 열망마저 약화시키고 있다는 점에서 문제가 된다. 실제로 통일평화연구원(2012)의 조사에 따르면 19-20세 집단에서 '통일이 필요 없다'는 응답이 28.6%로 가장 높은 비율을 보였으며, 통일이 필요하다고 명시적으로 응답한 비율은 46.7%에 그쳐 젊은 세대일수록 통일의 필요성에 대해 부정적으로 응답하는 비율이 높았다(pp.21-22). 이러한 현상은 가속적으로 진행되는 경향이 고착화 되고 있으며, 이것은 전통적으로 진행되어 온 통일교육의 문제점에서 비롯되는 것으로 볼 수 있다. 지금까지의 통일교육은 통일의식, 북한에 대한 이해, 남북관계, 주변국가와의 외교환경, 정부의 통일정책 등 개별적이면서도 동시에 상호 연관된 영역들을 다양하게 반영하는 융합적 형태로 다루지 못하고 분절적이며 일방향적으로 진행해 온 경향이 강하다.

이러한 통일교육의 전통은 다문화사회가 도래하면서 더욱 문제가 된다. 특히, 한국사회의 다문화화의 주요 동인이면서 국가 경쟁력과 통일 후 국가 발전의 잠재적인 인적 자원으로 여겨지는 북한이탈주민에 대한 단문화주의(monoculturalism) 접근과 이분법적 인식은 다양성에 기초한 국가사회 통합을 저해할 뿐 아니라 통일에 대한 인식을 문화우월주의 측면에서 교육 현장에서 주입시키는 우를 범할 수 있으므로 부정적으로 작용할 가능성이 크다. 통일교육에 있어서 중요한 관점은 북한 주민에 대한 일방주의와 배타성을 극복하는 것이어야 한다. 이를 위해 우선적으로 요구되는 것은 북한이탈주민과 그 자녀들에 대해 한국사회의 다중 복합적 사고와 생활 방식을 일방적으로 교화시키는 것이 아닌 상호 신뢰와 가치의 공유를 바탕으로 한국사회에 적응할 수 있는 힘을 기르게 하는 통일교육의 진행이다. 나아가 이러한 신뢰와 가치의 공유는 북한이탈주민을 넘어 한국사회 전체 구성원들에게 확장되어야 한다. 이 과정에서 강조되어야 할 것은 통일을 전제로 하는 단선적 가치의 강요나 주입 보다는 타자로서의 자아를 인식하는 문화 다양성의 입장에서 북한이탈주민을 이해하는 다문화적 협력과 공존을 전제로 하는 통합의 지향이다.

이런 관점에서 본고는 다문화적 통일의식을 생성시키는 통일교육의 논리를 추구한다. 지난 60여 년 간의 통일교육은 분단의식을 고착화거나 내면화시키는 동시에 민족적 일체감에 근거한 통일의 당위성을 지나치게 강조하는 방식으로 이루어져 왔다는 반성에서 자유롭지 못하다. 문화 다양성과 창의 융합성을 강조하는 SNS 시대의 새로운 사회 구성원의 증가와 전쟁 미경험 세대의 증가는 민족적 일체감과 당위적 정당성에 대한 일방적 강조를 더욱 어렵게 하고 있다. 새로운 다문화사회의 통일교육은 이러한 현실을 직시함으로써 분단의식을 해체하고 당위적 정당성의 강조를 넘어 북한과 북한 주민을 포용적으로 인식하는 방향으로 나아갈 필요가 있다. 특히, 북한이탈주민을 동일한 민족이지만 동일하지 않은 다양성을 갖춘 타자로 이해하고 인식하여 다문화적 통일의식을 갖도록 지원하는 통일교육이 요청된다. 여기서는 이러한 관점에서 통일교육의 패러다임을 새롭게 성찰하고 해석하여 다문화사회의 통일교육을 위한 다문화주의 통합 논리를 대안으로 추구해 보기로 한다.

Ⅱ. 다문화사회와 통일교육

우리나라의 통일교육은 1987년 민주화를 기점으로 크게 분류하면, 반공안보, 승공안보 시기를 넘어서 통일안보, 평화안보 시기로 전이하여 온 것으로 볼 수 있다. 특히, 1999년 통일교육지원법이 제정 발효된 이후 2003년 통일교육기본계획(2004-2006)이 수립되면서 '신패러다임 통일교육'으로 지칭되는 통일교육의 전환이 있었다. 그러나 신패러다임 통일교육은 통일지향교육과 통일대비교육의 비중이라는 측면에서, 또한 민주시민교육 혹은 정치교육 및 평화교육과의 상관관계라는 측면에서 여전히 그 개념이 불명확한 채로 남아 있다. 그러다보니 신패러다임 통일교육이 과거의 통일교육 패러다임인 반공안보교육과 통일안보교육과 구체적인 내용에 있어서 어떻게 차별화될 수 있는지 의문시 되고 있는 것이 사실이다(박광기 외, 2005: 3-4). 더욱이 최근의 한반도 주변의 국제정세의 변화는 크게 주목할 만하다. G2시대의 도래와 함께 대두된 시진핑(習近平)의 중국과 미국우선주의(America First)를 표방한 트럼프(Trump)의 미국은 러시아와 일본과의 협력과 경쟁 관계를 유지하면서 대내외적 요인에 의해서 갈등을 겪고 있는 남북한에 대하여 강력한 영향력을 행사하고 있는 것이 냉엄한 한반도의 현실이다. 여기에 더하여 2024년 김정은 체제의 북한은 남한과의 대화, 협력, 교류를 완전히 단절하는 조치를 강력하게 추진하고 있으며, 우크라이나와 이스라엘 지역에서 사실상 '두 개의 전쟁'에 개입하고 있는 미국의 바이든(Biden) 행정부는 북한 고립화 정책을 고수하고 있는 상황이다. 이러한 글로벌 질서 속에서 이전과는 다른 수준과 차원으로 디자인된 새로운 패러다임의 통일교육이 요청되는 것은 당연한 귀결일 것이다.

그러나 전통적 통일교육은[29] 기본적으로 민족적 단일성과 정체성을 토대로 하기 때문에 문화적 다양성보다는 문화적 우월성을 강조하는 단문화주의적 경향을 노정하여 왔다. 이는 다문화사회의 통일교육 논리와는 부적합한 측면이 강한 패러다임이다. 포용 논리에 의해서 국력의 기본 요소로 충전하고 활용할 수 있는 인적 자원을 무용화 시킬 수 있기 때문이다. 2016년은 1953년 한국전쟁의 휴전이 성립된 지 63년이 되는 해이다. 휴전 63년은 한국사회에서 분단과 전쟁에 대한 직·간접적 경험 세대의 소멸과 전쟁을 경험하지 않은 휴전 후 세대가 사회의 주류로 자리매김하고 있음을 의미한다. 또한 90년대 이후는 글로벌 다문화화 현상의 등장으로 인하여 북한이탈주민의 지속적인 유입 등 한국사회 구성원들의 외연적 확장이 특징적이다.[30] 이와 같이 한국사회 구성원의 변화와 외연 확장 현상은 통일인식에 커다란 영향을 미치고 있는데도 불구하고 기존의 단일방향적인 문화우월주의 통일교육은 여전히 강고하다.

---

29) 본고에서 말하는 일반적 의미의 전통적 통일교육 혹은 기존의 통일교육은 다문화사회의 통일인식과 통일교육을 포괄하지 않는다는 의미를 내포한다. 따라서 소위 '신패러다임 통일교육'으로 지칭되는 용어의 경우에도 전통적 통일교육의 범주에 속하는 것으로 간주한다.

30) 2016년 10월 기준으로 법무부 출입국·외국인정책본부 자료에 따르면 우리나라의 외국인 인구는 2,025,485명에 이르고 있다. 이와는 별도로 북한이탈주민은 약 3만 명이 국내에 유입된 것으로 주지 되고 있다. 2023년의 일반적인 인구 통계 추이에 의하면 2024년에 우리나라 총인구 대비 5%에 이르는 외국인 체류자가 거주할 것으로 예상되고 있다.

민족 정체성을[31] 단일민족의 우수성과 순혈주의로 강조하고 다른 것은 나쁜 것으로 차별의 대상이 된다는 문화적 우월주의에 기초한 전통적 통일교육 패러다임은 필연적으로 한국사회 구성원들로 하여금 배타지향의 사회적 정체성을 수립하게 하였던 것이다. 따라서 한국사회의 문화적 전통 안에서 전수되어 온 가족중심 자기존중의 의식으로 인한 타자 배제적인 경향과 한민족 우월주의와 단일주의에 입각한 동화주의적 통일교육은 수정되거나 극복되어야 할 재성찰의 대상으로 간주될 필요가 있다. 즉, 기존의 통일교육이 민족적 단일성, 가족중심의 배타성, 당위적 통일 논의에서 비롯된 국가와 기존 체제의 안보에 그 중심이 있었다면, 새로운 통일교육은 인간안보, 인권과 개인의 안전과 개별성 보존에 중심이 있어야 한다. 기존의 통일교육이 상대방을 부정하고 체제중심으로의 결속을 요구했다면, 새로운 통일교육은 상대방을 인정, 포용하는 상호주의적 소통과 통합을 지향해야 하는 것이다(안승대 2014, 148).[32]

글로벌 다문화시대에 걸맞은 새로운 통일교육 패러다임의 제시는 다문화적으로 재해석되어 나타나야 한다. 이를 위한 방향 설정은 단문화

---

31) 민족은 일반적으로 혈연적 근친의식에 바탕을 두고 집단을 구성하여 공동사회와 경제생활을 영위하며, 동일한 언어와 문화전통의 심리를 바탕으로 한 인간 공동체이다. 구성원의 외형적 특성과 역사적 경험의 공유 그리고 신화나 종교 같은 공동의 상징체계를 공유하는 집단이다(장진숙, 2010: 100). 따라서 민족의식을 바탕으로 하는 민족 정체성, 단일성의 강조는 타민족과 타종족 인정, 다양성의 존중을 모토로 하는 다문화사회에서 재해석의 필요가 있는 것이다.

32) 안승대(2014)는 기존의 통일교육을 N형, 새로운 통일교육을 P형으로 조망한다. N형 통일교육은 소극적(negative) 안보, 소극적 통일과 통합, 단일민족 및 국가중심의 안보, 부정적(negative) 가치로의 접근이라면, P형 통일교육은 적극적(positive) 안보, 적극적 통일과 통합, 국민 중심, 평화 지향의 안보, 긍정적(positive) 가치로의 접근, 다인종 다원주의적 접근을 취하는 것으로 정리하면서 통일교육의 새로운 방향을 제시하고 있다(pp.148-149). 다문화사회가 지향하는 다양성 속에서의 통합 논리를 추구한 것으로 볼 수 있다.

주의 극복과 이분적 논리를 넘어서는 새로운 통일의식의 생성을 위한 교육 논리에서 모색될 필요가 있다. 먼저, 문화적 동질성, 일체성, 단일성을 강조하는 단문화주의에서 벗어나려는 인식의 전환과 실행적 노력이 필요하다. 한국사회의 문화적 동질성 강조는 오랜 역사를 갖고 있으며, 다른 것은 차이가 아닌 차별의 대상이라는 배타성과 비합리적 우월성이 여전히 존재하는 것이 사실이다. 그 결과 통일교육에 있어서도 단일민족 정체성을 강조하는 흐름이 주를 이루어 왔다. 새로운 다문화사회의 통일교육은 이러한 단선적이며 우월적인 흐름을 극복하고 통일한국이 추구해야 할 가치와 사회문화적 다양성을 지향하며, 차별과 구분 배제를 넘어서 공정하고 평등한 기회의 제공을 담보할 수 있는 신조 가치(creed value)의 형성을 가능하게 하는 방식으로 이루어져야 한다. 여기서 다문화주의적 통합 논리의 도입이 필요하다.

Ⅲ. 다문화주의 통합과 통일교육

한국사회는 일반적으로 소수집단들이 드물었다. 조선시대에는 청나라 사람들이 일부 거주했고, 일본인도 특정 지역에 잠정 거주했다. 한국사회는 1945년 이후 주한 미군이 주둔하고 1990년 이래로는 결혼이민여성들이 함께 하고 있으며, 1992년 이래로 이주 노동자들의 거주하고 있다. 21세기 한국은 다문화사회로 진입했으며 2006년에는 다문화주의의 도입이라는 사회적 쟁점에 직면하게 되었다(박병섭 2011, 198 참조). 다문화주의(multiculturalism)를 사전적으로 풀이하면 다양한 문화의 인정과 공존, 공생을 보장하는 다문화사회의 생활양식으로 볼 수 있다.

장진숙(2010)은 다문화주의 유형을 크게 세 가지로 분류한다. 첫째, 미국 방식인 용광로형(동화주의)이고, 둘째, 캐나다 방식인 모자이크형(다문화주의), 셋째, 독일, 일본, 한국 등 단일민족을 강조해 온 국가들이 채택하고 있는 차별배제형이다. 먼저, 미국식인 동화주의는 이민자가 출신국의 언어, 문화, 사회적 특성을 완전히 포기하여 주류사회의 구성원들과 차이를 두지 않는 것을 이상적으로 여기는 것이다, 다음으로 캐나다의 모자이크이론은 많은 소수민족이 모여 그 소수민족의 각 문화를 살리고 그들의 정체성을 유도하여 새로운 하나의 다문화통합사회를 건설하는 것을 말한다. 차별배제형은 국가가 특정 경제영역에서만 외국인을 받아들이고 정치, 사회, 복지, 문화 영역에서는 그들의 정착을 차단하는 것을 의미한다(p.103). 이러한 구분은 다문화주의의 스펙트럼을 도시한 것이라기보다는 다문화화 현상에 대응하는 이념형적 논리를 제시한 것으로 볼 수 있다. 동화주의와 차별배제형은 사실상 단일성으로의 통합 강요라는 점에서 다문화사회의 통일교육에 적용하기에는 부적합하고, 이미 전통적 통일교육 패러다임에서 많은 약점을 노정한 관점이라는 점에서 교육적으로 성립되기 어렵다는 비판이 가능하다.

한국사회는 역사적으로 오랜 동안 단일민족의 신화가 작동하는 종족 민족주의(ethnic nationalism)가 지배하여 왔다. 이질성을 극복하고 애국주의의 토대가 되어 외세에 대항하는 논리로 유지되고 활용되어 온 것이다. 그러나 21세기 한국사회는 단일한 렌즈(lens)로는 통찰해 내기 어려운 분단의 고착화라는 종족 민족주의의 내적 균열과 이주 및 다문화화라는 새로운 시대적 변화를 맞고 있다. 한국의 전반적인 교육도 종족 민족주의가 관철된 냉전적 분단교육에서 사회통합적인 통일과 다문화를 지향하는 다문화 통일교육으로 전이하고 있다. 탈냉전 다문화의 시대적 흐름에서 남북화해의 정치와 다문화의 정치가 서로 동떨어져 있는 것이 아니듯이 학교교육에서 통일교육과 다문화교육은 함께 풀어야 할 과제로 대두된 것이다. 혈통주의적 폐쇄성과 종족 민족주의의 배제의 원리를 넘어서 탈북자로부터 결혼이주여성에 이르기까지 한국사회는 주류사회에서 소외되고 있는 집단의 문제를 포용해야 하는 과제를 안고 있다(강진웅, 2015: 257). 여기서 중요한 것이 캐나다의 다문화주의 통합이 성공한 사례를 검토할 필요가 있다는 점이다.

캐나다의 다문화주의는 2차대전 이후 1960년대에 유럽계 이민자만 받아서 문화차이가 적었고, 긴 기간을 거친 후에 1970년대에 다문화주의를 선포했으며, 1990년대에 비로소 이민자의 폭을 다양화해서 사회 전반에 이미 확고하게 다문화주의가 자리 잡게 했고, 2000년대에 이슬람계를 포함한 이민자들의 등장에 기인한 문화차이라는 쟁점에 직면했어도 충격을 견딜만한 내성을 가지게 되었다. 이에 비하여, 유럽은 다문화주의가 제대로 자리 잡기도 전에 비유럽계 이민자들이 밀려와서 문화충격의 갈등이 심화되었고, 다문화주의 도입 초반부터 이슬람계 이민자들이라는 이질적인 문화집단이 너무 대규모로 이주하여 유럽사회가 이민자에게 관용을 베풀 준비를 할 틈이 부족하였다(박병섭 2011, 201). 다문화주의 통합은 문화적 정체성과 다양성의 인정과 존중만으로 이루어지는 것이 아니라 인정의 정치와 아울러 공감과 관용, 사회적 공정성의 순차적 실현이 필요하다는 점이다. 캐나다의 다문화주의는 다양성 보호와 문화적 차이만 강조하기 보다는 캐나다의 핵심 규범에 모순되지 않는 범위 내에서 다양한 인종, 문화를 보호하는 모자이크식 다문화정책이라는 점에서(장진숙 2010, 117) 국가사회적 통합에 성공적으로 기여한 것이다.

따라서 민주주의 헌정체제의 기본 원리에 기초한 문화다원주의 혹은 정치적 다원주의 입장에서 다문화주의를 통일교육의 논리로 재해석할 필요가 있는 것이다. 김용신(2011)은 다문화사회의 접근 논리로써 동화주의, 융합주의, 다문화주의를 소개하고 있다. 동화주의는 새롭게 유입된 구성원들이 주류사회 구성원들이 지닌 가치와 신념 체계를 그대로 습득하여 적응해야 한다는 논리이며, 융합주의는 양자가 용광로 속에서 상호 작용하여 새로운 신조 가치를 생성시킨다는 것이고, 다문화주의는 민주적 원리에 따른 문화적 동등성을 실질적으로 보장하여 진정한 하나로의 모자이크식 통합에 이른다는 논리이다. 동화주의와 융합주의는 결과적으로 일방적 우월성에 의한 강요된 하나로의 통합이라는 점에서 차별배제형의 문제점을 고스란히 가질 수밖에 없다. 결국, 동화주의와 융합주의에 의한 통일교육은 기존 문화, 관념, 체제의 우월성을 단선적으로 인정한다는 점에서 전통적 통일교육 패러다임에 가까운 것으로 볼 수 있으며, 다문화주의 통합 관점에 입각한 통일교육은 이해와 포용에 토대를 둔 다문화사회의 통일교육 논리로 볼 수 있는 것이다.

Ⅳ. 평화 통일 수업 디자인

민주시민성 함양을 추구하는 주요 교과인 사회과 교육과정에 나타난 목표를 보면, 사회과는 다양한 정보를 활용하여 현대사회의 문제를 창의적, 합리적으로 해결하는 데 적극적으로 참여하는 능력과 태도를 기르는 것을 목표로 하며, 이를 통해 사회과는 개인의 성장은 물론, 지역사회·국가·세계의 발전에 기여할 수 있는 책임 있는 시민을 기른다고 규정하고 있다(교육부, 2022: 6). 국가시민은 물론 세계시민으로서의 역량과 소양 함양을 지향하고 있는 것이다. 여기서 글로벌 시민성과 정체성의 논리가 국가 시민성과 정체성과 충돌할 수 있다는 문제와 관련된 논의가 제기될 수 있다.33)

글로벌 차원의 시민을 양성하기 위한 글로벌 이슈의 학습 과정에서 문화와 국가, 세계의 다차원성과 중첩성은 언제든지 서로 영향을 줄 수 있기 때문이다. 중요한 것은 글로벌 시민성을 구성하고 있는 다문화 정체성들이 본질적으로 갈등 구조를 형성하지는 않는다는 사실이다. 말하자면 다른 글로벌 맥락에서 특정 경험을 한 개인들은 다른 국가 정체성을 가질 수 있다는 것은 자연스런 현상이며, 이것은 글로벌 시민성에 영향을 주는 다층적 정체성들과 상충되지 않는다는 의미이다(김용신 2013, 28). 이런 관점에서 국가 속의 다양한 개별 주체들이 자기주도적으로 글로벌 이슈에 대한 학습을 하는 활동은 글로벌 다문화 사회의 시민으로서 생활하고 공존해야 하는 학습자들에게 적합한 지식과 경험을 생성시키는 것으로 볼 수 있다.

학습자는 개별적으로 의미 있는 지식을 구성함으로써 글로벌 현상과 글로벌 이슈를 보다 능동적인 자신의 문제로 받아들일 수 있다. 개개인이 글로벌 다문화 현상에 대해 주체적이고 적극적으로 해석하고 탐구하며 의미 있는 지식을 재구성해 나갈 수 있는 것이다. 또한 학습자는 글로벌 다문화화, 글로벌 이슈를 멀리 떨어져 있는 단편적인 지식으로

33) 정체성이 인간의 자아 정향의 결정요소라면, 시민성은 관계 정향의 결정요소로 볼 수 있다. 정체성은 시민성의 구성요소로 여겨질 수 있는 것이다. 문화 정체성이란 개인의 자아와 지방, 종족 정향 시민성이며, 국가 정체성은 민족과 국민국가의 정향 시민성이고, 글로벌 정체성은 지역 및 세계 정향 시민성을 구성한다는 의미이다. 이런 입장에서 보았을 때 글로벌 시민성이란 문화, 국가, 글로벌 정체성의 융화에 의한 총체적 시민 정향으로 규정할 수 있다(김용신 2013, 29).

암기하는 것이 아니라 자신의 내면세계에 직결된 것으로 의미를 부여하고 사고를 확장시킬 수 있는 것이다. 따라서 학습자에게 제시되는 글로벌 이슈들은 단순히 학습을 위한 것이 아니라 학습자가 수행할 만한 가치가 있다고 느낄 수 있는 것이어야 한다(박성인 2016, 112).

예를 들어 빈곤의 문제와 관련하여 글로벌 차원에서 부의 편중과 공정한 재분배 과정에 대한 무의식 상태가 어떻게 사람들의 평화로운 생존과 생활에 악영향을 미치는가에 대한 인식의 과정을 제시할 수 있다. 빈국 내부의 사람들은 그들이 처한 질병과 위생, 교육, 개발, 환경 문제를 극복하기 어려우므로 상호 분쟁의 상태로 내몰릴 가능성 커지는 것이고, 부국의 사람들을 보면 언제라도 상호 연계된 국제 테러와 세계적 정치 불안정으로 인한 전쟁의 가능성, 기후 변화를 해결하기에 어려운 평화 부재의 현실에 직면할 수 있는 것이다(김용신 2017, 67). 이처럼 글로벌 이슈는 학습자와 학습자의 거주 공간과 환경에 언제든지 영향을 줄 수 있는 문제이고 그래서 도전할만한 과제라는 인식에 도달할 수 있는 것이다.

주지하듯이 글로벌세계는 매우 밀접하게 연결되어 있다. 다른 사회와 다른 국가에서 다른 사람들과 무관하게 사는 것처럼 보일지라도 현실 세계는 이것을 더 이상 용인하지 않는다. 미국 정치인이나 기업가의 발언은 즉각적으로 직접적으로 서울과 예루살렘, 평양과 베이징에 파급되어 또 다른 행동을 유발한다. 물론 이와는 반대의 경우도 성립한다(김용신 2017, 79). 글로벌 시민교육의 중심 교과인 사회과는 이 점에 주목한다. 2022 사회과 교육과정의 내용 체계를 보면, 정치 영역의 핵심 아이디어로 '국제 사회에는 여러 행위 주체가 활동하며, 우리나라를 비롯한 국제 사회의 행위 주체는 다양한 국제 문제 해결을 위해 노력한다'로 규정하고, 지식·이해 내용 요소로 초등학교는 정치 영역의 국제정치 범주에 '평화 통일을 위한 노력, 지구촌의 평화'를, 중학교는 '국제 사회의 주체와 특징, 국제 사회의 분쟁과 시민의 역할, 우리나라의 국제 문제와 대응 방안'을 도입하여(교육부 2022, 12) 글로벌 이슈로서 사회과 평화 통일교육과 관련된 직접적인 수업 단원을 제시하고 있다.

〈표 1〉 사회과 평화 통일 수업 단원 및 학습 주제

(7) 평화 통일을 위한 노력, 민주화와 산업화

[6사07-01] 분단으로 나타난 문제점과 분단과 관련된 장소를 평화의 장소로 만들려는 노력 등을 알아보고, 평화 통일을 위해 우리가 할 수 있는 일을 탐색한다.

(가) 성취기준 해설

- [6사07-01]은 분단으로 나타난 문제점과 평화 통일을 위한 과제를 탐색하도록 설정한 것이다. 분단이 사회와 사람들의 생활에 미친 영향을 알아보고, 분단과 관련된 장소를 평화의 장소로 만들려는 사람들의 노력을 살펴본다. 그리고 평화 통일의 필요성을 인식하고 이를 위해 우리가 할 수 있는 일을 탐색한다.

(나) 성취기준 적용 시 고려 사항

- 전쟁과 관련 있는 장소 및 기념관, 박물관 등을 온오프라인으로 방문하여 전시물을 분석하고, 전쟁으로 인한 인권 유린 및 생태환경의 파괴, 분단으로 발생한 사회문제 등을 이해한다.
- 평화 통일을 위한 노력, 민주화, 산업화와 관련 내용은 사회 참여나 실천을 포함하여 다양한 방식으로 평가한다.

출처: 교육부 2022, 33-34

글로벌 이슈 중심 자기주도학습은 기본적으로 세계주의를 토대로 한다. 이 점을 적극적으로 반영하고 있는 것이 세계시민교육을 주창하여 온 사회과 교육과정이다. 세계시민주의자(cosmopolitan)들은 글로벌 이슈에 대하여 좀 더 광범위하고 긍정적 변화라는 측면에서 접근한다. 그들은 세계에 대한 지적인 이해가 가능하다고 여기며 세계체제의 구조와 기능들에 대한 질문을 제기하고 이것은 개방적 과정을 통하여 해결되어야 한다고 본다(Sinclair 2012, 85). 요컨대 국경을 넘어선 글로벌 이슈들을 인정하고 제도적인 변화를 추구해야 하며 다문화적인 현실세계에서 구축해야 하는 평화체제의 안정화를 지향하는 입장이 세계주의이다. 한반도의 평화 통일도 세계시민주의 관점에서 접근해야 풀어내 수 있는 글로벌 이슈이다. 〈표 1〉에 제시된 사회과 평화 통일교육 관련 단원의 성취기준 해설을 보면, '분단으로 나타난 문제점과 평화 통일을 위한 과제를 탐색하도록 설정한 것이다. …'라는 문장이 서술되어 있다. 한반도 분단과 관련된 문제점에 대한 인식은 곧 글로벌 이슈들에 대한 세계주의 접근을 지향하는 것으로 볼 수 있다.

여기서는 사회과 교육과정의 초등학교 5-6학년 '(7) 평화 통일을 위한 노력, 민주화와 산업화' 단원에서 '한반도 분단과 평화 통일' 주제의 성취기준을 중심으로 수업 디자인을 구안해 보기로 한다. 이러한 주제 단원에 따른 학습 소주제를 '한반도 분단과 평화, 국제기구'로 하여 학습 요소 중 '한반도 분단의 문제점을 탐색하고, 평화 통일을 위해 우리가 할 수 있는 일'을 이해하기 위한 글로벌 다문화 관점의 자기주도학습 디자인을 글로벌 이슈 중심 수업 개념도 형식으로 디자인하면 〈표 2〉와 같다(김용신 2012, 161 참조).

〈표 2〉는 자기주도학습 디자인의 형식과 절차에 따른 것이다. 위의 사회과 글로벌 이슈 수업 디자인에 나타난 글로벌 이슈로서 한반도 분단과 평화 통일은 세계주의와 다문화 관점에 따른 분단 및 평화 통일 영역과 연결된 '국제사회의 갈등 사례를 평화적으로 해결해 나가기 위한 국제연합의 다양한 활동'과 '국제연합의 평화유지 활동과 관련된 우리나라의 평화 통일 노력'이다. 이에 대한 학습자들의 자기주도적 인식

과 해결 대안에 대한 모색이 본 수업 계획의 개념도를 구성하는 주요소들이다.

〈표 2〉 사회과 평화 통일 수업

학습 단계	교수학습활동	학습 유형	자료 및 유의점
현재발달 수준	전시학습 선행 문제해결 역량 확인	직접교수 개별학습	경험표집 일화기록
사회적 단계	동기유발 지구촌의 갈등 사례는? 국제연합의 현황과 평화유지활동의 전개는?	발표학습 SNS/시청각 학습 교재 읽기	유엔 사무총장 사진과 분쟁 지역 방문 동영상 국제연합 홈페이지 방문
상호지원적 단계	국제연합과 우리나라의 관계(과거, 현재, 미래) 연대기 자료 만들기 다문화 기반 개인별 발표 자료 및 세계주의 관점의 모둠별 발표 자료 각각 제작	모둠학습 협력학습 협동학습 토의학습	국제연합과 우리나라의 관계 분단과 평화 통일 다문화 자료 분석 및 우리의 과제 확인
내면화 단계	한반도 분단과 평화와 관련된 국제연합의 활동 평화 통일을 위한 우리의 노력을 소개하는 포트폴리오 발표하기	다문화지 제작학습 삼각 대화학습 모둠학습	발표의 다양성 보고서, 만화, 사진, 그림, 연극, 동영상, 패러디 등 제작 발표
잠재발달 수준	잠재 문제해결 역량 확인 차시학습	협동학습 자기평가 교사지원	개별 소감 이야기 K-W-L

V. 결론

21세기 한국사회는 결혼이주여성, 북한이탈주민, 외국인근로자 등의 급증으로 인하여 기존의 단일민족 신화에 기댄 종족 민족주의가 통일 및 다문화 담론 속에서 재구성되며 변화하고 있는 모습이다(강진웅 2015, 268). 다문화주의나 다문화사회가 제대로 이루어지려면 먼저 다양성과 개방성이 전제가 되어야 한다. 특정 문화 또는 지배적 문화가 다른 문화에 대비하여 보다 넓은 대중성 및 우월성을 가지고 있다고 하여 해당문화를 중심으로 다른 문화를 편승시키거나 동화시키려는 시도는 다문화주의와 다문화사회에 대한 올바른 해석으로 보기 어렵다(장진숙 2010, 100 참조). 남북한의 이질성을 잠재적으로 강조하며 드러내기 하는 단문화주의 통일교육은 북한 주민에 대한 배타성과 북한이탈주민과 그 자녀에 대한 차별과 배제의 논리로 작동하여, 포용으로부터 통합을 지향하는 다문화사회의 통일교육 패러다임으로 적합하지 않다는 것이 현실이다.

구체적으로 전통적 통일교육을 내용 비판적 입장에서 조망하면, 통일의 당위성과 자유민주주의의 우월성을 일단 앞세우다 보니 학습자들이 달리 생각할 사고의 여유를 허락하지 않아 흔히 말하는 교도적 방식에 의한 일방 주입식 학습이 진행되었다는 평가가 가능하다(김용신 2007, 189). 이러한 통일교육의 형태는 기존의 통일교육 논리로 볼 수 있는 동화주의와 융합주의의 한계를 벗어나지 못한다는 약점을 가진다. 따라서 국수주의나 교조주의에 빠지기 쉬운 통일교육을 넘어서서 강조되어야 할 점은 남북한 문화적 이질성과 차이를 인정하고 상호 소통과 교류, 협력을 통하여 평화 통일에 이를 수 있는 다문화적 패러다임으로의 전이가 필요한 것이다.

결론적으로, 전통적 통일교육 패러다임은 민족 정체성을 강조하는 단일민족주의 혹은 문화우월주의 경향성을 노정하여 다문화사회의 통일교육 모형을 생성시키기에는 어려운 관점으로 볼 수 있다. 본 연구는 이러한 통일교육의 문제점을 고찰하고 이를 대체할 수 있는 통일교육의 대안적 관점과 논리를 추구하였다. 문화 다양성의 증가에 따른 한국사회 구성원의 변화와 SNS와 AI로 표상되는 시대의 세대 변화 양상은 통일인식의 중층적 구조를 특징으로 하고 있다. 단문화주의와 순혈주의, 일방주의와 이분법적 도식을 강조하는 기존의 통일교육은 글로벌 다문화사회로 전이하고 있는 한국사회에서 그 적용 타당성에 대해 의문이 제기되고 있는 실정이다. 따라서 통일교육에 대한 세계주의 관점의 다문화적 해석과 새로운 접근이 필요하며, 여기서는 다문화주의 통합 논리를 중심으로 다문화 통일교육의 관점을 소개하였다. 또한, 구체적인 평화 통일 수업 디자인을 글로벌 학습 논리로서의 구성주의와 자기주도학습에 따라 제시하였다.

참고문헌

강진웅. 2015. "한국사회의 종족적 민족주의와 다문화 통일교육." 『교육문화연구』 21(3). 253-275.

교육부. 2022. 『사회과 교육과정』. 교육부 고시 제2022-33호 [별책 7].

교육부. 2015. 『사회과 교육과정』. 교육부 고시 제2015-74호 [별책 7].

김용신. 2007. 『사회과교육과 강한 정치교육론』. 서울: 교육과학사.

김용신. 2011. 『글로벌 다문화교육의 이해』. 경기: 이담북스.

김용신. 2012. 『사회과교육론서설』. 서울: 교육과학사.

김용신. 2013. 『글로벌 시민교육론』. 경기: 이담북스.

김용신. 2017. "평화교육과 글로벌 정의의 근접 지향성." 『글로벌교육연구』. 9(4). 65-82.

김판수·백현기. 2007. 『공부의 절대시기 자기주도학습법』. 서울: 교육과학사.

김현덕·문영주·김현숙. 2005. 『교실에서의 국제이해교육』. 서울: 교육과학사.

박광기 외. 2005. "신패러다임 통일교육 구현방안." 『통일연구원 협동연구총서』. 1-24.

박명규 외. 2012. 『통일의식조사 2012』. 서울대 통일평화연구원.

박병섭. 2011. "한국의 다문화주의 성공조건." 『사회와 철학』. 22. 197-214.

박성인. 2016. "글로벌 시민성 교육." 김용신 편. 2016. 『초등학교의 글로벌 다문화교육』. 서울: 강현출판사. 97-118.

박영호·김형기. 2011. 『2011 통일예측시계』. 통일연구원.

안승대. 2014. "통일교육의 변천과정과 새로운 방향성 정립에 관한 연구." 『민족문화논총』. 57. 135-152.

유현석. 2006. 『국제정세의 이해』. 서울: 한울아카데미.

장진숙. 2010. "다문화주의와 국민국가 통합정책 비교고찰." 『공법학연구』. 11(3). 97-128.

법무부. 2016. 출입국 · 외국인 통계월보. 10월호

Haas, Peter M. and Hird, John A. 2013. *Controversies in Globalization*. 이상현 역. 2017. 『세계화의 논쟁』. 서울: 명인문화사.

Lin, Yingyu. 2015. "The Acquisition of words' Meaning Based on Constructivism." *Theory and Practice in Language Studies* 5(3). 639-645.

Maxim, George W. 2011. *Dynamic Social Studies for Constructivist Classrooms.* Boston: Allyn & Bacon.

Mittelman, James H. 2004. *Whither Globalization?.* London: Routledge.

Noddings, Nel. 2005. "Global citizenship: promises and problems." in Noddings, Nel. ed. 2005. *Educating Citizens for Global Awareness.* N.Y.: Teachers College Press. 1-21.

Payne, Richard J. 2013, *Global Issues.* 조한승·고영일 역. 2014. 『글로벌 이슈』. 서울: 시그마프레스.

Sinclair, Timothy J. 2012. *Global Governance.* Cambridge: Polity Press.

Snarr, Michael T and Snarr, D. Neil. 2012, *Introducing Global Issues.* 김계동 외 역. 2015. 『세계화와 글로벌 이슈』. 서울: 명인문화사.

Vygotsky, Lev S., Hanfmann, E. and Vakar, G., trans. 1962. *Thought and Language.* Mass.: MIT press.

Yoders, Samuel. 2014. "Constructivism Theory and Use from a 21st Century Perspective." *Journal of Applied Learning Technology.* 4(3). 12-20.

제 5 부

글로벌 안보와 시민교육

제 9 장 글로벌 안보

제10장 인간안보와 시민교육

Chapter

9 글로벌 안보

Ⅰ. 서론

전통적으로 안보는 주권국가의 필수 요소이며 토대로 여겨져 왔다. 국가는 국내외 위협과 분쟁으로부터 주권적 자율성을 지키는 주요 행위자로서 안보의 주체가 되어 온 것이다. 국민의 생명과 재산, 영토를 안전하게 보호하고 국가의 국제적 위신과 외교권을 보장하는 것은 주로 군사적 수단에 의한 국가의 행위로 인정되어 왔다 안보의 주체와 대상, 수단과 목표의 판단 행위자는 국가라는 국가중심접근(state-centered approach)은 제2차 세계대전의 종전 이후 냉전 시대를 거치면서 지속적으로 유지되어 온 견해이다.

이처럼 미국과 소련으로 상징되는 동서 양 진영이 대립하던 시기까지 국가안보는 군사안보와 동일한 개념으로 받아들여졌다. 군사적 위협은 국가안보를 유지함에 있어서 핵심적인 요인이 되었기 때문이다. 국제체제의 무정부적인 속성이 변화되지 않는 한 국가들은 자국의 생존과 독립을 스스로 책임져야 한다는 것이다. 전쟁이나 외부의 군사적 위협은 영토, 주권, 국민의 생명과 재산 등 국가의 모든 구성부분을 위협하기 때문에 국가의 생존을 위해서는 군사력을 증강시키는 것이 필수적이라는 견해가 전통적 군사안보 논리이며(라미경 2007, 101), 이것은 곧 안보 책임은 국가에 있다는 의미로 받아들여졌고 또한 통용되어져 왔다.

1990년대 냉전의 종식과 소비에트 블록의 해체는 안보연구가 기존의 국가중심에서 벗어나는데 매우 큰 영향을 주었다. 탈냉전 이후 잠재되어 있던 국가 내부 혹은 이웃 국가들 사이에 종교, 민족, 인종 문제를 둘러싼 분쟁들이 분출하기 시작하였다. 유고슬라비아와 체코슬로바키아 같은 동구권 국가들이 분리되면서 각기 다른 민족들은 타도되어야 할 타자들로 규정되었고, 결국 이들 사이에 잔인한 종족, 민족, 종교에 바탕을 둔 대규모 무력분쟁이 일어나게 된 것이다. 보스니아, 러시아, 코소보, 소말리아, 르완다 등에서의 잔인한 내전은 대규모 무력분쟁이 국가 단위가 아니라 국가를 초월한 인종과 종족 집단들 간에서도 일어날 수 있다는 것을 명백하게 보여 주었다(박한규 2007, 991). 국가와 군사력만으로는 해결되기 어려운 국제분쟁의 요인들이 널리 존재한다는 인식이 나타나기 시작한 것이다.

이러한 흐름 속에서 1989년 11월 9일 베를린 장벽이 붕괴된 이후부터 2001년 9월 11일 미국에 대한 테러리스트의 공격이 이루어지기까지의 기간에 안보에 대한 인간중심접근(human-centered approach)이 대두되었다. 그 요인은 첫째, 오랜 기간 국가와 시장이 점유하여 온 자유, 개발, 평화와 같은 영역에서 시민사회 혹은 공동체에 기초한 조직들이 중요한 역할을 독립적으로 수행해야 한다는 인식이 확대되었으며, 둘째, 개발의 기초 논리로 사용되어온 근대화 이론이 서구의 일방적인 역사관이며 이념이라는 비판이 대두되었고, 셋째, 동서 진영 간 냉전이 종결된 지역에 잠재되어 있던 혹은 작동하던 폭력적 분쟁이 힘의 공백 지대에 남겨지게 됨으로써 비국가행위자들이 국가 내부의 무력분쟁에 개입하게 되었다는 것으로 요약될 수 있다(Gruiters 2008, 56-57). 냉전시대에 유지되어 온 국가 중심의 안보 논리로는 해결할 수 없는 국제사회의 변화가 도래한 것이다. 국가 이외의 다른 행위자들이 얼마든지 국제사회의 주요 행위자로 활동할 수 있는 공간이 형성되었으며, 따라서 군사력에 기초한 주권국가의 역할은 제한적이거나 복합적인 형태로 변이할 수밖에 없게 된 것이다.

국제정치에 있어서 전통적으로 안보는 국민국가의 주권 영역에 속하는 것으로 간주되어 온 것이 사실이다. 즉, 안보는 한 국가가 외부의 군사적 위협이나 침략으로부터 자국의 주권, 국민, 영토를 수호하는 것을 의미하였다. 따라서 그 동안의 안보연구는 국가중심적 접근법으로 행해져 왔다. 그러나 1990년대에 들어서 냉전의 종식과 지구화의 진척이라는 거대한 변동들이 안보연구에 있어서 주된 안보대상과 행위자로 간주되어 왔던 국가의 정체성과 주권성을 약화시킴으로써(박한규 2007, 987) 안보에 대한 인식과 접근방식의 변화를 가져온 것이다.

이에 따라 안보에 관한 논의는 1990년대 소련의 해체 이후를 기점으로 개념의 확장과 이로 인한 혼란을 겪고 있다. 주지하듯이 냉전 시대의 안보는 주로 군사적 안보 위주의 국가안보(national security)를 지칭하는 것이었다. 외부의 침략이나 위협으로부터 국가의 영토와 주권을 수호하는 전통적 안보 개념이 주로 통용되었던 것이다. 그러나 국가간 국제분쟁이나 전쟁으로 인한 시민의 희생보다는 빈곤, 질병, 재난, 식량, 사고, 테러, 이민 등에 기인하는 사상자 수가 훨씬 많다는 인식이 확대되면서 개인의 행복과 안전관리와 관련된 인간안보(human security)에 대한 논의가 점차 증가하고 있다.

글로벌화(globalization)되고 있는 지구촌에서는 매일 약 16,000명의 어린이들이 빈곤과 관련된 사유로 사망하며, 전 세계적으로 약 10억 명이 빈곤으로 고통 받고 있고, 약 4,400만 명이 강제로 이주 당했으며, 26억 명 이상이 아직도 열악한 위생시설에 노출되어 있고, 약 14

억 명이 하루 1.25달러 이하로 살고 있다(Snarr & Sanrr 2012, 2). 따라서 '누구를 위한 안보인가?' 라는 질문과 함께 국가중심의 전통적 안보 개념 대신 개인의 안전이 안보의 준거가 되어야 한다는 인식이 확산되었고, 인간안보 개념이 국제사회의 주요 쟁점으로 부상하였다(이신화 2006, 63). 이와 같이 안보에 대한 인간중심접근은 국제공동체에서 국가가 인간개발과 인간안보를 보장하는 필수적인 역할을 수행한다는 것을 인정하면서도, 개인의 안전과 복지를 국가가 보장하는 것이 불충분하다는 인식에서 비롯된 것이다(Gruiters 2008, 55).

이 글은 글로벌세계에서의 안보란 그것이 국가가 주도하든 비국가행위자가 주도하든 복합적 성격을 띠고 있다는 점에서 출발한다. 전통적인 국가안보와 군사안보 영역의 존재를 인정하더라고 국제분쟁에서의 자국보호라는 논리에 더하여, 국민의 생명과 재산, 안전은 국내외를 막론한 다양한 원인과 상황에 의해서도 위협받을 수 있는 것이므로 국가 구성원들로서의 개인에 초점을 맞추는 인간안보 논리를 경시할 수는 없는 것이다. 또한, 인간안보와 관련된 문제들을 보면 기본적으로 국가의 경계를 넘어서 해결되어야 할 이슈들이 대부분이다. 국제적인 전염병이나 마약거래, 환경문제, 테러 등은 일국이 타국의 협력 없이 해결될 수 있는 것들이 아니다. 인간안보의 경우에도 글로벌안보와 관련된 여러 가지 변수들을 고려하지 않을 수 없는 것이다. 안보에 대한 논의는 국가안보와 인간안보를 막론하고 포괄적 수준에서 다루어져야 하며, 이에 대한 글로벌 차원의 인식이 필요하다는 것이 논점이다.

Ⅱ. 인간안보로의 개념 확장

안보는 개인, 지방, 국가, 지역, 세계 공동체가 존중하고 보호하여 온 인간의 기본 가치들에 대한 보호와 평화로운 추구를 의미한다. 이러한 안보에 대한 관점이 확대된 데에는 여러 가지 요인들이 작동하였기 때문이다. 첫째, 대량의 인명피해를 발생시킨 르완다와 유고슬라비아 사태와 같은 국내분쟁이 이에 방관한 국제사회에 큰 충격을 주었고 이에 대한 재검토가 시작되었다. 둘째, 전통적인 분쟁보다 더 많은 희생이 국내분쟁에서 발생하는 등 전쟁의 성격 변화에 대한 인식이 내전에서의 인간안보에 더욱 초점을 맞추게 하였다. 셋째, 글로벌안보의 최우선적 대상이 테러집단과 같은 비국가행위자에게 집중되었다. 글로벌 테러리즘의 등장은 안보에 대한 국가 중심의 관점을 변화시켜 안보이슈에서의 비정부기구의 역할에 관심을 갖게 되었다. 넷째, 국제사회의 행위자들이 인권침해, 환경파괴, 보건이슈, 이주민 증가, 과잉인구, 빈곤 등을 포함한 안보문제에 대한 비군사적 위협의 중요성을 인식하게 되었다. 다섯째, 유엔과 같은 국제기구들이 보건, 환경, 식량 등과 같은 글로벌 이슈들을 제기하면서 전쟁보다 훨씬 더 많은 인류가 이로 인해 고통 받고 있다는 사실을 지적하고 있다. 여섯째, 현재의 글로벌안보 상황은 제로섬적인 것이 아니라 국가에서 국가로 연결되어 발생한다는 점을 인식하게 되었다. 일곱째, 세계는 기술 발전에 의해 지구촌화 되어 가고 있으며 이것은 다양한 형태의 협력과 영향력을 발생시키고 있다(Snarr & Sanrr 2012, 124-127 참조). 따라서 독립적이고 고립된 형태의 안보 개념이나 논의 범주를 설정하면 현재 진행 중인 글로벌안보 상황을 제대로 이해하지 못하게 되며, 이러한 인식을 바탕으로 보다 확대된 안보 개념과 논의가 실제적인 타당성을 획득하게 된 것이다.

확장된 안보 개념으로써의 인간안보는 국가 내·외부의 물리적 폭력뿐만 아니라 다양한 비폭력적 위협들로부터 인간의 생존과 기본권을 보호하는 것을 의미하고 있다. 인간안보 지지자들은 안보대상이 국가에서 사람들로 바뀌어야 하며, 안보위협도 전통적인 군사적 안보위협뿐만 아니라, 환경파괴, 인권유린, 빈곤, 기아, 성차별, 마약, 국제범죄 등과 같은 비전통적인 위협들도 안보위협의 범주에 포함시켜야 한다고 주장하고 있다. 또한, 그 동안의 안보연구에 있어서 전통적으로 핵심적 행위자로 간주되었던 국가 이외에도 초국적 기구, 지방 NGO, INGO, 심지어 개인 등 다양한 비국가행위자(non-state actor)들도 주요 행위자로 포함하여야 한다고 주장한다(박한규 2007, 987).

UNDP(1994)는 인간안보의 영역을 경제안보, 식량안보, 위생안보, 환경안보, 개인안보, 공동체안보, 정치안보 등 7개 요소로 구분하여 안보 개념을 포괄적으로 규정하고 있다. 경제안보는 적정 수준의 삶을 구가할 수 있는 빈곤으로부터의 자유, 식량안보는 기아를 벗어난 수준 이상의 식량 확보, 위생안보는 건강한 생활을 영위하기 위한 질병으로부터의 보호, 환경안보는 자연재해 등으로부터의 안전, 개인안보는 각종 분쟁과 테러, 재난 상황으로부터의 보호, 공동체안보는 문화와 종족의 보존, 정치안보는 시민적 권리의 행사와 정치 권력으로부터의 자유를 의미하는 것이다(p.23). 이러한 정의는 공포로부터의 자유와 빈곤으로부터의 자유를 모두 포함하는 안보에 대한 개념 규정이므로 많은 동의를 구할 수는 있으나 선언적 정의에 불과하다는 비판도 면하기 어렵다. 따라서 UNDP의 인간안보 개념이 이론과 경험 차원의 함의를 획득하기 위해서는 전통적인 국가안보 영역 이외의 다른 외연을 확보한 개념으로 정의되어야 한다. 즉, 인간안보의 기본 출발점은 개인의 안전생활과 관련된 것으로 보고, 국가안보는 군사력을 기반으로 유지 보호되는 국민국가의 주권보호에 강조점을 둔 것으로 규정되어야 한다는 것이다.

일본 정부의 인간안보 개념은 UNDP의 포괄적이고 통합적인 개념과 매우 유사하다. 일본은 가난, 환경의 퇴보, 마약, 초국가적 범죄, 전염병, 난민 유출, 대인지뢰 등 인간의 삶과 생계, 그리고 인간의 존엄에 대한 위협에 대항하는 노력을 강화하는 관점에서 인간안보를 강조한다. 일본은 공포로부터의 자유(freedom from fear)와 궁핍으로부터의 자유(freedom from want) 모두를 강조한다. 반면, 캐나다 정부는 인간안보에 대해 다소 보수적이고 협소한 개념을 가지고 있다. 캐나다 정부는 인간의 권리, 안전, 생명에 대한 위협으로부터의 자유에 초점을 맞춘다. 즉, 캐나다 정부의 인간안보는 공포로부터의 자유이다(김갑식 2008, 71). 이것은 인간안보의 영역과 관련된 논쟁으로 이해될 수 있다. '공포로부터의 자유'를 인간안보 영역으로 보는 캐나다 정부의 지원으로 설립된 '개입과 주권에 대한 국제위원회'(ICISS)는 유혈분쟁 상황에 처한 민간인을 보호하는데 초점을 맞추었다. 이 위원회가 2001년 발표한 보고서 '보호책임'(R2P)은[34] 주권은 책임이며, 국제 공동체는

34) 'R2P'(Responsibility to Protect)는 주권국가의 가장 중요한 책무는 심각한 폭력적 위협으로부터 국민들을 보호하는 것이지만, 국가가 그렇게 할 의사가 전혀 없거나 능력을 상실하였을 때는 국가주권 불가침원칙의 존중보다는 그 보호의 책무를 국제사회가 대신할 수 있다는 선언이다. 국제사회의 주권에 대한 인도적인 군사적 개입의 기준은 국가에 의한 의도적이거나 비의도적인 대량학살, 국가 혹은 다른 정치집단에 의한 대규모 인종청소는 강제적 개입의 명확한 시발점이 될 수 있으나, 개입할 시 인도주의적 비상사태를 막고자 하는 정당한 의도, 군사적 개입이 마지막 수단이라는 확신, 사태의 심각성에 비례한 군사력의 최소필요한도의 사용, 개입의 성공에 대한 합리적인 전망이라는 원칙을 갖추어야 한다(ICISS, 2001, 박한규 2007, 996 재인용). 이러한 '보호책임' 원칙에 근거하여 미국과 NATO 동맹국들은 2011년 리비아 사태에 개입하여 ICC에 제소된 카다피 정권의 붕괴를 유도한 사례가 있다.

집단적 잔혹행위를 방지할 의무가 있다는 주장을 담고 있다. 이를 위해 외교적 관여와 함께 경제, 정치, 사회적 조치들이 사용될 수 있으며, 군사적 개입은 최후의 수단으로 간주된다. 이와는 달리, UNDP 보고서에서 포괄적 적용범위를 유지하자는 입장이 일본 정부와 코피 아난 사무총장에 의해 2001년 설립된 인간안보위원회(CHS)에 의해 주창되었다. 동 위원회가 2003년 발표한 보고서 '인간안보의 현재: 인간의 보호와 역량강화'는 인간안보의 두 가지 핵심 개념으로 인간의 기본권과 자유를 옹호하는 '인간보호'와 그들 자신의 이익을 위해 행동하는 능력을 강화하는 '역량강화'를 제시하고 있다(제성훈 2012, 34).35)

유사한 맥락에서 Gasper(2011)는 인간안보의 지형을 '역량강화'와 관련된 인간개발(human development)과 사회적 삶(social quality)의 중간 수준에서 파악한다. 인간개발이란 개별적인 사람들의 생활을 좀 더 향상시킬 수 있는 삶의 토대에 강조점을 두는 것이며, 사회적 삶이란 사람들의 개인적 능력이 사회 속에서 실현하는 좋은 삶에 관심을 가지는 것이다. 그러므로 인간안보는 인간개발 개념에 기본적인 안정성과 요구를 추가 반영한 것으로 개인의 안전한 생활과 지속가능성, 사회적 관점에서의 개인의 역량강화와 사회적 통합과 응집성을 포함하는 평화, 건강, 생태계, 인권을 지향하는 것으로 정의될 수 있다(pp.92-94 참조). 즉, 개인 개별적 접근과 사회 국가적 접근의 중간에

---

35) 유엔 인간안보위원회가 제시한 인간안보의 10가지 영역은, 폭력분쟁에서의 보호, 무기확산으로부터의 보호, 이주에 관한 안전 지원, 분쟁상황 이후를 위한 인간안보 이행 펀드 설립, 극빈자의 이득을 위한 공정한 무역과 시장 장려, 어디서나 최소 생활수준 제공, 기본 의료의 보편적 접근 우선시, 특허권을 위한 효율적이고 공평한 지구적 시스템 발전, 보편적 기본 교육으로 모든 사람들의 역량강화, 다양한 정체성과 소속을 가질 개인의 자유를 존중하면서, 지구적 인류 정체성(global human identity)의 필요성 명확화이다(제성훈 2012, 34-35). 인간안보의 영역을 공포와 궁핍으로부터의 자유의 접선 속에서 규정하고 있는 것이다.

위치한 안보에 대한 접근 방식이 인간안보라는 관점이다.

이와 같은 인간안보 개념을 둘러싼 현재까지의 논의는 공포로부터의 자유만 포함시킬 것인가, 공포와 궁핍으로부터의 자유 모두를 고려할 것인가에 초점이 맞추어져 왔다. 빈곤, 자연재해, 강제적 이동, 신체적이고 구조적인 폭력 등과 같은 특정 요인들로부터의 자유(freedom from)는 개인을 보호하는 최소한의 인간안보라는 점에서 협의의 인간안보 개념이라 할 수 있다. 이에 대해 광의의 개념은 부와 자아실현을 위한 인간 개개인의 능력, 권리, 활동 등을 실현할 자유(freedom to)를 부여하는 최대의 인간안보로 정의할 수 있을 것이다. 최소한의 인간안보가 인간의 생존 자체를 보장하는 것이라면, 최대의 인간안보는 모든 개인이 자원의 자유로운 확보와 정치적 · 사회적 영역의 자격 확대로 삶을 최대한 즐길 수 있는 권리를 보장 받아야 비로소 가능하게 된다. 인간안보의 광의의 정의가 최대 안보의 증대를 모색하는 반면, 협의의 정의는 개인에 대한 최소한의 안보를 어떻게 보장할 수 있는가를 강조하는 것이다(이신화 2006, 73-74).

여기서 중요한 것은 인간안보에 대한 정의가 광의든 협의든 또는 어떤 것이 되든지에 상관없이 기존의 안보에 대한 접근 방식에 심각한 문제가 있다고 지적하면서 이것을 의도적으로 개선하려는 분석 틀을 제공한다는 점이다(McCormack 2008, 117). 물론, 인간안보 개념에 대한 총체적인 접근법은 안보에 대한 정의의 무한한 확장성으로 인하여 불필요한 과잉 추론과 담론을 양산해 내며, 실질적으로는 구호 수준에 그칠 위험성을 내포할 수는 있으나, 그것은 충분한 식량과 깨끗한 물, 향상된 의료 서비스에 대한 접근 가능성 등 구체적인 정책과 연계된다는 점에서 비판을 넘어서는 구체적인 의미를 지닌 것으로 해석되어야 한다(Ewan 2007, 184-185). 결국, Fakiolas(2011)가 지적하였듯이 인간안보와 국가안보는 분리된 것도 동일한 것도 아닌, 서로 연계된 공통점을 가진 인간을 위한 인간의 노력의 생성물로 여겨져야 한다(p.370).

인간안보는 매우 다양한 수준에서 정의되고 있는 것이 사실이다. 인간안보의 개념은 인간의 생명과 기본권을 위험하게 만드는 정치, 사회, 경제, 환경과 관련된 모든 위협들로부터 인간을 보호하는 것이며(박한규 2007, 994), 빈곤, 질병, 억압과 같은 만성적인 위협으로부터의 안전과, 가정, 직장, 공동체 등에서 갑작스럽고 위험하게 발생하는 일상적인 생활의 붕괴로부터의 보호로 정리할 수 있다(UNDP 1994, 23). 이런 관점에서 전통적인 국가안보와 확장된 인간안보 개념을 통칭하면서 이를 융합적 관점에서 해석하는 포괄안보 개념에 대한 이해가 필요하다. 국가 구성원으로서의 시민의 생명과 재산을 보호하고, 만민의 적정 수준의 삶을 보장하는 포괄적 안보 개념이 글로벌 차원에서 정립되고 실행되는 것이 현실 국제사회에 적합한 안보 체계라고 볼 수 있다.

Ⅲ. 안보 개념의 쟁점과 포괄성

일반적으로 국가안보는 외부의 위협으로부터 국가의 생존 보장을 위해 영토와 주권을 보호하는 것을 의미한다. 이에 비해 인간안보 개념은 안보의 대상과 위협에 대한 새로운 시각을 제시해 주고 있다. 인간안보는 국가가 아니라 개인이나 공동체를 안보의 대상으로 규정하며, 국가 외부의 위협이 국가 내부에서 일어나는 개인이나 공동체에 대한 위협보다 우선한다는 주장에 회의적이고, 이를 실현하는 과정에서 개인, 공동체, 그리고 국가 사이에 긴장관계가 나타날 가능성을 상정한다(제성훈 2012, 32). 요컨대, 인간안보 개념은 현 시대의 안보이슈에 대한 이해력을 제고시켜 준다. 안보에 대한 전통적인 관념은 보다 광범위하고 포괄적인 개념으로 진화하고 있으며, 이에 따라 주권에 대한 전통적인 관념이 재검토되고 있으며 시민들의 안전도 큰 관심의 대상이 되고 있다. 범세계적인 테러 네트워크는 주권국가에 관련되지 않은 행위자들의 중요성이 증가하고 있음을 보여준다. 리비아의 경우 무고한 시민들을 보호하기 위하여 외부의 동맹이 국가주권을 침해할 수 있다는 점을 보여 주었으며, 일본의 경우 평화로운 핵에너지 사용의 중요성이 지구상의 안보적 관심을 불러일으킨다는 점을 보여준 사례이다. 안보는 더 이상 국가와 군사분쟁의 영역이 아니라(Snarr & Snarr 2008, 136-137) 글로벌세계의 복합적 현상이라는 것이다.

여기서 문제가 되는 것은 국가안보와 인간안보를 글로벌안보 체계 속에서 고유한 적용 범주를 지닌 개념으로 정의할 경우 명백한 외연과 내포의 설정이 어렵다는 점이다. 국가안보와 인간안보는 사실상 상호 중첩적인 영역의 존재로 인하여 언제든지 충돌이 일어날 수 있는 개념이 되었기 때문이다. 국가안보의 경우에도 일정한 개념 범주의 확장 현상이 일어나고 있다는 것을 부인하기 어려운 것이 글로벌세계이다. 국제사면위원회, 국경없는 의사회, 그린피스와 같은 비정부기구들의 활동은 오늘날 점증하는 상호의존의 국제정치 시대의 두드러진 현상인 탈 국가적 상호작용을 낳고 있다. 따라서 상호의존과 협조를 통한 공동의 이익추구를 수용하는 차원에서 국가안보의 영역이 군사문제 외에 경제, 사회, 환경, 자원문제 등 다양한 논의로 확대된 것이다. 즉, 포괄적인 안보 개념으로 확대된 것이다(라미경 2007, 102). 인간안보 개념의 영역 확장은 개인과 공동체, 국가 간 안보 긴장 상태를 유발할 수 있으며, 국가안보 영역의 접속 영역과 맞닿아 중첩과 갈등의 문제를 생성시킬 수 있는 것이다.

국가가 인간안보를 심각하게 침해할 경우 국제사회가 보호책임을 진다는 문제와 관련하여 서보혁(2012)은 인간안보에 대한 국제적 공감대와 개입의 공정성 및 책임성 차원에서 중첩과 갈등에 관하여 이야기 한다. 일부아시아 국가들에 있어 인권의 보편성은 받아들여지지 않고 있으며, 일부 서방 국가들에서는 사회권이 외면 받고 있는 실정이고, 동아시아 국가들에서 인간안보는 서양의 가치와 정치체제를 비서양 국가들에 강요하기 위한 것으로 비쳐지기도 하며, 선택적인 인도주의적 개입에 대하여 남반구 국가들과, 특히 그 시민사회는 인간안보를 냉소적으로 보기도 한다는 것이다(p.84). 인간안보에 대한 해석과 적용 현실이 국가사회의 전통적인 안보 개념과 상충한다는 지적이다. 관념상으로 보았을 때, 국제사회의 보호책임은 국가주권의 경계를 넘어서는 것이므로 결국 인간안보의 영역이 국가안보의 영역을 침범하는 것으로 간주된다. 이것은 안보 개념 간 충돌 현상으로 현실 세계에서는 주권침해나 내정간섭, 외교단절, 경제규제, 전쟁과 같은 국제분쟁의 형태로 비화되어 나타날 수도 있다. 따라서 안보 개념의 포괄성을 인정하는 관점의 발견 혹은 도입이 필요한 것이다.

이와 관련하여 김갑식(2008)은 노무현 행정부의 위기관리체제를 인간안보와 관련하여 분석하면서 그 특징을 '포괄적 안보'(comprehensive security) 개념에 따라 전통적 안보, 재난, 국가핵심기반 분야의 위기를 망라하고 있다는 점에서 찾는다. 즉, 포괄적 안보개념을 상위 정치(high politics) 중심의 정치적·군사적 측면의 안보와 하위 정치(low politics) 영역의 비정치적·비군사적 측면의 안보를 포함하는 것으로 정의한다(p.73). 이신화(2008)는 포괄적 안보는 그 분석 수준이 국가라는 점에서 인간안보와 구별된다고 본다. 포괄적 안보의 개념은 국가와 체제의 안보가 정치적 질서와 안정, 그리고 경제성장을 확립함으로써 실현될 수 있다는 신념에서 비롯된 것이며, 따라서 포괄적 안보를 촉진하는 주요 행위자는 국가가 되는 것이다. 이와 대비하여 인간안보는 무엇보다 개인에 중점을 두면서 달성되는 것이며, 포괄적 안보가 다루는 범위들을 넘어서 개인의 권리, 자유, 그리고 안전을 확보하는데 주력하는 것으로 본다(p.75). 포괄적 안보가 지향하는 내용은 정치와 비정치, 군사와 비군사적 영역을 망라한다는 점에서 인간안보 영역과 중첩되지만 국가라는 안보의 주체와 범주를 전제하는 개념으로 간주하는 것이다.

안보에 대해 개인중심-인간중심을 지향하는 인간안보의 포괄성에 대해서 Newman(2001)은 인간의 필요, 개입, 사회보장, 신안보적 관점에서 접근한다. 인간의 기본 욕구를 반영한 정의는 공포와 빈곤으로부터의 자유를 의미하는 일반적 접근이며, 개입이란 시민보호에 실패한 국가에 대한 인도주의적인 확신에 의한 개입이고, 사회보장은 문화 다양성과 지속가능한 발전에 초점을 두는 개발 지향 접근을 말하며, 신안보(new security)란 정치, 경제, 기술의 변화에 수반되는 전염병, 마약, 테러, 사이버전쟁, 인신매매 등과 같은 비전통적인 위협에 주목하는 접근 방식을 의미한다(pp.243-247 참조). 결국, 인도주의적 개입이나 정치, 경제, 문화, 기술 등을 포함하는 인간안보의 다양한 차원은 안보의 포괄적 속성을 반영한 것으로 볼 수 있다. 포괄적 안보란 전통적인 국가안보와 인간안보 영역의 교차 부분을 포함하면서 그 주요 행위자 및 대상, 범주를 개인-인간중심 혹은 국가-주권중심 중에서 어떤 방향으로 해석하는가에 따라 인간안보적 측면 또는 국가안보적 측면을 강조하는 개념으로 정리할 수 있을 것이다.

이런 논리에 근거하여 본고에서는 포괄적 안보에 대한 논의를 체계화하여 새로운 포괄안보 개념을 도입하고자 한다. 포괄안보를 굳이 국가의 안정과 질서, 발전에 중점을 두면서 인간안보와 중첩되는 것으로 보는 기존의 포괄적 안보 관점의 정의는 국가안보, 인간안보, 포괄안보[포괄적 안보]의 개념화를 더욱 어렵게 하고 실용적인 용어로써의 유용성도 저하시킨다. 따라서 포괄안보는 군사적인 측면을 주요 아젠다로 하는 국가안보뿐만 아니라 국민의 개인적 측면에서도 중요한 정치, 경제, 사회, 문화, 환경 등의 영역을 망라하는 인간안보를 포괄하는 개념으로 정의하는 견해의 도입이 필요하다. 이것은 단순히 국가안보와 인간안보를 포함하는 것이라기보다는 합당한 조정을 담아낸다는 의미를 가진 정의로 여겨져야 한다. 국가라는 합법적 폭력을 정당하게 구사할 권한을 가진 주권적 집단과 개인이라는 국가권력의 출발점을 모두 고려해야 안보에 대한 올바른 정의가 성립된다는 입장으로 볼 수 있다.

〈그림 1〉 안보 개념의 교차 스펙트럼

위의 〈그림 1〉은 지금까지 논의된 인간안보, 국가안보, 포괄안보 개념을 중심으로 안보 개념의 스펙트럼을 수평적으로는 '개인-국가' 차원에서, 수직적으로는 '연성-경성' 차원에서 도시한 것이다. 여기서 '개인-국가'는 안보의 주체와 대상을, '연성-경성'은 안보의 내용과 방법을 기준으로 구분한 것이다. 안보의 주체 및 대상은 개인, 사회, 지방, 국가, 지역, 국제적 수준에서 가름해 낼 수 있으며, 내용과 방법은 안보의 속성이 적극적인가 소극적인가를 일상생활과의 관련성 정도에 따라 분류한 것을 말한다. 인간생활과 밀접한 구체적인 안보 영역인 안전, 위생, 문화 등은 연성(soft)으로 볼 수 있으며, 일상과 비교적 거리가 먼 국가의 정치권력적 행위와 관련된 것은 경성(hard)으로 판단한 것이다. 따라서 인간안보는 개인과 국가 영역을 포괄하면서 연성에 속하므로 '개인-연성-국가' 국면에, 국가안보는 국가와 개인 영역을 포괄하면서 경성에 속하므로 '국가-경성-개인' 국면에 배열될 수 있으며, 포괄안보는 인간안보와 국가안보를 포함하는 글로벌안보 개념으로 볼 수 있으므로 안보의 교차점에 놓일 수 있는 것이다. 여기서 부가적으로 제시한 사회안보는 공동체의 문화 활동과 관련된 영역이므로 '개인-연성' 국면으로, 국제안보는 사회적 안보를 포함하는 국가 주도의 영역이므로 '국가-연성' 안보 국면으로 배치하였고, 지역안보는 지역적 수준의 군사동맹에 의한 안보를 의미하므로 '국가-경성' 국면에 배열하였다. 인간안보적 영역인 정치안보는 개인생활과 국가생활에 동시에 관련된 것으로 해석하여 '개인-경성' 국면에 별도로 도시하였다는 것을 밝힌다.

Ⅳ. 글로벌 안보의 체계적 인식

글로벌화는 국민국가의 경계를 초월하여 상품, 자본, 자원, 사람들이 지구적 차원에서 자유롭게 이동하는 것을 가능하게 해주고 있다. 이러한 현상은 전통적인 안보 논의에 있어서 핵심적인 요소였던 국민국가의 주권성과 영토적 경계를 상당히 약화시키는 결과를 초래하였다(박한규 2007, 991). 글로벌사회의 안보 체계는 새로운 이론적 관점이나 패러다임, 준거 체계에 의해서 인식될 필요가 있는 것이다. 글로벌 시대의 안보에 대한 인식은 현실세계에서 달리 재현될 수밖에 없는 것이다. 인식의 차이는 안보의 다양한 차원에서 발생하는 불평등하고 불균등한 안보체감, 전통적인 국가주권에 대한 재해석 논쟁, 글로벌시민공동체에 대한 인정의 심도와 관련되어 있다.

첫째, 불균등한 안보에 대한 체감은 국내외적 범주에서 모두 관찰된다. 선진국과 개발도상국, 미개발국을 막론하고 국내적 수준에서의 빈부격차와 안전지대에의 접근가능성의 편차로 인하여 사람들은 안보개념을 다른 렌즈로 볼 수밖에 없으며, 글로벌 수준에서 지구 남반구와 북반부 국가의 경제적 격차의 심화와 대륙별 문명화 정도의 차이는 그 지역에 거주하는 개인과 집단, 국가 간 안보에 대한 인식을 달리하게 하고 있다. 2011년 발생한 일본의 쓰나미와 후쿠시마 원전 사고는 '재난 원점으로부터 보다 멀리' 이주를 가져왔으며, 2015년 격화된 시리아 내전과 중동지역의 이슬람국가(IS)의 교전단체화 양상은 지역적 비인간화와 난민 양산을 불러와 유럽지역의 문제로 비화되고 있는 것이 사실이다.

둘째, 주로 인간안보로의 안보 개념 확대에 따라 발생하는 문제로 국가주권의 대내적 최고성과 대외적 독립성의 보장에 대한 재인식이다. 미국과 같은 초강대국이나 중국과 같은 지역 패권국가 등 이미 안정화된 강대국의 주권은 여전히 공고한 것이 사실이다. 하지만 인종과 종교적 갈등에서 발생하는 지역적 불안정성이나 국가 내부의 종족 분쟁을 겪고 있는 국가들의 주권 상황은 다르다. 이것은 인도주의 개입(humanitarian intervention)과 관련하여 설명할 수 있다. 인도적 개입과 관련된 논란은 내전이나 국가탄압에 의해 집단학살, 고문, 대대적인 인권유린 등과 같은 인도주의적 비상사태가 일어났을 때 국제사회가 언제, 어떻게, 어느 정도로 개입하여야 하는가의 문제이다(박한규 2007, 995). 전통적인 관점에서 보면 주권국가에 대한 개별 주권에 대한 간섭은 어떤 경우든 용납되지 않는 것이 원칙이며 불필요한 내정간섭은 국제평화를 위협할 수 있다는 논리가 성립된다. 하지만 인간안보 주창자들은 2001년 성안된 'R2P' 조항에 의거하여 국제사회의 개입이 필요하고 또한 불가피하다고 인정한다. 그러나 이 경우에도 군사적 개입은 인권에 대해 현존하는 명백하고도 확실한 위험이 가시화될 경우에 한하여야 한다는 입장이 수용되고 있다. 말하자면, 국가주권에 대한 간섭이 허용되나 그 정도에 대한 합의에는 이르지 못하고 있는 것이 현실이다.

셋째, 안보에 대한 글로벌 인식에서 중요한 행위자 혹은 주체(agent)로 등장한 것이 국제비정부기구(INGO)로 통칭되는 글로벌시민공동체(GCC)이다. 글로벌시민공동체는 정부기구의 지원을 받지 않는 자발적인 글로벌시민들의 결사체이다. 글로벌 환경, 인구, 위생, 인권, 빈곤, 테러, 젠더 등을 망라하는 광범위한 영역에서 발생하는 이슈와 문제들을 글로벌 차원에서 해결하려는 목적을 가지고 국제기구와 국가에 영향력을 행사하고 있다. 따라서 공식적인 환경 관련 이슈에서 국가 간 협력 활동이나 조약의 체결 과정에서 주체로서 혹은 참여자나 관찰자로서 관여하고 있다. 이 과정에서 국제사회의 강력한 행위자 역할을 수행하는 주권국가와 갈등을 빚기도 한다. 지구적 환경보호 단체인 그린피스(Greenpeace)나 인권보호 기구인 국제사면위원회(AI)는 종종 고래사냥 국가 혹은 핵실험 국가, 명예살인 국가 등과 마찰을 빚고 있다.[36] 이들은 국제사회의 제4권력으로 부각되어 활동의 정당성과 범위를 국제사회에서 인정받고 있으나 규제의 대상이 되기도 하는 것이다. 글로벌시민공동체의 국가 간 경계를 초월한 활동 범주와 심도에 대한 인정의 차이가 항시 존재하는 것으로 해석할 수 있다.

글로벌사회의 도래에 따른 안보상황은 다차원적으로 변이하고 있다. 개인적 차원에서 사람들은 보다 자유로운 국가 간 이동에 따라 불편한 국내분쟁이나 취약성에서 이탈하여 안정적인 국가로 이주하거나 비인간적인 희생을 감내하고 있으며, 사회적 차원에서 국내외의 다양한 집단들은 국가에 의한 안전보장에 대해 의문을 제기하면서 인도적 차원의 지원과 개입을 허용하는 국제사회의 조치들을 기대하고 있다. 국가적 차원에서의 안보는 여전히 공고한 상태로 유지되고 있으며, 이는 2015년 중국과 러시아의 대규모 열병식과 일본의 집단자위권 입법 등의 조치에서 나타나는 것처럼 힘에 의한 군사력 유지와 증강이 글로벌시대에도 통용되고 있다는 사실에서 증명된다. 한편 초국가 차원에서 지역 편차에 따른 전통적인 군사동맹과 연합, 연대가 강고한 상황에서도 새로운 주권국가의 개념과 세계정부를 향한 노력들이 나타나고 있

36) 일례로 인권에 관한 견해와 행동은 종교와 문화 차이로 인하여 국가 혹은 지역별로 명백한 차이를 보이는 경우가 많다. 특히, 여성의 인권과 관련하여서는 서구 자유주의 국가와 중동의 이슬람주의 국가, 아시아의 유교주의 국가 간의 접근방식은 매우 다르며, 이에 따라 심각한 갈등이나 외교적 문제가 발생하기도 한다. 인권과 관련된 문화보편주의와 문화상대주의 논쟁에 관하여는, Campbell, et al. 2010, 102-104 참조.

으며, 이는 국제연합(UN)과 국제형사재판소(ICC)와 같은 국제기구(IGO)와, 옥스팜(Oxfam), 월드비전(World Vision) 등의 글로벌시민공동체인 국제비정부기구(INGO)들의 활동이 예증해 주고 있다. 결국, 글로벌세계에서 안보에 대한 인식은 인간안보와 국가안보를 역동적으로 해석해 내는 포괄안보 차원에서 총체적으로 접근하는 것이 필요하다.

V. 결론

최근 한국사회는 2015년 북한의 지뢰 도발과 포격, 2014년 세월호 침몰 등으로 안전보장에 대한 관심이 어느 때보다 더 고조되어 있는 상황이다. 전통적인 남북한 군사적 대립에 의한 국가안보 상황과, 일상적인 시민생활 부문의 대형 재난 사고의 발생으로 인하여 어떻게 하면 안전한 생활을 구가할 수 있는가에 대하여 많은 논의와 성찰이 이루어지고 있는 것이다. 다시 말해, 국가안보와 인간안보의 영역에 해당되는 사건들이 동시다발적으로 발생하여 안보에 대한 국민의 관심이 고조된 상황이다. 여기서 발생하는 문제는 국가중심의 안보 접근과 인간중심의 안보 접근에서 비롯되는 개념과 현실의 갈등 양상이다. 이것은 국가 고유의 성격에 기인하는 주권과 인간 고유의 다양성에서 비롯되는 인권의 충돌로 재해석될 수 있다.

생각건대, 우리나라의 민주주의헌정체제는 국가주권은 국민으로부터 나온다는 주권재민 원칙을 선언한 공화주의를 채택하고 있다. 따라서 인간안보 개념은 본질적으로 국가주권에 대한 침해 논란을 유발하지는 않는다. 일정한 논리적 거리를 유지하고 있는 것이다. 국가주권이란 구성원으로서의 국민을 보호할 책임을 이미 내재하고 있는 개념이다. 인간안보 개념이 국가주권을 침해한다거나 이와 충돌하는 개념이라는 논리는 사실상 성립불가능하다고 보는 것이 옳다. 오히려 인간안보를 적극적으로 인정하고 보호하는 국가일수록 강한 주권을 수행하는 국가라고 볼 수 있을 것이다. 전통적인 국가안보와 문명화된 사회의 인간안보는 상호보완적인 교차 영역을 가지고 있는 셈이다.

위와 같은 기본 관점에서 본고는 글로벌세계에 적합한 안보 개념을 추구하였다. 글로벌안보에 대한 인식은 정치적인 군사력 위주의 국가중심 접근과, 안보의 궁극적 주체와 대상은 결국 인간이라는 개인중심 접근이 각각 그 개념 범주를 확장하면서 나타난 포괄적 안보로의 수렴 현상과 관련되어 있다. 안보 개념은 1990년대를 기점으로 냉전시대와 탈냉전시대로 구분되어 왔다. 즉, 동서 양 진영의 냉전시대의 안보란 힘의 논리에 의해 확보되는 경성안보(hard security) 형태를 나타냈으며, 소련 해체이후 등장한 다양한 비국가행위자들의 국제사회에서의 영향력 증대는 일상생활 속에서 의미를 가지는 연성안보(soft security) 양상을 심화시키는 경향을 띠고 있다. 그러나 각각의 안보 개념은 정치, 경제, 사회, 문화 측면에서 융합되는 글로벌세계의 현실을 반영하지 않을 수 없게 되었으며, 그것이 안보 개념의 확장과 중첩으로 이어진 것이다.

국가안보는 정치군사적 토대에 더하여 연성적인 형태의 비정치·비군사적 성격의 범주를 포함하게 되었고, 인간안보는 역으로 정치적이고 국가적인 요인을 고려하지 않으면 실질적으로 보장받기 어려운 상황에 직면하게 되었다. 이것은 개별적 인간의 인권보호가 어떻게 국가안보와 인간안보와 연계되어 있는지 성찰해 보면 귀결되는 논리이다. 인권에 대한 보장이 국내외적으로 심히 미흡한 상황이 발생하면 전통적인 안보 개념인 국가주권의 존중과 보호 원칙에도 불구하고 국제사회의 개입이 가능하게 되어 기존의 전통적인 국가안보 개념이 인간안보에 의하여 희석되는 현상이 나타난 것이다. 이것을 반대로 보면 개별적 인간의 인권이란 결국 국가안보의 경계 속으로 들어가야 해결 가능하다는 논리가 성립된다. 인권보호란 각국의 안보 개념에 대한 실질적 해석으로 여겨지는 정책에 의하여 현실세계에 구현될 수 있는 것이기 때문이다.

글로벌세계의 안보는 인간안보와 국가안보를 포괄적 수준에서 이해하는 포괄안보 형태를 띠고 있다. 안보에 대한 개인중심 접근인 인간안보와 국가중심 접근인 국가안보의 글로벌 수렴 현상을 굳이 국가를 토대로 해석하려는 기존의 포괄적 안보 개념은 수정과 보완이 필요하다. 이런 관점에서 도입한 추가적 함의를 내포한 포괄안보 개념은 개인의 안전한 일상생활과 국가의 자율적 주권을 연성안보와 경성안보의 스펙트럼 속에서 동시에 고려하는 체계적 안보 개념이다. 글로벌세계에 나타나고 있는 안보 현상은 개인, 사회, 지방, 국가, 지역, 지구 수준에서 다차원적으로 배열되고 있는 것이 현실이다. 포괄안보 개념은 총체적이고 융합적인 글로벌안보의 속성을 인간안보와 국가안보의 확장된 교차점에서 인식하게 해주는 분석의 틀을 제공해 줄 수 있을 것으로 본다.

참고문헌

김갑식. 2008. "노무현 행정부의 위기관리체계: 인간안보와 재난관리의 접목 가능성." 『북한연구학회보』. 12(2). 65-86.

라미경. 2007. "동아시아의 인간안보와 공적개발원조(ODA)." 『전략논단』. 6. 99-118.

박한규. 2007. "지구화 시대에 있어서 안보 개념의 다차원적 분석: 인간안보를 중심으로." 『국제지역연구』. 11(3). 985-1004.

서보혁. 2012. "인간안보에 있어서 국가의 역할 연구." 『동북아연구』. 27(2). 73-100.

이신화. 2006. "동아시아 인간안보와 글로벌 거버넌스." 『세계정치』. 5. 63-114.

제성훈. 2012. "러시아의 인간안보. 러시아연방 인문공간 연구." 연구노트. 32-37.

Campbell, P. J., MacKinnon, A., and Stevens, C. R. 2010. *Global Studies*. MA.: Wiley-Blackwell.

Ewan, P. 2007. "Deepening the human security debate: beyond the politics of conceptual clarification." *Politics* 27(3). 182-189.

Fakiolas, E. T. 2011. "Human and national security: a relation of contradiction or commonality?." *Southeast European and Black Sea Studies* 11(4). 369-384.

Gasper, D. 2011. "The human and the social: a comparison of the discourses of human development, human security and social quality." *International Journal of Social Quality* 1(1). 91-108.

Gruiters, J. 2008. "Human security ad development: an ambivalent relationship." *Security and Human Rights* 1. 54-63.

ICISS. 2001. *The Responsibility to Protect, Report of the ICISS*. Ottawa: International Development Center.

McCormack, T. 2008. "Power and agency in the human security

framework." *Cambridge Review of International Affairs* 21(1). 113-128.

Newman, E. 2001. "Human security and constructivism." *International Studies Perspectives* 2(3). 239-251.

Snarr, M. T. and Snarr, D. N. 2012. *Introducing Global Issues*. 김계동 외 역. 2015. 『세계화와 글로벌 이슈』. 서울: 명인문화사.

UNDP. 1994. *Human Development Report 1994*. N.Y.: Oxford University Press.

Chapter

10 인간안보와 시민교육

Ⅰ. 서론

선진 복지국가로 나아가야 하는 한국사회의 가장 큰 문제점 중의 하나가 포괄적 의미에서의 안전보장과 관련되어 있다. 60년대 이후 지속되어 온 국가와 기업주도의 성장과 개발은 90년대에 들어서면서 건물과 교량의 붕괴, 비행기의 추락, 지하철 화재, 수련 시설 및 요양원 화재, 선박의 침몰, 축제 압사 등에 의한 참사를 예방하지 못하였다. 일상적인 생활 속에서 시민들의 안전을 담보하기에는 한계 상황을 드러낸 것으로 볼 수 있다. 이에 더하여 군사안보 영역에서도 천안함과 휴전선 지뢰 도발이라는 중대한 도전을 받기에 이르렀다.[37] 어느 때 보다도 현실적인 위험을 감지한 국가 시민사회는 안보에 대한 인식을 새롭게 해야 할 시기를 맞이한 것이다.

전통적으로 안보는 외부의 군사적 위협으로부터 주권과 국가의 영토적 통합성을 보호하는 것을 의미했다. 이것이 바로 국가안보(national security) 개념의 핵심으로 냉전기의 안보 분석과 정책 결정을 지배해 왔다. 1970년대 1980년대에 중동의 석유 위기와 세계적인 환경 문제

37) 성수대교 붕괴(1994), 삼풍백화점 붕괴(1995), 아시아나기 추락(1993), 대한항공기 추락(1997), 대구지하철 화재(2003), 천안함 폭침(2010), 세월호 침몰(2014), 장성요양원 화재(2014), 휴전선 지뢰도발(2015), 이태원 참사(2022) 등 국가와 시민사회의 안전한 생활을 위협하는 대형 참사들이 연이어 발생하였다.

악화에 대한 인식이 증가하면서 안보를 비군사적인 관점까지 포괄하는 개념으로 생각하기 시작했다. 하지만 국가는 여전히 안보의 대상 또는 보호해야 할 본질로 간주되고 있었다. 인간안보(human security) 개념은 이러한 국가 중심 안보 개념을 벗어나 개인을 안보의 주된 대상으로 삼는다(Baylis, eds., 하영선 외 역 2012, 590). 여기서 말하는 개인이란 단순한 의미에서의 인간 개개인을 말하는 것이라기보다는 국가와 시민사회, 다른 개인들과 접속된 연결체로서 보아야 한다. 개별적 존재로 떨어져 나온 개인이란 안보의 대상 혹은 주체로서의 가치를 상실하기 때문이다.

같은 맥락에서 인간안보 개념의 중요성을 공론화시킨 유엔개발계획(UNDP 1994)의 '인간개발보고서'는 개인의 측면에서 바라 볼 때, 사람은 한 나라에 속한 국민이기에 앞서 인류의 한 구성원이기도 하다는 점에 주목한다. 이 보고서는 안보를 기존 안보의 주요 쟁점인 군사적 요소뿐만 아니라 경제, 자원, 환경 등 비군사적 요소까지 포함하도록 확대하고 있다. 또한 보호해야할 안보의 대상도 국가 중심에서 인간의 복지와 안전에 보다 많은 비중을 두고 있다. 즉, 인간안보란 안보의 초점을 국가로부터 인간으로 전환하여 다양한 위협으로부터 인간의 생명과 재산, 기본권을 보호하는 것을 핵심 의제로 삼고 있다.

인간의 생활을 유지시키고 향상시켜주는 전제로서의 안보의 문제는 시민형성과 밀접하게 연결되어 있다. 국가사회의 시민형성을 담당하는 시민교육(civic education)은 인간과 국가, 인간과 인간, 인간과 자연의 건전한 관계 설정을 통한 지속가능한 인간개발을 담보해주기 때문이다. 일반적으로 시민교육은 사람들 사이의 이익과 이념과 관련하여 발생하는 갈등과 협력에 관한 정치학 연구의 문제와 깊이 관련되어 있다. 정치집단 간 투쟁과 조정의 과정, 공정한 민주적 구조의 구현, 불공정과 평등의 문제와 관련된 정부의 역할 등은 전통적인 시민교육과 정치학의 주제이다(Junn 2004, 253). 다시 말해, 시민교육은 정치적 인간의 형성 과정을 안내하고 정치체계의 구성원들이 시민으로서 정치생활을 하면서 정치과정에 참여하는 근거 논리와 방법을 제공하는 역할을 수행하는 것이다.

글로벌사회의 시민교육은 안보에 관한 개념과 다층적으로 네트워크화 되어 있다.[38] 현실세계에서 인간의 일상생활은 환경, 재해, 빈곤, 전쟁, 질병, 인권 등의 초국가적 의제와 연결되어 있으므로 필연적으로 시민형성 과정은 국가와 개인, 글로벌 수준에서 발생하는 안보 현상과 접선하게 되는 것이다. 지구화된 일상생활 속에서 국가와 집단, 개인들로부터 발생하는 여러 국면의 정치과정을 이해하여 투입과 산출의 비교로부터 정치적 효능감(political efficacy)을 인식하고, 다차원의 안보와 관련된 정치의 중요성에 대하여 학습한다는 것은 적극적인 정치참여를 통한 민주주의 유지와 발전에 큰 영향을 미칠 수 있다. 이 점에서 시민교육은 국가와 그 구성원들의 일상에서의 안전보장과 밀접한 연계성을 가질 수밖에 없는 것이다.

안보에 관한 담론은 전통적으로 국가에 대한 물리적 위협 패러다임을 넘어서 인간에 대한 광범위한 위협으로 이행하고 있다. 인간안보는 냉전시대의 국가 간 분쟁과 대립이 감소하면서 등장한 글로벌 시대와 신냉전 시대의 가능성으로부터 연유한 개념이다. 즉, 새로운 안보 위협요인으로 국가 내부의 분쟁, 테러리즘, 환경오염, 식량위기, 자원고갈, 질병과 마약의 창궐 등은 인간안보 개념의 출현을 가능하게 하였다(Pietsch & McAllister 2010, 226-277). 그러나 인간안보에 대한 정

38) 글로벌사회의 시민교육에 관하여 김용신(2013)은 '뉴런에서 글로벌로, 글로벌에서 뉴런으로'(neuron to global, global to neuron)라는 상호교차의 원리를 제시하여 설명하고 있다(pp.37-41 참조).

의는 너무나 많은 것을 추구하는 것으로 확장되어 개념적으로 모호하고 결국에는 아무 것도 지칭하지 못하는 용어라는 비판을 받는다. 인간안보는 본질적으로 일상생활을 위협하는 위험 요인들로부터 사람들을 보호하는데 관심을 가진 개념이다. 즉, 위협 요소들이 인위적이든 자연적이든, 국가 외부에 있든 내부에 있든, 직접적이든 구조적이든 상관없이 인간안보를 규정하는 현상으로 간주되는 것이다(Nagy 2013, 63). 따라서 인간안보 개념은 원천적으로 경계를 획정하기 어려운 개념이 될 수밖에 없다.

최근 안보의 개념적이고 실제적인 지향은 전통적인 군사력에 의한 안보 영역이 확장되고 있다는 점을 인정하여 글로벌사회의 안보는 포괄안보라고 지칭될 만큼 폭 넓게 다층 다중화 양상을 띠면서 복잡하게 진화하고 있는 것이 특징이다. 본고는 이러한 점에 주목하면서 한국사회의 시민교육에서 인간안보 개념의 중층적이고 위계적인 구조를 밝혀나가고자 한다. 주지하듯이 시민교육을 담당하고 있는 사회과교육은 인간안보에 관한 교육적 정의를 제대로 내리지 못하고 있는 실정이며, 이것은 실제 시민교육 관련 교육과정이나 교과서 등에 인간안보교육 관련 단원이나 주제가 제대로 반영되지 않는 현실로 나타나고 있다. 국가사회의 중대한 필요성에 부응하는 인간안보 개념에 대한 이해와 교육적 실천이 모색되어야 할 시점인 것이다. 따라서 안보와 인간안보 개념을 연계지어 그 의의를 밝히며, 인간안보의 재개념화와 시민교육과의 위계적 관련성을 검토한 후, 인간안보교육을 위한 논리를 규명해 내고자 한다.

Ⅱ. 인간안보의 재개념화

1. 인간안보의 의미와 모호성

안보 개념은 국가와 국제사회, 글로벌사회의 도래와 연계되어 있다. 1648년 웨스트팔리아(Westphalia) 조약 이후 국민국가 체제의 등장과 함께 전통적으로 안보는 영토와 주권을 지키고, 국민의 생명과 재산을 보호하는 국가안보를 의미하였다. 이러한 국가안보 개념에서는 당연히 국가가 주된 안보대상이자 행위자가 되었다. 국제안보는 국가들이 현실주의자들이 주장하는 안보 딜레마를 완전히 극복할 수는 없다 하더라도 국제협력 혹은 국제제도 형성을 통해 자국의 안보뿐만 아니라 국가들 사이의 공동의 안보를 달성할 수 있다고 보는 관점이다. 글로벌안보는 21세기의 지구화 과정에 따라 기존의 국가의 경계를 초월하여 글로벌 경제체제, 글로벌 커뮤니케이션, 글로벌 문화 등과 같이 전 세계의 국민들을 하나로 묶는 지구사회가 분명한 모습을 드러내면서 국가 중심의 안보 개념보다는 국민, 민족, 인종의 경계를 초월한 인류 전체가 폭력, 환경, 기아, 빈곤, 질병, 인권 문제와 같은 지구적 위협들에 공동으로 대처해야 한다는 주장을 펼친다. 여기서 진일보한 개념이 인간안보이다(박한규 2007, 988-994 참조). 이처럼 안보 개념은 냉전 종식 이후 지구화 과정을 거치면서 상당한 정도로 확대되어 온 것이 사실이다. 정치, 경제, 사회, 문화, 환경 영역을 포함하는 개념으로 전이하고 있는 상황이다. 기존의 안보에 대한 정의는 주로 군사 중심의 고전적 안보에서 비교적 근래에 이르러서는 비군사적 요소도 동시에 고려하는 포괄적 안보로 변화하고 있다. 국가안보에서 인간안보, 국제안보에서 글로벌안보로의 개념 확장 현상이 나타난 것이다.

역사적으로 안보 분야에 대한 연구는 국가 간 전쟁이나 전쟁을 방지하려는 국가안보정책에 초점을 맞추어 왔다. 그러나 냉전이 종식되고 세계화가 진전되면서 정책결정자들, 학자들, 비정부기구들, 심지어는 군인들도 어떻게 하면 보건과 번영에 대한 초국적 위협을 방지하는가에 안보의제를 설정하고 있다. 인간안보로 규정되는 이러한 접근은 인간이 빈곤, 인권침해, 환경파괴 등과 같은 이슈에 의하여 얼마나 영향을 받는가의 문제를 해결하기 위한 포괄적 개념의 안보를 모색하는 것으로 볼 수 있다(Snarr & Snarr, 김계동 외 역 2015, 112). 김우상·조성권(2005)은 국가안보와 포괄적 안보를 구분하면서 인간안보 개념을 도출한다. 즉, 전통적 안보 개념으로 국가안보는 군사적 위협으로부터 국가를 보호하고 영토의 통합성과 국내 질서의 안전을 보장하는 국가 차원의 안보이며, 포괄적 안보는 비군사적 위협으로부터 국가의 생존과 국민의 안전, 영토의 통합성을 유지하는 안보이고, 인간안보는 군사와 비군사 영역에서 인간 개개인을 안보의 대상으로 보고 개인, 사회, 국가, 지역, 초국가 차원에서 일반 시민의 안전과 복지를 강조하는 개념으로 보는 것이다(p.87). 인간안보란 국가 간 무력분쟁뿐 아니라 가난, 질병, 환경, 재앙, 인권침해와 같은 인간의 안보와 생존에 대한 위협을 강조한다는 점에서(Baylis, eds., 하영선 외 역 2012, 590) 개념 자체가 전포괄적 성격을 띠게 되는 것이다. 인간안보는 공간 범주적으로 '개인-사회-국가-지역-국제' 차원을 갖고 있으며, 속성 범주적으로는 '정치-경제-문화-환경-보건-복지' 차원을 모두 갖고 있는 개념이 되는 것이다.

이러한 인간안보 개념은 주지하듯이 1994년 유엔개발계획(UNDP)의 '인간개발보고서'에 공식적으로 등장하였다. 보고서는 안보란 지속적인 기아, 질병, 범죄, 억압으로부터의 안전이며, 가정이나 직장 등 사람들의 일상이 갑작스럽고 고통스럽게 파괴되는 위협으로부터의 보호라고 정의한 후 이를 인간안보로 규정하였다. 요컨대, 유엔개발계획은 인간안보의 주요 영역을 경제안보, 식량안보, 위생안보, 환경안보, 개인안보, 공동체안보, 정치안보의 7개 분야로 분류하여 인류의 삶의 질적 수준의 향상을 도모한 것이다. 인간안보의 표준적 개념화를 선도한 UNDP의 인간안보 영역에서 경제안보는 생산활동 참여와 사회안전망 서비스를 통한 기본적인 소득의 보장을 개인에게 보장하는 것이고, 식량안보는 생존에 필요한 식량을 물질적으로 경제적으로 항상 제공해야 한다는 것이며, 위생안보는 건강한 생활을 위한 최소한의 위생적 환경의 보장과 질병으로부터의 보호를 의미하며, 환경안보는 장단기적인 자연재해와 인간의 자연파괴로 인한 환경악화의 문제로부터의 보호를 말하는 것이고, 개인안보는 국가 간 분쟁, 국가 내 갈등, 무력충돌, 폭력, 약탈, 사고로부터의 안전보장을 의미하며, 공동체안보는 전통적인 문화 정체성의 보호와 종족 및 인종 간 갈등에서 비롯되는 폭력에 노출되지 않도록 보장해 주는 것을 말하고, 정치안보는 국가가 개인의 기본적 자유와 인권 등을 침해해서는 안 된다는 의미의 기본권 보장을 뜻한다(UNDP 1994, 22-24 참조).

그러나 이러한 UNDP의 인간안보의 개념적 범주 설정과 유형화는 대단히 중층적이고 복합적이어서 분류하기 어렵고 비분석적인 모호성을 띤다는 비판에 직면한다. 구체적으로 인간안보는 첫째, 개념 자체가 분석적 의미를 갖거나 유용한 정책 형성의 도구로 사용하기에 너무 광범위하다는 것과, 둘째, 지나치게 도덕적이고 비현실적 개념이어서 도움보다는 해를 끼칠 수 있다는 점, 셋째, 국가의 안보 제공 역할을 무시한다는 점에서 개념적으로 불안정하다는 것이다(Baylis, eds., 하영선 외 역 2012, 592-593). 이러한 개념적 포괄성으로부터 나타나는 모호성은 UNDP의 인간안보 개념에 대한 접근 방식에 연원을 둔 것으로 볼 수 있다. UNDP의 정의는 인간안보에 대하여 결핍으로부터의 자유(FFW)와 공포로부터의 자유(FFF)라는 두 가지 측면에서 접근한다. 결핍으로부터의 자유는 비전통적이고 비군사적인 안보 영역으로 빈곤, 보건, 환경, 문화 등에 관심을 기울이는 안보 개념으로 인간개발을 통하여 극복해 나갈 수 있다는 견해이며, 공포로부터의 자유는 국가 분쟁, 무력 투쟁, 종족 갈등, 국가 실패 등에 대한 인도적 개입을 강조하는 안보 요소들로 이루어져 있다(UNDP 2005, 18-19). 인간안보 개념이 UN의 설립과 함께 제시된 헌장의 취지와 세계인권선언의 기본 목표와 일치한다는 점에서 공포로부터의 자유와 결핍으로부터의 자유를 모두 포괄한다는 관점은 자연스럽고 타당하다(Ewan 2007, 183). UN의 인간안보 지지자들이 좁은 의미의 군사적 의제와 관련된 전통적 접근법에서 벗어나 안보에 대한 넓은 의미의 접근을 주창한 것은 인류의 보편적 가치와 관련되어 있다고 보아야 한다. 하지만 분석적이고 설명적 측면에서 인간안보 개념은 비군사적인 요소와 군사적인 요소를 모두 포함하면서 개인과 국가, 글로벌 차원의 안보를 규정해 내려 한다는 점에서 결국 아무 것도 지칭해 내지 못하는 개념의 희석(conceptual stretching) 현상에 봉착하게 되는 것이다.

2. 재개념화 논리와 차원

인간안보 개념은 인권과 환경, 문화, 보건 등과 같이 인간생활과 자연스럽게 연결되는 분야를 안보의 개념 범주에 도입함으로써 보다 문명화된 개념 설정을 시도하였다는 점에서 실질적인 유용성을 가진다. 이런 관점에서 인간안보 옹호론자들은 인간안보 개념이 추구하는 경제, 보건, 환경안보 등이 생활의 수준을 높임으로써 결국에는 심각한 내재된 위협 요인들의 감소를 가져올 것이라는 낙관적인 주장을 편다. 그러나 위에서 살펴보았듯이 인간안보 비판론자들은 인간안보 개념 자체가 경제, 교육, 보건, 환경 등의 분야에서 발생 가능한 모든 위해 요소(risk factors)들을 개념 범주 안으로 들여옴으로써 개념적 무용성에 직면하고 있다고 본다(Pietsch & McAllister 2010, 227-229). 인간안보 개념은 정의 자체의 느슨함과 포괄성, 모호성으로 인하여 논란의 대상이 되고 있는 것이다. 이러한 인간안보 개념에 대한 비판과 불일치하는 관점에도 불구하고 인간안보 개념의 유용성과 가치는 적정 수준의 인간다운 삶을 지향하는 글로벌사회의 인권, 환경, 개발, 분배, 정의 등과 관련된 연계 영역들을 기존의 안보와 이어주는 교량과 조정의 가능성에서 발견할 수 있을 것이다.

인간안보 개념의 정당성과 가능성은 글로벌사회의 도래에 따른 안보 상황의 다차원적인 변이 양상에서 추구해 낼 수 있다. 개인적 차원에서 사람들은 보다 자유로운 국가 간 이동에 따라 불편한 국내 분쟁이나 환경적 취약성에서 이탈하여 안정적인 국가로 이주하거나 비인간적인 희생을 감내하고 있으며, 사회적 차원에서 국내외의 다양한 집단들은 국가에 의한 안전보장에 대해 의문을 제기하면서 인도적 차원의 지원과 개입을 허용하는 국제사회의 조치들을 기대하고 있다. 국가적 차원에서의 안보는 여전히 공고한 상태로 유지되고 있으며, 이는 2015년 중국과 러시아의 대규모 열병식과 일본의 집단자위권 입법 등의 조치에서 나타나는 것처럼 힘에 의한 군사력 유지와 증강이 글로벌 시대에도 통용되고 있다는 사실에서 증명된다. 한편, 초국가 차원에서 지역 편차에 따른 전통적인 군사동맹과 연합, 연대가 강고한 상황에서도 새로운 주권국가의 개념과 세계정부를 향한 노력들이 나타나고 있으며, 이는 국제연합(UN)과 국제형사재판소(ICC)와 같은 국제기구와, 옥스팜(Oxfam), 월드비전(World Vision), 그린피스(Greenpeace) 등의 글로벌 시민공동체인 국제비정부기구들의 활동이 예증해 주고 있다(김용신 2015, 76-77). 글로벌 관점에서 보건대, 인간안보의 개념적 유용성은 오히려 글로벌 차원의 안보와 연계된 포괄성에서 찾아낼 수 있는 것이다. 포괄적 모호성은 글로벌안보로의 체계적 전환으로 이어져 개념적 유용성으로 나타날 수 있는 것이다.

이러한 안보 개념의 변화는 경성안보(hard security)로부터 연성안보(soft security) 체제로의 질서 변이를 의미하는 것이다. 즉, 군사적이거나 국가적인 충돌을 예방하거나 해결하는 국가안보와 국제안보 개념이 인간의 기본 생활 여건의 개선을 통한 삶의 질 향상에 주력하는 인간안보와 글로벌안보 개념으로 전이하는 것은 보다 정교하고도 광범위한 안보를 인류가 추구하게 되었다는 것을 뜻한다. 여기서 문제가 되는 것은 인간안보 개념이 인간의 행복한 생활에 대한 모든 위협 요인들을 포함하는 광범위한 정의에 머물러서는 학술적 분석 혹은 실제적인 개념의 적용과 실천이 모호하거나 어려워진다는 점이다. UNDP의 인간안보에 대한 정의는 너무나 포괄적이어서 실질적으로 인간안보의 구체성을 실현하기에는 역부족이라는 지적이 타당한 비판으로 남는 것이다. 또한, 인간안보를 포괄적 안보 개념으로 간주할 때 국가안보, 국제안보, 지역안보, 군사안보 등의 전통적 안보 개념과 어떤 관계를 설정할 것인가의 문제도 여전히 제기된다.

여기서 추가적으로 논의되어야 할 것은 좁은 의미와 넓은 의미의 인간안보 개념에 관한 쟁점을 어떻게 조정해 낼 것인가의 문제이다. 이를 둘러싼 현재까지의 논쟁은 공포로부터의 자유만 포함시킬 것인가, 공포와 궁핍으로부터의 자유 모두를 고려할 것인가에 관한 내용으로 치환될 수 있다. 협의의 인간안보 개념은 가난, 자연재해, 강제이주, 신체적이고 구조적인 폭력 등과 같은 특정 요인들로부터의 자유이므로 소극적인 최소한의 인간안보(minimum human security)라고 말할 수 있다. 이에 비해 광의의 인간안보 개념은 부와 자아실현을 위한 인간 개개인의 능력, 권리, 활동 등을 실현할 자유를 적극적으로 부여하는 의미를 가지므로 최대한의 인간안보(maximum human security)라고 지칭할 수 있다(이신화 2006, 73-75 참조). 이것은 인간안보 개념의 협의와 광의의 정의에 따라 최소의 인간안보와 최대의 인간안보 차원으로 구분하는 논리를 제공하는 것으로 볼 수 있다

결국, 인간안보 개념은 글로벌 차원에서 추상성과 구체성을 함께 갖춘 분석적 유용성을 확보하는 것으로 볼 수 있으며, 재개념화의 논리는 글로벌안보를 전제로 '연성-경성' 차원과 '최대-최소' 차원을 준거로 〈그림 1〉과 같이 단순화된 개념 유형으로 도시해 낼 수 있을 것이다.

〈그림 1〉 인간안보 개념의 교차 스펙트럼

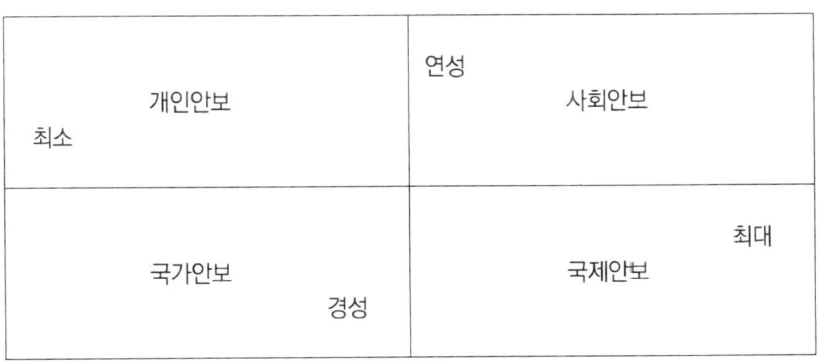

위의 〈그림 1〉은 김용신(2015: 74)의 기본 아이디어를 토대로 재구성한 인간안보 개념의 교차적 스펙트럼이다.[39] 개인안보(personal

security)는 '연성-최소' 차원으로 소극적인 의미의 국가로부터의 기본적 인권과 자유권의 보장, 생존과 생활에 필요한 의식주의 보장과 관련되어 있으며, 사회안보(social security)는[40] '연성-최대' 차원으로 공동체 속의 문화와 다양성을 적극적으로 존중하면서 질병과 빈곤으로부터 자유로울 수 있는 권리를 보장하는 것이고, 국가안보(national security)는 '경성-최소' 차원 분면에 위치하는 것으로 개인에게는 소극적인 사법적 절차의 평등을 보장하는 자유를 허용하면서 군사적인 폭력을 방어해 준다는 측면에서 권력적인 안보 범주로 볼 수 있으며, 국제안보(international security)는 주로 국가 간 동맹이나 연대에 의해 무력과 외교를 통한 안전보장을 국가 단위에서 실행하면서 개개인의 활동 공간을 국제기구와 비정부기구를 통하여 마련해 준다는 점에서 글로벌 차원의 적극성을 보장해 주는 범주로 구분할 수 있다. 물론, 이러한 재개념화의 도식적 차원과 범주들은 상호 중첩적 성격을 가지고 작동하는 것으로 보아야 한다. 총체적 차원에서 글로벌안보를 구성하는 인간안보 개념 범주로 보는 것이 타당할 것이다. 이러한 인간안보의

39) 김용신(2015)은 인간안보, 국가안보, 포괄안보 개념을 중심으로 안보 개념의 스펙트럼을 수평적으로는 '개인-국가' 차원에서, 수직적으로는 '연성-경성' 차원에서 도시하였다. 여기서 '개인-국가'는 안보의 주체와 대상을, '연성-경성'은 안보의 내용과 방법을 기준으로 구분한 것이다. 안보의 주체 및 대상은 개인, 사회, 지방, 국가, 지역, 국제적 수준에서 가름해 낼 수 있으며, 내용과 방법은 안보의 속성이 적극적인가 소극적인가를 일상생활과의 관련성 정도에 따라 분류한 것을 말한다. 인간생활과 밀접한 구체적인 안보 영역인 안전, 위생, 문화 등은 연성(soft)으로 볼 수 있으며, 일상과 비교적 거리가 먼 국가의 정치권력적 행위와 관련된 것은 경성(hard)으로 판단한 것이다(p.74).

40) 사회안보의 지칭 범주는 기본적으로 개인과 국가 사이에 존재하는 영역으로써의 사회적인 것이다. 지역사회안보 혹은 공동체안보 등으로의 용어 수정에 관한 제언 비평이 있었으나 여기서는 안보 개념에 관한 범주 설정의 의미가 강하므로 논의의 전개 과정과 합치하는 사회안보라는 용어를 그대로 사용하기로 한다. 지역이나 공동체는 국가라는 범주를 이탈하는 혼용의 가능성이 있으나 정치적 개념으로써의 사회는 국가의 내포 범주 개념으로써의 로컬(local)이라는 의미가 이론 맥락적으로 합당하게 성립되기 때문이다.

재개념화 도식화 과정을 UNDP 인간안보 개념과 관련지어 정리하면 〈표 1〉과 같다.

〈표 1〉 인간안보의 재개념화

유형	UNDP 범주	논리	차원
개인안보	정치, 식량, 위생	소극적 기본권과 인간의 생존, 생활 보장	연성-최소
사회안보	공동체, 경제, 환경	적극적인 다양성 존중과 인간의 문화적 정체성, 생산활동의 보장	연성-최대
국가안보	개인, 정치	국가로부터의 자유권 보장과 국내외 폭력과 분쟁으로부터의 보호	경성-최소
국제안보	개인, 공동체, 경제	국제기구와 국제비정부기구 활동 보장과 국가 간 분쟁의 해결	경성-최대
글로벌안보	경제, 식량, 위생, 환경, 개인, 공동체, 정치	글로벌사회의 문명화 인식과 존중, 민주주의와 의식적 관여 활동 보장	총체적 차원

〈표 1〉을 보면, 인간안보의 재개념화 유형으로써의 개인안보는 인간의 최소한의 정치 활동의 자유와 건강한 생활과 연계되어 UNDP의 정치안보, 식량안보, 위생안보와 관련되어 있으며, 사회안보는 생산 및 여가활동에 대한 접근성 보장과 문화적인 종족 다양성의 인정과 자연환경의 보호 영역이라는 점에서 공동체안보, 경제안보, 환경안보를 포함하는 범주이고, 국가안보는 개인을 국내외의 전쟁과 갈등 상황으로부터 보호해주며, 자유권적 기본권과 참정권을 보장해 준다는 점에서 개인안보, 정치안보와 연계되는 범주이며, 국제안보는 국제사회에서의 종족, 인종, 젠더 등에서의 차이를 문화적 차원에서 인정하고, 국제경제활동을 보장하며, 문명 간 충돌을 방지하여 테러와 분쟁에 무력으로

개입한다는 점에서 개인안보, 공동체안보, 경제안보와 관련되어 있는 것으로 해석할 수 있다. 글로벌안보는 일반적으로 논의되는 UNDP 안보 개념 범주를 포괄하되 체계성과 단순화된 차원을 반영한 인간안보의 전제 개념 범주로 여겨질 수 있을 것이다.

Ⅲ. 인간안보와 시민교육

인간안보 개념은 지금까지 유지되어 온 안보의 이론과 실천 양식에 중대한 도전과 변화를 이끌어 내고 있다. 국가중심 안보 체제는 국민들을 위험에 처하게 하거나 개인들에 대한 실제적 위협을 무시하는 경향을 보이는데 반하여, 인간중심의 안보에 대한 접근은 사람들 개개인을 위한 안보 체제를 제공한다는 점에서 강력하고 진일보한 개념이다(McCormack 2008, 113). 사실상 국가안보를 중시하는 전통적 안보 개념은 외국의 군사적인 침입 이외의 영역으로 안보의 개념을 확대하려 하지 않는 경향이 강하다. 질병이나 범죄, 빈곤, 기아, 정치적 억압 등은 안보의 의제가 아니라는 것이다. 이것은 안보의 본질에 접근하기에는 미흡한 관점이다. 국가는 국민으로서의 개개인들에 대한 보호책임을 지는 것으로 인하여 주권성을 인정받기 때문이다. 사람들에 대한 여러 가지 위해 요인들을 제거하고 감소시켜야 할 책무가 이미 언제나 국가에 부여되어 있다고 보는 관점이 특히 민주주의 헌정체제에 합당한 것이다.

민주주의 헌정체제에서 인간안보는 인간의 일상생활을 기준으로 안보를 조망한다는 점에서 Galtung(1985)의 구조적 폭력과 관련되어 있다. 구조적 폭력(structural violence)이란 의도적으로 보이지는 않을지라도 단지 반복적인 업무 수행을 한다는 구조가 다른 사람들에게 막대한 위해를 가하는 결과를 초래한다는 의미이다. 그것은 잠재적으로 천천히 생활 속에서 작동하며 존재한다는 점에서 인류에게 일반적인 비극으로 나타나며, 특별히 빈곤으로 치닫게 되고, 결국에는 인간성을 침식하고 사람들을 사망에 이르게 하는 폭력이다. 그러므로 구조적 폭력은 외부로부터의 침략이나 전쟁과 같은 가시적이고 분명한 폭력과는 구분되는 것처럼 보이면서도 이것이 일상적으로 사람들의 생활에 위해적 요인으로 잠재 지속되어 나타난다는 점에서 군사적인 수단을 중시하는 국가안보와도 연계된다. 인간의 안전하고 행복한 생활은 결핍과 공포로부터의 자유를 함께 고려하는 글로벌 차원의 인간안보 개념이 현실세계에 구현되면서 구조적 폭력을 제거하고 감소시켜 나갈 때 비로소 보장되어 나갈 수 있다고 보아야 한다.

이처럼 안보의 개념은 인간화되면서 점차 진화하고 있다. 글로벌화의 진행과 더불어 지구촌은 안보를 보다 심화 확장된 글로벌 차원에서 보게 되었으며, 이는 국가를 분리하는 정치적 경계선에 대한 관심을 줄어들게 하였다. 동아프리카에서 겪고 있는 심각한 기아상태, 지속적으로 확산되고 있는 글로벌 테러 네트워크, 언론에서 심각하게 다루어지고 있는 기후변화, 글로벌 빈곤상황을 위협하는 경제위기 등이 인간안보에 대한 관심을 점차 높이고 있다(Snarr & Snarr, 김계동 외 역 2015, 137). 글로벌사회의 시민의 개념도 확장의 역사를 갖고 있다. 고대 그리스 시대의 시민이란 도시 혹은 공동체의 거주자로서 구성원에게 주어지는 권리와 지위를 소유한 자들로 규정된다. 이러한 시민 개념은 근대 이후 개인의 자기결정을 중시하는 민주주의의 정립과 더불어 범주가 확장됨에 따라 공동체로서의 도시를 넘어 국민국가의 개인들 모두에게 적용되었다(김용신 2013, 139). 보편적 시민 개념이 성립된 것이다. 이것이 시공간을 초월하여 즉각적인 소통의 호환 상태를 만들어내고 유지할 수 있는 글로벌 시대의 시민 개념으로 전환되고 있는 것이다.

본질적으로 인간안보에 관한 담론은 국가 간 분쟁과 국가 내부의 분쟁이 다양한 경로로부터 나타나는 안보 요인들이 연계되어 발생하므로 이에 대한 해결은 국가와 인간중심 안보의 균형을 추구해야 한다는 논리를 담고 있다(Frerks & Homan 2008, 2). 인간안보와 국가안보는 분리될 수도 없지만 또한 동일시될 수도 없는 개념이다. 양자는 인간의 물리적 존재와 사회적 진화 과정으로부터 유래하는 현상이고, 상호 공통점을 가지면서 인간다운 인간의 실현을 지향하기 때문이다(Fakiolas 2011, 370). 국가안보는 국가 간 군사적 대립을 해결하는데 적절한 개념이고, 인간안보는 인간의 존엄성과 생존과 관련된 여타의 요인들을 다루기에 적합한 틀을 제공하는 개념이다. 이러한 인간안보의 포괄적 속성은 시민성의 위계를 통해서 시민교육이라는 새로운 국면으로 재구성될 수 있다.

글로벌사회의 시민교육론자인 Banks는 평등과 사회정의를 확장시켜 왔다는 의미에서 시민성을 진화 개념(evolutionary concept)으로 보면서, 역사적으로 시민성의 구성 요소가 시민적, 정치적, 사회적 요소를 갖추면서 발전해 온 것으로 규정한 Marshall(1964)의 견해에 문화적 요소를 추가한다. 시민적 요소는 사법적 평등을 구현하는 기본적 자유와 평등을 의미하고, 정치적 요소는 정치 참여에서의 평등, 사회적 요소는 적극적인 평등에의 요구와 복지 실현을 말하는 것이다. 이러한 세 가지 차원을 반영한 시민교육이 전통적인 주류시민교육이며, 여기에 문화적 요소를 추가하면 변환시민교육이 되는 것이다. 변환시민교육은 글로벌 다문화 시대의 시민교육에서 필요한 문화적 정체성의 명료화와 실현을 추구한다. 이에 따르면 기존의 공동체와 국가, 세계 속에 내재된 불평등에 도전하는 시민성, 사회정의를 행동으로 이행하는 시민성이 글로벌 관점의 형성과 민주주의의 실질적 구현에 기여하게 되는 것이다(Banks 2008, 135).

이러한 네 가지 수준의 시민성의 요소들은 글로벌사회에 적합한 변환시민교육과 연계되는 것이다. 이들을 시민교육 차원에서 수준별로 분류하면 각각에 대응될 수 있는 네 개의 시민성으로 위계화할 수 있다. 첫째, 법적 시민성(legal citizenship)은 가장 초보적 수준의 시민성으로써 국민국가의 합법적 구성원으로서의 권리와 의무를 이행하되 의미 있는 방식으로 정치체계에 참여하지는 않는 시민성을 뜻한다. 둘째, 최소 시민성(minimal citizenship)은 법적 시민들이 합헌적인 주요 후보자들과 쟁점을 결정하는 지방 선거 및 국가 선거에 투표를 하면 성립되는 시민성을 말한다. 셋째, 능동 시민성(active citizenship)은 실제 법률과 헌정체제를 작동시키는 투표 행위를 넘어서는 수준의 참여를 포함한다. 능동 시민들은 합헌적인 쟁점과 개혁에 관한 공공 집회나 항의 시위에 참여한다. 능동 시민성은 현존하는 사회와 정치 구조에 도전하지는 않으므로 결국 현상유지적 행동을 하는 시민들의 정향이 된다. 넷째, 변환 시민성(transformative citizenship)은 현재의 법률과 헌정체제를 개선하기 위한 가치, 도덕원칙, 이상을 추구하는 시민 행동을 포함한다. 변환 시민은 사회정의를 실현하기 위해 행동하며, 필요하다면 기존의 법률과 전통, 구조에 도전하고 위반하는 행동을 실행에 옮긴다(Banks 2008, 136). 이러한 시민성의 위계에 따라 인간안보의 유형을 배치하면 〈표 2〉와 같다.

<표 2> 시민성의 위계와 인간안보의 유형

유형 / 위계	개인	사회	국가	국제	글로벌
법적 시민성	○				○
최소 시민성		○			○
능동 시민성			○		○
변환 시민성				○	○

<표 2>에 나타난 인간안보를 위한 시민교육은 네 가지 위계구조로 설명될 수 있다. 법적 시민성은 소극적 의미에서 시민으로서의 활동을 추구하므로 개인 차원의 안전과 생존, 인권을 강조하는 개인안보 시민교육이 될 수 있으며, 최소 시민성은 기본적인 정치활동에의 참여를 통한 권리를 주창하는 시민이므로 공동체 차원의 문화 다양성과 생산 소비 활동, 건강한 생활의 보장을 지향하는 사회안보 시민교육으로 분류할 수 있고, 능동 시민성은 민주주의 헌정체제가 허용하는 범위 내에서 적극적인 시민적 권리 향상을 위해 노력하므로 국내외 분쟁 해결을 위해서 정치적인 권위적 수단을 활용하는 국가안보 시민교육으로 볼 수 있으며, 변환 시민성은 개인적 범주를 넘어서는 공익적 가치와 신념을 연대와 연합을 통하여 추구하므로 국제사회에서 국가의 개입과 시민사회 활동을 함께 강조하는 국제안보 시민교육으로 구분해 볼 수 있다. 이러한 분류에서 유의할 점은 위계적인 각각의 인간안보 시민교육들이 글로벌안보 차원을 공유한다는 점이다. 인간안보는 글로벌사회와 함께 등장한 안보 개념이기 때문이다.

그러므로 글로벌 시민교육과 인간안보교육은 상호 접선되어 이해될 필요가 있다. 글로벌사회의 시민형성을 위한 글로벌 시민교육에 대하여 김용신(2013)은 '1 원칙, 5 개념 요소'를 제시하고 있다. '1원칙'이

란 글로벌사회의 시민으로서 살아가야 하는 데 필수적인 전제 혹은 성립선행조건을 말하는 것으로 국민국가와 세계를 상호연계하여 이해할 수 있는 글로벌 관점을 의미하는 것이며, '5개념 요소'란 목표로서의 평화의 구축, 내용으로서의 경제 및 사회정의 추구, 인간존재의 문화적 다양성 존중, 생태적 발전의 이해, 방법으로서의 민주주의와 의식적 참여를 말한다(pp.84-85). 인간안보교육은 이러한 글로벌 시민교육의 차원에서 실행되어야 현실적 정합성을 확보할 수 있을 것이다. 인간안보교육에서의 글로벌 관점의 인식이란 개인, 공동체, 국가, 지역, 국제안보 차원에 대한 총합적 인식을 의미하는 것이며, 평화의 구축은 국가 간 분쟁과 국가 내 분쟁, 종족 간 갈등, 폭력으로부터의 보호가 이루어져야 달성될 수 있는 목표로 해석될 수 있고, 경제 및 사회정의 추구는 인간다운 적정 수준의 삶을 보장하는 생존과 복지를 말하는 것이며, 인간존재의 문화적 다양성 존중은 전통적인 문화 정체성의 인정과 보호를 의미하고, 생태적 발전이란 지속가능한 자연과 인간의 균형 개발과 연결되며, 민주주의와 의식적 참여는 정치적인 기본권의 동등한 보장과 인권 보호를 통한 절차적 민주주의를 의미하는 것으로 볼 수 있다. 이처럼 글로벌사회의 시민교육은 각각의 요소별로 인간안보 개념들과 연계적 의미를 확보하는 것이다.

Ⅳ. 결론

우리나라는 최근 여러 가지 형태의 대형 안전사고가 발생하여 소중한 인명의 손실과 함께 국가사회적으로 문제가 되고 있다. 특히, 2014

년 세월호 참사를 겪으면서 안보의 개념이 국가 이외에도 개별 국민들에게 확장 적용되어야 한다는 주장이 나타나고 있다. 국민의 생명과 재산을 보호해야 할 안보의 문제에서 기존에 중시되었던 군사적 무장을 통한 국가안보를 포함하여 개인의 안전한 생활 및 공동체의 행복을 보장하는 인간안보가 세월호 참사 대응 과정에서 중요한 안보의 개념으로 쟁점화 된 것이다. 이러한 인간안보 개념은 글로벌사회의 안보 개념과 연계되어 더욱 강조되고 있다. 냉전 시대의 전통적인 국가중심의 군사안보 개념으로는 개인, 사회, 국가, 지역, 국제 차원의 안전보장을 설명하기 어렵고 더욱이 총체적 성격의 글로벌안보를 논하기에는 개념적으로 부적합하기 때문이다.

이런 관점에서 인간안보 개념은 시대적으로 합당하다고 보는 것이 타당하다. 개인과 세계가 함께 동시에 호환되는 글로벌 시대의 안보란 전통적인 국가안보 개념으로 치환하기에는 불충분하다. 예를 들어, 테러를 당한 개인은 사적으로 대단히 취약한데 전통적인 안보 개념으로는 이것을 해결하기에 난망하다. 국가안보 혹은 군사안보와 지역안보 차원에서 효율적인 대응을 하기에는 발생 범주 자체가 개인적인 것이다. 하지만 인간안보 개념을 도입하면 상황은 달라질 수 있다. 개인의 안보가 공동체와 국가의 안보와 연계되는 상황을 상정한 안보 개념이 인간안보이다. 인간세계의 구성원으로서의 개인은 국가와 접선되어 존재하는 중요한 안보의 요소로 간주되는 것이다.

이러한 실제적인 유용성에도 불구하고 인간안보 개념은 전포괄적 성격을 가지고 있으므로 개념적 모호성을 띠고 있다는 것이 일반적인 비판이다. UNDP의 인간안보에 대한 표준화된 개념 정의를 보면 비체계적이고 불안정적이며 비현실적인 개념이라는 것이 드러난다. 인간안보를 규정하는 경제안보, 식량안보, 위생안보, 환경안보, 개인안보, 공동체안보, 정치안보는 정도의 차이는 있을지라도 상호 중첩적 성격의 하위 개념이라는 것은 명백하다. 기초적인 생활 보장을 위한 생산활동 참여 기회의 동등한 접근 가능성이란 결국 개인의 건강과 인권, 자유권적 기본권의 행사 등과 직접적으로 연계되는 것이다. 또한, 개인과 공동체, 국가, 지역, 국제사회가 지향하는 안보에 대한 개념이 복합적으로 나열되어 있을 뿐만 아니라, 정치, 경제, 사회, 문화, 환경 등 사회과학의 제 영역의 주제가 개념적 분류체계의 부재 상태에서 제시되고 있다. 분석적이고 설명적인 개념으로서의 유용성은 저하되기 마련이다.

인간안보 개념은 본질적으로 글로벌 차원의 안보와 연계되어 있다. 냉전 시대 이후 글로벌사회의 도래와 함께 국제사회의 행위자로서 국가 이외에도 개인, 단체, 국제기구, 국제비정부기구, 주권의 연합체 등이 등장한 것이다. 이들은 기존의 안보 개념이 지향하던 군사력에 의한 경성안보 체제보다는 인간적으로 문명화된 연성안보를 추구하는 경향을 뚜렷하게 나타내고 있으며, 결핍으로부터의 자유와 공포로부터의 자유를 포괄적으로 수용하는 안보 개념을 인용하는 경향이 강하고, 소극적인 보호를 의미하는 최소한의 안보와 더불어 적극적인 자아실현의 가능성과 인간개발을 의미하는 최대한의 안보를 중요시한다는 점에서 글로벌안보와 병렬적인 배치가 가능하다. 안보 개념은 범주와 심도 면에서 크게 변이하고 있는 것이다.

따라서 인간안보 개념의 체계화는 개념의 이론적, 실천적 유용성의 확보를 모색하는 방향으로 진행되어야 하며, 이것은 글로벌 차원의 안보 상황과 연계되는 것이 타당하다는 의미를 함축한다. 글로벌안보를 전제로 하는 인간안보 개념은 연성과 경성 차원, 최소와 최대 차원을 두 축으로 하면서 개인안보, 사회안보, 국가안보, 국제안보로 단순화되어 도시할 수 있다. 개인안보란 '연성-최소' 차원을, 사회안보는 '연성-

최대' 차원, 국가안보는 '경성-최소' 차원, 국제안보는 '경성-최대' 차원에서 재개념화될 수 있는 것이다. 이러한 안보 개념에 대한 개념적 체계화는 정치적 인간의 형성을 의미하는 시민교육 분야에서의 시민성의 위계구조와 연계될 수 있다. 즉, '법적-최소-능동-변환' 시민성은 각각 '개인-사회-국가-국제' 안보 개념과 연결되어 인간안보를 위한 시민교육의 유형화 논리를 제공해 주는 것이다.

참고문헌

김용신. 2015. "안보 개념에 대한 글로벌 인식의 관점." 『글로벌교육연구』. 7(3), 63-82.

김용신. 2013. 『글로벌 시민교육론』. 경기: 이담북스.

김우상·조성권. 2005. 『세계화와 인간안보』. 경기: 집문당.

박한규. 2007. "지구화 시대에 있어서 안보 개념의 다차원적 분석: 인간안보를 중심으로." 『국제지역연구』. 11(3). 985-1004.

이신화. 2006. "동아시아 인간안보와 글로벌 거버넌스." 『세계정치』. 5. 63-114.

Banks, James A. 2008. "Diversity, group identity, and citizenship education in a global age." *Educational Researcher* 37(3). 129-139.

Baylis, John, eds. 2011. *The Globalization of World Politics.* 하영선 외 역. 2012. 『세계정치론』. 서울: 을유문화사.

Ewan, Pauline. 2007. "Deepening the human security debate: beyond the politics of conceptual clarification." *Politics* 27(.3). 182-189.

Fakiolas, Efstathios. 2011. "Human and national security: a relation of contradiction or commonality?" *Southeast European and Black Sea Studies* 11(4). 369-384.

Frerks, George and Homan, Kees. 2008. 'Human security: a Launching pad for debate and policy?" *Security and Human Rights* 1. 1-7.

Galtung, Johan. 1985. "Twenty-five years of peace research: ten challenges and some responses." *Journal of Peace Research* 22(2). 145-146.

June, Jane. 2004. "Diversity, immigration, and the politics of civic

education." *PS: Political Science and Politics.* Apr. 253-255.
MaCormack, Tara. 2008. "Power and agency in the human security framework." *Cambridge Review of International Affairs* 21(1). 113-128.
Marshall, Thomas H. 1965. *Class, Citizenship, and Social Development.* N.Y.: Anchor Books.
Nagy, Stephen R. 2013. "Building a human security-based framework for the protection of migrants in northeast asia." *International Studies Review* 14(2). 59-82.
Pietsch, Juliet and McAllister, Ian. 2010. "Human security in Australia: public interest and political consequences." *Australian Journal of International Affairs* 63(.2). 225-244.
Snarr, Michael T. and Snarr, D. Neil. 2012. *Introducing Global Issues.* 김계동 외 역. 2015. 『세계화와 글로벌 이슈』. 서울: 명인문화사.
UNDP. 2005. *Human Development Report 2005.* N.Y.: United Nations Demelopment Programme.
UNDP. 1994. *United Nations Human Development Report.* N.Y.: Oxford University Press.
Westheimer, Joel and Kahne, Joseph. 2004. "Educating the good citizen: political choices and pedagogical goals." *PS: Political Science and Politics.* Apr. 241-247.

제 6 부

초연결사회의 인권 지향

제11장 정치교육과 인권

제12장 글로벌교육과 인권

Chapter

11 정치교육과 인권

Ⅰ. 서론

> "인공지능 역시 엄청난 투자를 필요로 하기 때문에 개발에 참여할 수 있는 주체들은 한정되어 있다. 인공지능을 널리 사용하게 되면 이들이 가장 큰 수혜자가 될 것임은 당연하다. … 인공지능이 두엇을 할 수 있느냐가 아니라 인공지능이 어떤 권력 구조 속에서 사용되느냐가 더 중요하고, 후자는 지금 여기의 문제이다. … 인공지능은 권력과 부를 가진 소수의 행복에 복무하게 될 것이다"(손화철 2016, 274).

현대사회는 초연결사회로 지칭되고 있다. 초연결사회란 전체 사회를 구성하는 거의 모든 영역들이 인터넷 등과 같은 커뮤니케이션 매체를 통해 연결되는 사회를 뜻한다. 언어와 문자를 개발하면서 사람과 사람 사이의 연결이 확장되기 시작하였고, 전화, 핸드폰, PC통신, 인터넷 등과 같은 현대적 커뮤니케이션 매체가 등장하면서 인간의 연결은 더 확장되었으며, 각종 무선통신 시스템이 개발되면서 사람과 사물 간의 연결이 가능해 졌고, 사물인터넷 기술이 개발되면서 드디어 사물과 사물의 연결이 가능해지는 초연결사회가 등장하였다. 이제는 사람과 사람 사이의 연결인 상호주체적 연결, 사람과 사물 사이의 연결인 주체와 객체 간 연결을 넘어 사물과 사물 사이의 연결인 상호객체적 연결까지 확장된 것이다(양천수 2016, 211). 정보기술의 혁신에 의해서 사물인터넷, 인공지능, 블록체인, 빅데이터 등 지능기술이 초연결사회 혹은 4차 산업혁명 시대를 열어 나가고 있는 것이다.

초연결성(hyper-connectivity)을 기술적으로 말하자면 ICT (Information Communication Technology)를 기반으로 사람과 기기를 둘러싼 관계에 의해 형성된 망의 속성이다. 이것은 기존의 연결성을 초월한 새로운 연결성이다. 초연결성은 기기의 지능화로 인간들 간의 관계와 대등하게 기기들 간의 관계가 네트워크를 형성하고 있음을 지적할 수 있다. 즉 초연결성은 인간들 간의 관계를 초월하여 형성되는 사회적 네트워크의 속성이다(박지웅 2018, 273). 디지털 사회에서의 인터넷과 컴퓨터가 주로 사람과 사람을 연결했다면, 초연결사회는 존재하는 모든 것이 서로 연결된다. 또한 인공지능 기술에 의해 인간의 정신적인 부분까지 대체될 수 있으며, 연결 그 자체가 능력이고 힘이며 가치가 될 수 있다. 초연결사회는 인공지능(AI), 증강현실(AR), 로봇, 자율주행자동차, 사물인터넷(IoT), 빅데이터 기술, 3D 프린터의 발달을 통해 연결의 속도와 강도를 더해가면서 디지털 사회와는 구별되는 새로운 시대를 열고 있는 것이다(전숙경 2016, 56). 이러한 초연결사회에 대한 인류사회가 당면한 새로운 산업혁명으로의 변환적 논의가 다보스 포럼에서 이루어졌다.

2016년 1월 20일부터 3일간 열린 다보스 포럼에서는 4차 산업혁명의 이해(mastering the fourth industrial revolution)라는 주제를 가지고 각국 정상의 토의가 이루어졌다. 여기서 4차 산업혁명이 경제, 사회, 인류의 행동양식에 초래할 변화에 대해서 논의되었으며,[41] 주요

---

41) 제4차 산업혁명이라는 용어는 스위스 다보스 포럼에서 세계경제포럼(WEF) 회장인 Klaus Schwab에 의해 처음 사용된 것으로 알려져 있다.

요지는 4차 산업혁명은 디지털, 물리적, 생물학적 영역의 경계가 없어지면서 기술이 융합되는 것이 핵심 목표라는 것이다. 여기서의 핵심기술은 AI와 IoT라고 할 수 있으며, 이를 시스템 측면에서는 사이버 물리시스템(CPS: Cyber Physical System)으로 표현된다(원동규·이상필 2016, 13). 현대사회는 문명사적으로 초연결 창조문명으로 이행하는 국면이다. 언어를 중심으로 최초의 문명이 발전한 시기를 문명 1.0, 이후 문자가 출현하여 인류사회의 소통이 보다 확장된 초기 문명 시대를 인류 문명 2.0, 인쇄혁명으로 과학기술의 혁신과 인류의 삶을 극적으로 바꾼 근대 문명을 인류 문명 3.0, 그리고 컴퓨터와 인터넷, 인공지능 등으로 실현되고 있는 초연결 창조문명을 인류 문명 4.0으로 볼 수 있다(하원규·최남희 2016, 31). 이러한 문명사적 흐름의 최근 국면을 4차 산업혁명 혹은 초연결사회, 지능정보기술사회로 지칭하는 것이다.

그러나 지구촌에서는 아직도 4차 이전 시대의 산업혁명이 진행되고 있다. 세계 인구의 17%가 2차 산업혁명을 경험하지 못한 상태다. 아직도 전기를 사용하기 어려운 사람이 약 13억 명에 이른다. 3차 산업혁명 역시 마찬가지다. 전 세계 인구의 절반이 넘는 40억 명은 인터넷을 사용하지 못하고 있으며, 이들 대부분이 개발도상국에 살고 있다. 1차 산업혁명을 대표하는 기계 부품인 축(spindle)이 유럽 이외의 지역에 보급되는데 120년 가까운 시간이 걸렸다. 반면 인터넷이 전 세계에 확산되는데 10년도 채 걸리지 않았다. 4차 산업혁명은 앞선 세 번의 산업혁명과 마찬가지로 모든 면에서 강력하고 엄청난 영향력을 행사하며, 역사적으로 큰 의미를 지니게 될 것이다(Schwab, 송경진 역 2016, 27). 즉 지구촌의 초연결성의 파급력은 말 그대로 시공간의 축약을 가져오면서 이루어질 수 있다는 전망이 가능하다.

이런 점에서 정치적 투쟁과 합의 타협의 소산인 글로벌 현대사회의 인권의 보장과 실현이 새로운 장을 맞고 있다는 진단을 할 수 있다. 초연결로 인하여 정치적 연대와 연합, 자발적 기획과 실행이 정치사회의 다양한 행위자들로부터 나타나 민주주의의 성장과 발전, 그리고 새로운 인권보호 시스템의 구축과 지구촌 평화체제로의 지향이 가능할 수도 있다, 하지만 주지하듯 지구촌에서 다양하게 작동하고 있는 각각의 산업혁명 간 초격차의 발생은 기존의 부의 편중과 정보 격차에 따른 문화적 배제와 차별의 인권 침해 양상으로도 나타날 수 있다. 즉 현재진행중인 제4차 산업혁명에 대해 유토피아적 낙관적 관점을 가지고 있는 사람들이 있는 반면, 새로운 위험 요소를 등장시킬 것으로 우려하는 디스토피아적 관점을 가진 사람들도 있는 것이다. 4차 산업혁명 기반 초연결사회는 민주적 분산과 자치와 같은 직접 민주정치와 참여의 확장을 가져다 줄 수 도 있지만, 초연결사회의 기반이 되고 있는 지능정보기술의 불안정성으로 인한 인터넷 정보의 해킹 기술과 바이러스, 편재적 집중 등은 전체주의적 통제의 위험성도 내재하고 있는 것이 사실이다.

생각건대, 인간은 항상 나와 타인에 대해 관심을 갖고 있다. 관심은 자신의 가족과 친척으로부터 부족, 인종집단에 대한 관심으로 확대되어, 1648년 국민국가체제의 성립이후 민족에 대한 관심으로 나타났다. 인간의 타인에 대한 관심은 무척 험난한 과정을 거치며 생성되었으며, 여전히 아직도 관계맺기의 전형은 인류의 주요 딜레마로 남아 있다. 이 점에서 1948년 12월 10일 UN 총회에서 승인된 세계인권선언(UDHR)은 커다란 진전이었다. 30개 조항으로 구성된 세계인권선언의 제1조는 '모든 인간은 태어날 때부터 자유로우며 존엄성의 권리에 있어서 평등하다. 인간은 이성과 양심을 갖고 태어났으며 서로를 형제자

매의 정신으로 대해야 한다'라고(Snarr & Snarr, 김계동 외 역 2015, 80) 규정하여 인간의 타인에 대한 관심은 상호 존엄성 존중과 자유와 평등, 박애의 정신 속에서 실천되어야 한다고 밝히고 있다. 본고는 이 점에 착안하여 인류 보편의 질서를 규정하는 정치적 주제와 개념으로써의 인권이 초연결사회에서 어떤 양상과 실현으로 나타날지에 대한 궁금증을 논의해 보고자 한다.

Ⅱ. 초연결사회의 인권 쟁점

초연결사회는 다양한 측면에서 유익한 사회적 공리를 제공한다. 스마트폰으로 매개되는 사물인터넷을 활용함으로써 행위 반경을 비약적으로 확장하고 효율성도 제고할 수 있다. 예를 들어, 스마트폰으로 모든 결제를 처리할 수 있고, 집 밖에서도 집 안에 있는 모든 것, 가령 조명이나 온도, 음악, TV 등을 모두 통제할 수 있다. 점점 현실화되고 있는 자율주행자동차도 초연결사회가 제공하는 공리라고 말할 수 있다. 그러나 초연결사회가 가속화되면 연결된 모든 사람들에 관한 모든 정보가 네트워크를 통해 모든 사회적 영역으로 노출될 수 있다. 우리의 개인 정보 침해가 가속화될 수 있는 것이다. 이를테면 초연결을 통한 빅데이터는 유용성도 제공하지만 개인정보가 모두 집적되어 사람들의 정보노출과 행위패턴의 예측이라는 위해도 가할 수 있다(양천수 2016, 212). 사람들은 흔히 기술은 독립적인 도구일 뿐이라고 본다. 이러한 생각에 따르면 인간이 어떻게 사용하느냐에 따라서 기술은 인간에게 유용한 것이나 해로운 것이 될 수 있고, 현대과학에 입각한 오늘날의 기술도 그 전의 기술과 마찬가지로 중립적인 도구에 지나지 않는다(박찬국 2017, 314). 이런 생각에 의하면 인간의 판단과 행동에 따라 지능정보기술사회 혹은 제4차 산업혁명의 시대라고 불리는 현재의 과학기술이 사용될 수 있다는 중립적인 견해가 가능하다. 여기서는 초연결사회의 핵심 지능정보기술인 사물인터넷, 인공지능, 빅데이터, 블록체인을 중심으로 논해 보기로 한다.

현대사회가 초연결사회로 변모하는 데는 크게 두 가지 원인이 작용한다. 첫째는 정보통신망, 즉 인터넷망이 확장되었다는 것이다. 3차 산업혁명이 시작될 즈음의 인터넷망은 유선망을 기본으로 하였다. 그렇지만 무선인터넷망이 실용화되면서 인터넷을 통해 진행되는 소통의 가능영역이 비약적으로 확대되었다. 둘째는 사물인터넷(IoT)이 등장했다는 것이다. 사물인터넷이 인터넷을 통해 이루어지는 소통에 참여하면서 사람과 사람 사이의 연결뿐만 아니라 사람과 사물, 사물과 사물 사이의 연결이 가능해졌다. 이를 통해 초연결사회가 구현되고 있는 것이다(양천수 2017, 371). 디지털 시대의 소셜네트워크 연결은 주로 인간과 인간을 매개하는 개념이다. 이에 비해 사물인터넷은 연결의 대상을 물건, 정보, 인체, 데이터 등 만물로 열어 놓고 있으며, 만물 간의 연결을 통해 인간의 정신을 닮은 지적인 행위가 이루어지고 있다는 점에서 디지털 시대의 연결과 구분된다. 실제로 초연결사회는 사물인터넷으로 인해 구현되고 있다고 보아도 과언이 아니다(전숙경 2016, 58). 이처럼 사물인터넷(IoT)은 지능화된 사물들이 연결되는 네트워크를 통해 사람과 사물(물리 또는 가상), 사물과 사물간에 상호 소통하고 상황인식 기반의 지식이 결합되어 지능적인 서비스를 제공하는 글로벌 인프라이며, 모바일, 클라우드, 빅데이터 기술 등과 융합하여 초연결사회의 핵심이 되는 것이다(표철식 외 2013, 3).

스마트홈, 안전, 모바일 헬스케어, 원격검침, 스마트카 등 사물인터넷의 활용은 사용자 개인에 밀착된 서비스를 제공하는 경우가 빈번하다는 점에서 인간생활의 편의성을 극대화할 수 있지만 단순한 전자적 침해행위의 보안을 넘어 개인정보보호의 문제에 집중할 필요성도 있다. 제3자의 전자적 침해행위를 방지하기 위한 정보보호 대책 마련 이외에도 사물인터넷의 활용으로 인해 생성 및 활용될 수 있는 개인식별 가능 정보, 프라이버시 등을 어떻게 실질적으로 보호할 것인지에 대해서 관심을 집중시켜야 하는 것이다(이준복 2015, 99). 구체적으로 사물인터넷의 인권 쟁점으로는 개인정보를 포함한 연계된 정보보호문제가 시급하고, 현행 위치정보법이 개정, 시행되고는 있지만 관련 개인정보보호법제가 사물인터넷의 활성화에 걸림돌이 될 수도 있기 때문에 이에 대한 대응책 마련도 필요한 실정이다. 한편, 사물인터넷을 통해 연결되는 사물의 범위는 전자기기뿐만 아니라 일반 사물까지 확장될 수 있는 가능성도 보여주고 있으므로 규제 대상 기술 방식과 영역을 현재 상황에서 예측하는 것은 쉽지 않다(이준복 2015, 109). 초연결사회의 행위자 범위를 어디까지 설정하고 규정해 나갈 것인가의 문제이며, 이것은 인권에 대한 논의 주체의 범주 설정의 문제와도 관련된다.

인간이 일일이 정보와 판단 기준을 입력하지 않아도, 기계가 스스로 정보를 모으고 추상화시켜 학습하는 알파고(AlphaGo)와 같은 딥러닝이 인공지능의 핵심이다(원동규·이상필 2016, 13). 구글 딥마인드의 알파고는 '감독학습-무감독학습-강화학습-자가학습'의 단계를 거치면서 기계학습을 하는 인공지능이다. 체스의 경우의 수는 약 10의 54승이지만 바둑의 복잡도는 10의 170승 정도로 최고 성능의 슈퍼컴퓨터를 사용해서도 계산만으로는 도저히 해결될 수 없다. 이 복잡도 문제를 해결할 수 있었던 열쇠는 딥러닝을 이용하여 바둑판의 모양을 마치 영상처럼 분석함으로써 인간의 직관을 흉내 낸 것이었다. 즉 머신러닝을 통해서 인간의 직관과 같은 경험에 의한 확률적인 의사결정을 흉내 내고 추가로 인간보다 더 빠르고 정확한 계산을 수행하였기 때문에 인간의 능력을 넘어서는 것이 가능하였다(권호정 외 2016, 47-48). 사물의 지능은 근본적으로 사용자인 사람의 사용에 따라 축적된 정보와 인공지능 알고리즘을 통한 지식정보에 의하여 생성된다. 이때 사물은 단순히 연결뿐만 아니라 사람의 제어정보 등을 통하여 더 많은 정보를 얻고 저장하여 사람처럼 생각하고 판단하고, 의견을 제시할 수 있게 된다(원동규·이상필 2016, 18). 인공지능이 보다 진화한 형태의 기계지능으로 나타나면서 인간 생활의 전반적인 영역으로 활동 범주를 확장하게 되는 것이다. 즉 정치적 의사결정의 판단 준거를 제시하는 것에서부터 가장 좋은 정책을 선택해 주는 역할까지 수행하는 일이 가능해진 것이다. 이 점이 현대사회의 인권과 정치교육에 주는 시사점이라고 볼 수 있다.

이러한 인공지능의 진화에 대하여 제4차 산업혁명이 진행되는 어떤 특정한 시점에서 현재의 인간을 넘어서는 포스트휴먼(post human)이 나타날 것이라는 주장이 제기되어 있다. 포스트휴먼 단계의 인간의 생체장기는 인공장기로 완전히 대체되어 인간은 질병과 죽음에서 완전히 자유롭게 된다. 이 경우 기술은 인간의 도구에 지나지 않는 것이 아니라 인간 자체를 개조하는 성격을 갖게 될 수도 있다는 것이다(박찬국 2017, 315). 이것은 사람과 사물을 불문하고 이를 모두 행위자로 가정하는 사람=사물로 보는 관점으로써의 행위자네트워크 이론(ANT: Actor Network Theory)의 관점과 일치하며, 이러한 관점의 등장은 인공지능사회를 새롭게 조망하고 폐해를 최소화하는 방안을 구상하는 데 활용할 수 있을 것으로 판단된다. 즉 인공지능을 정점으로 하는 새로운 사회에 대한 접근을 새로운 패러다임의 수용 과정에서 폭넓은 사회적 대처 방안이 구상되어야 할 시점이다(원동규·이상필 2016, 18). 말하자면 인격적 존엄성을 갖춘 존재로서의 인간에 대한 근원적인 도전과 질문들이 생성될 수도 있다는 견해가 가능하다. 기존의 필결의 생물학적 인간은 불멸의 정보과학적 사이보그 로봇 인간으로 재탄생하는 시대가 도래할 수도 있다는 가능성을 말한 것이기 때문이다.

초연결사회의 핵심 지능정보기술인 빅데이터는 대규모의 이질적이고 다양한 데이터를 수집, 저장한 후, 이를 수학적 알고리즘에 기반을 둔 데이터 마이닝(data mining)을 사용하여 분석함으로써 이전에는 알지 못했던 새로운 통찰이나 예측을 발견하거나 새로운 가치를 창출한다. 구글은 빅데이터를 이용해 검색어만으로도 독감이 언제, 어디서 유행하는지를 예측할 수 있는 알고리즘을 개발하기도 하였다(양천수 2016, 214). 빅데이터를 구성하는 데이터들은 초연결성에 의존하여 우리 모두가 생산한 공동의 작업의 결과물이다. 따라서 그 데이터들은 공유자산으로서 정보들이다. 이러한 공유기반을 토대로 초연결성의 자유가 실현될 수 있다. 이러한 공유기반을 침해할 경우 빅데이터의 기능은 현저하게 떨어진다. 빅데이터의 장점은 다른 데이터들에 비해 비교할 수 없는 크기, 다양성, 정확성을 가진다는 점이다. 빅데이터를 구성하는 데이터를 관리하는 플랫폼에서 공유가 아닌 접속 제한을 둘 경우 플랫폼의 접속기피는 크기, 다양성, 정확성을 현저하게 떨어뜨리게 된다(박지웅 2018, 287). 빅데이터의 공공재로써의 성격이 특정 자본재 혹은 사유재로 독과점되었을 경우 일종의 정보조작과 개별적 인권의 침해가 재산과 안전 문제와 연계되어 등장할 수도 있다는 문제제기가 가능해 진다.

기술적으로 빅데이터가 작동하려면 먼저 사람들에 관한 정보를 포함한 가능한 모든 정보를 수집할 수 있어야 한다. 따라서 빅데이터를 허용한다는 것은 우리에 관한 모든 정보가 수집되는 것을 허용한다는 것을 말한다. 결국 빅데이터가 작동하면 우리의 과거와 현재뿐만 아니라 미래 역시 파악될 수 있는 것이다. 이를 통해 개인정보, 특히 내밀한 프라이버시 영역까지 노출되어 정보 인격권의 침해에 도달할 수 있는 것이다(양천수 2016, 215-216). 따라서 정치적 과정의 소산으로서 제정된 정보보호법이 이를 규정하고 있다. 정보보호와 관련을 맺는 법률로는 정보통신망이용촉진및정보보호에관한법률(정보통신망법), 정보통신기반보호법, 정보보호산업진흥에관한법률(정보보호산업진흥법), 개인정보보호법, 위치정보보호법 등이 있다. 예를 들면, 개인정보보호법 제3조 제1항은 '개인정보처리자는 개인정보의 처리 목적을 명확하게 하여야 하고 그 목적에 필요한 범위에서 최소한의 개인정보만을 적법하고 정당하게 수집하여야 한다'고 규정하고 있다. 개인정보에 대한 포괄적인 사전동의가 필요하다는 취지를 담고 있다.

위에서 제기된 주요 논점은 지능정보기술사회와 동의어로 볼 수 있는 4차 산업혁명의 핵심은 유용한 정보를 즉각적으로, 균일하게, 저렴하게, 그리고 침해사고 없이 안정적으로 전달하거나 교환하는데 있다. 이를 가능하게 하는 환경을 제공해 줄 수 있는 기반기술이 블록체인(block chain)이다. 블록체인은 일정 기간 동안 이루어진 거래내역 정보를 블록의 형태로 담아 체인처럼 서로 연결하여, 관련된 수많은 사용자의 단말기에 동시에 복제하고 저장하는 분산형 정보저장 기술이다. 이를 공공거래장부라고도 부르며 정보를 중앙집중형 서버에 보관하지 않고 참여하는 모든 사용자에게 보내주고, 필요할 때마다 모든 참여자들이 공유한 정보를 대조함으로써 관련 정보의 위조나 변조가 불가능하도록 만들어졌다(오정훈 2018, 2). 따라서 블록체인은 탈중앙성, 보안성, 투명성을 주요 특징으로 한다. 블록체인은 중앙서버나 제3의 기관에서 정보를 보관하지 않고 분산된 네트워크에 저장하기 때문에 기관 설립 비용 및 수수료가 발생하지 않는 등 탈중앙성을 갖고 있다.[42] 또한 중앙서버에 정보를 저장하지 않고 참여자의 개인 장부에 원장이 기록 저장되는 등 분산되기 때문에 외부 침입에 자유롭고 하나의 서버가 아닌 참여자 과반 이상의 서버를 해킹하여야 하므로 보안성이 강화된다. 더불어 모든 거래 기록을 공개하는 등 거래 기록이 개방되고 추적이 가능함에 따라 거래 양성화 및 규제비용이 절감된다(김진영 2018, 47). 초연결성에 내재된 침해사고의 위험성을 대폭 줄일 수 있다는 장점을 지닌 지능정보기술이다.

그러나 블록체인은 개방성을 특징으로 하므로 개인정보 침해문제가 발생할 수도 있다. 정보의 공유는 개인정보 유출의 위험이 있으며 이에 대한 활용을 통하여 개인의 인격과 재산권 침해가 발생할 수 있다. 블록을 공유하는 자들은 타인의 과거 정보를 규제 없이 소유하게 되며, 블록체인 상에 과거의 내역을 삭제하는 것은 현실적으로 불가능하다. 블록을 파기하기 위해서는 참여자 동의가 필요한데 이는 어려운 것이다. 그래서 블록체인의 정보 기록은 남게 되며 인터넷 상의 잊혀질 권리와 같은 법적 논쟁이 재현될 가능성이 있는 것이다(김진영 2018, 54). 비판적으로 보면 블록체인이란 피라미드체인이 진화한 피라미드 블록 네트워크라고도 할 수 있다. 하위 블록과 상위 블록들의 존재가

---

42) 블록체인은 암호화폐인 비트코인의 개발 구현에 활용되었다. 비트코인을 처음 구안한 것으로 알려진 Satoshi Nakamoto(2009)는 2007년 글로벌 금융위기 사태를 통하여 중앙집권화된 금융시스템의 위험성을 인지하고 탈중앙화된 개인간 거래(P2P)가 가능한 블록체인 기술을 적용하여 암호화폐인 비트코인을 개발하였으며, 비트코인은 세상에 소개된지 5년 만에 시가총액으로 세계 100대 화폐 안에 들어갈 정도로 크게 성장하였다. 이외에도 안전성, 분산성, 적은 거래비용을 장점으로 내세우는 암호화폐인 이더리움, 리플 등에도 블록체인 기술이 활용되었다(오정훈 2018, 4).

개방성과 투명성을 훼손할 가능성도 있다는 지적이다. 이것은 비트코인 블록체인 시스템을 보면 명백해 진다. 개인별 블록 격차가 시점과 상황에 따라 언제든지 발생할 수도 있는 것이다. 또한 블록체인 기술은 인권 보장의 핵심 절차인 민주주의 선거에서 직접, 비밀투표 원칙을 보장하지 못한다는 기술적 약점을 항상 갖고 있다는 점에 유의해야 한다. 적정 기술의 적정 적용이 필요할 것이다.

위의 논의에서처럼 인공지능과 빅데이터, 사물인터넷 등으로 표현되는 초연결사회는 인간과 기술의 관계 설정이라는 해묵은 논쟁을 다시 불러 내오고 있다. 지능정보기술사회의 교사와 학습자들이 함께 풀어나가야 할 정치적 인권 쟁점으로 부상한 것이다. 인권의 개념과 범주는 고정적인 것이 아니고 시대적 공간적 사회적 조건 속에서 역동적으로 변화되고 확장된다. 즉 인권은 지극히 인간적인 동시에 역사적, 사회적인 관점에서 이해되어야 한다. 초연결사회의 인권 쟁점은 인권의 기본 유형과 관련하여 정리할 수 있다. 세계인권선언에 나타난 인권 유형은 1세대, 2세대, 3세대 인권으로 분류된다. 1세대 인권은 시민적, 정치적 권리들로 제2조부터 제21조까지이다. 이것은 개인의 동등한 권리와 자유권, 참정권, 이주권, 재산권, 양심의 자유, 사법적 평등권, 공무담임권 등에 초점을 맞추고 있으며 자국 시민들의 삶을 부당하게 간섭하지 말아야 할 정부의 책임을 강조하고 있다. 2세대 인권은 사회적, 경제적, 문화적 권리를 지칭하며 제22조부터 제26조로 구성된다. 2세대 인권은 사회적 평등과 복지에 대한 정부의 책임을 강조하고 있으며, 경제적 생활수준 또는 최소 수준의 평등을 제시했다. 직업권, 노동권 사회보장권, 교육권, 여가권 등이 주요 항목이다. 3세대 인권은 연대의 권리를 말한다. 제27조와 제28조에 제시되어 있으며 지구 공동체적 생활에서의 동등한 권리가 선언되어 인류의 80%를 차지하는 남반구 또는 제3세계 국가와 국민들의 지구적 차원에서의 동등한 기회 보장 및 복지의 분배를 나타내고 있다((Snarr & Snarr, 김계동 외 역 2015, 82-88). 이러한 인권 유형을 초연결사회의 지능정보기술과 관련지어 침해 가능성을 요약하면 〈표 1〉과 같다.

〈표 1〉 지능정보기술과 인권침해 가능성

인권 유형	사물인터넷	인공지능	빅데이터	블록체인
시민적·정치적 권리	낮음	보통	높음	높음
사회적·문화적 권리	낮음	보통	낮음	보통
연대의 권리	낮음	높음	높음	낮음

1세대 인권인 인간의 자유를 위한 시민적 · 정치적 권리는 빅데이터와 블록체인에 의해 침해 가능성이 나타날 수 있다. 개인 정보의 수집과 집적, 공유는 심각한 인권 침해를 가져올 수 있을 것이다. 2세대 인권인 사회적 · 문화적 권리는 비교적 지능정보기술에 의한 인권 위해 가능성이 적은 편이다. 이것은 사회권적 성격의 인권은 초연결과 연대를 위한 블록형성, 빅데이터의 활용에 의해서 어느 정도 감소될 가능성이 있다는 의미이다. 3세대 인권인 제3세계 등 저개발 국가와 주민들의 연대권은 인공지능과 빅데이터에 의해서 침해될 개연성이 크다. 주로 지구적 약자와 소수자인 이들은 생체정보의 집적과 인공지능에 의한 통제를 감내하기 어려울 것이기 때문이다. 성찰하면 지능정보기술들이 인류 문명의 진보와 일상성의 안정과 안전, 성장의 동력으로 작동할 수 있다는 유용성도 크지만, 사회적 약자의 입장에서는 기본적 자유권과 정치 참여적 연합과 집결, 표현 권리 실현에서는 불리할 수도 있다는 정돈이 가능하다. 이것은 실제 세계에서 발생하고 있는 현실이기도 하다.

Ⅲ. 정치교육에 주는 함의

정치교육의 본질은 민주주의 시민교육에 있다. 간단히 말하여 민주시민교육은 민주주의 사회를 살아갈 구성원 즉 민주시민의 자질을 육성하기 위한 교육이다. 즉 민주주의의 이념과 원리를 이해하고 그에 따라 행동하고 참여하는 관련된 지식, 기능, 가치 · 태도를 육성하기 위한 교육적 노력이다. 이와 같이 민주시민교육의 중심 내용을 이루는 것은 민주주의이다. 민주주의는 그 자체가 대중의 지배 혹은 다수의 지배라는 정치적 함의를 지니고 있는 정치적 개념이다. 따라서 민주시민교육의 요체는 정치교육에 있으며(김용찬 2005, 26-27), 동시에 민주주의 시민교육에서 정치교육은 핵심 위상을 확보하고 있는 것이다. 따라서 시민형성에서 가장 기본적인 민주주의의 정치적 주제인 인권에 대한 논의가 초연결사회로의 전환 과정에서 진행되는 것은 중요한 일이며, 인권이라는 대단히 논쟁적인 개념인 동시에 학습주제에 대하여 사회과 정치교육의 주요 영역으로써의 종합적이고 새로운 접근이 필요한 시점이다.

초연결사회의 지능정보기술은 다양한 형태로 정치 과정에 활용될 수 있다. 예를 들어 정치적 의사결정 과정에 인공지능을 활용할 수 있다. 현재 인공지능은 인간 분석가들이 하던 일은 대부분 대체할 수 있으며 일반적으로 정보를 학습하고 패턴을 감지 분석하는 폭넓은 기능을 갖고 있기에 인간보다 더 잘할 수도 있다. 중요한 결정에 대한 정보파악, 증거분석, 대조와 요약, 다른 의사결정을 지원하는 추론의 근거를 만들 수 있다. 대통령이나 국회의원들 같은 주요한 의사결정자와 대중들에게 정보를 구성, 수집, 보고할 수 있다(박영숙·Goertzel 2016, 16). 또한 블록체인을 선거행정에 사용하면 유권자 모두가 투표결과뿐만 아니라 과정을 스스로 검증할 수 있기 때문에 투표기록 위조가 불가능하다. 투표에 참여하는 다른 유권자들이 투표결과가 규정에 따라 집계되었는지를 면밀히 조사할 수 있어 불법투표를 방지할 수 있다. 이로 인하여 선거당국 등 중앙관리자들의 권력은 약화되지만 지역사회 내 시민들 사이에서 정책결정에 대한 신뢰와 공감대 형성을 촉진될 수 있을 것이다. 현재 미국과 EU 등 다수의 국가들은 블록체인 기술을 통한 전자투표를 실시하고 있다. 다만, 대부분의 경우 대통령 선거와 같은 국가적 규모보다는 주주총회 및 당내 의사결정과 같은 중소규모 투표에서 활용되고 있는 것이 사실이다(김진영 2018, 59). 물론 위에서 지적한 문제점들은 남는다.

생각건대, 정치교육이란 정치생활의 작동 방식을 이해시키고, 자신의 정치적 이해를 정치 과정에 반영하기 위한 정치 참여에의 자질을 갖출 수 있도록 의식적으로 계획하고 조직된, 그리고 지속적이고 목표지향적인 모든 교육적 조치를 의미한다. 따라서 민주주의 정치교육은 민주적 기본 질서를 유지하며 이 질서 속에서 자신의 이익을 적극적으로 반영시킬 수 있는 자질을 갖고 있는 민주시민을 양성시키는데 그 의의가 있다고 할 수 있다(김왕식 2010, 3-4). 초연결사회에서 가능한 초연결성의 자유는 언제 어디서나 누구와도 평등하게 상호작용할 수 있도록 네트워크에 접속할 수 있는 기회균등의 보장을 의미한다(박지웅 2018, 279). 따라서 초연결성은 정치 과정과 이를 이해하고 참여할 수 있는 역량을 증진시키는 정치교육에서 중요한 동등 참여의 원칙을 실현시킬 개연성이 매우 크다. 다만, 아래와 같은 성찰이 정치교육과 인권 쟁점 영역에서 이루어질 필요가 있다.

지능정보기술사회라고 칭할 수 있는 초연결사회 혹은 4차 산업혁명

시대에는 사람과 사람, 사람과 사물, 사물과 사물이 공간과 시간적으로 연결되는 사회로 자율안전장치, 건강위생관리, 자율주행이동수단, 의사통과 정책결정의 합리성, 민주적 정치과정에의 참여와 효능감 제고 등이 이루어질 수 있다. 그러나 연결에서 배제되고 차별받고 무의식적 환경에 처한 사람들의 기본적 인권 문제가 발생하기 마련이다. 동등한 참여와 존재 구성이 보장되지 않는 연결 배제의 소수자와 사회적 약자들의 구분과 사실상의 격리의 문제가 더 심화될 가능성이 있다. 또한 인간의 자연적인 자유와 인공지능의 초합리적이고 체계적인 전체주의적 통제 시스템의 가능성은 또 다른 새로운 정치적 인권 문제를 초래할 수 있다. 스스로 지식을 습득하고 창출하는 인공지능의 자발적 진화는 지구촌 인류들이 겪고 있는 환경과 생태계, 빈곤, 질병 등의 문제들을 명료하고도 점진적으로 해결해 낼 수 있다. 하지만 인공지능 기술의 집중성이 강화될 때 또 다른 형태의 압제와 압박의 문제들이 인간의 존엄성을 위해할 가능성도 가지고 있다.

사물인터넷의 예제는 여러 가지 가 있는데 예를 들면, 식물의 상태를 실시간으로 모니터링하여 자동으로 물을 공급해 주는 사물간 지능 통신 서비스, 주변 상황을 인지하여 인간에게 필요한 상태로 환경을 제어하는 사물과 사람의 소통 서비스, 에너지 생산과 소비 상황을 실시간으로 수집하고 분석하여 실시간 에너지 요금을 결정하여 소비자에게 제공함으로써 에너지 사용을 최적으로 제어하는 집단지능 서비스 등이 있다(표철식 외 2013, 3-4). 여기에 문제가 되는 것은 정치적 과정에서 자연적으로 배제되거나 인위적으로 차별받는 사람들이나 집단이 포용적으로 관여하지 못한다는 참여의 결함이 나타날 수 있다는 점이다. 이를 다른 측면에도 본다면 빅데이터 기술의 진보는 지식과 정보의 생산과 활용에 유능한 권력기관과 기업, 혁신 담당 기술자들에게 다양한 형태의 정책결정에 대한 고려와 판단, 새롭고도 거대한 이윤의 창출을 가능하게 하여 인간사회에 이전에는 없었던 여유와 풍요를 가져다 줄 수 있다. 그러나 저항하는 단체나 개인에 대한 프로파일링과 이윤의 초격차적 집중과 이의 재활용과 재생산의 악순환 등의 부작용은 빅데이터의 적용을 받는 사람들과 지능정보기술 시스템의 정보 수집을 승인하지 않는 사람들, 빅데이터에서 배제된 차별받는 소수자들, 지구촌의 비적용 지역 주민들에게는 적어도 풍요로움보다는 소외와 인권 보호의 미흡이라는 문제를 안겨다줄 가능성이 상존한다. 따라서 정치교육에서는 스케일의 측면에서 초연결성을 고려한 일국정치교육과 지구정치교육의 인권적 고려, 포용적 정치교육의 지향 방법, 일상생활형 정치교육과 교과형 정치교육의 융합적 내용화 등이 숙고될 필요가 있다.

Ⅳ. 결론

> "4차 산업혁명이 분열적이고 비인간화되기보다는 인간에게 힘을 불어넣어주고 인간이 중심이 되게 하려면 학문적, 사회적, 정치적, 국가적 그리고 산업적 경계를 아우르는 다양한 이해관계자 간의 협력에 관심과 에너지를 투자하는 것이 매우 중요하다. 이러한 교류와 협력을 통해 전 세계의 개인과 조직이 변화의 진행에 참여하여 그 수혜를 입을 수 있도록 하는 긍정적이고 희망찬 담론을 만들어내야 한다"(Schwab, 송경진 역 2016, 14).

인권의 기원은 자연법과 실증주의 두 개의 관점에서 논의된다. Locke, Aquinas, Grotius와 같은 자연법론자들은 사람들은 인권을 본래적으로 타고난다는 천부적 인권설을 주장한다. 인권이란 국가의 법에 의하여 주어지는 것이 아니라 그 이상의 가치와 기원을 가진다는 입장이다. 이대 인간의 존엄성과 생명, 자유는 최상위의 규범이 되는 것이다. 한편, Austin, Bentham과 같은 실증주의자들은 인권이란 자연적으로 타고나는 것이 아니라 국가가 인간의 기본권으로써의 인권에 동의하기 때문에 주어지는 것으로 본다. 이때 국가는 인권을 부여하는 주체적 역할을 수행하므로 당연히 인권보호와 인권보장의 책임을 수반하는 것이다(Cambell, et. al. 2010, 88-89). 어떤 입장이든 인권이란 사람들의 기본권적 개념을 가지는 것으로 본다는 점에서 동일하다. 또한 천부적 권리이든 실정법이든 인권이란 공동체의 권력관계나 인간관계 속에서 지켜져야 한다는 의미에서 정치 과정과 정치적 의미를 내포하는 것으로 규정된다. 즉 인권이 어디로부터 기원했든 자동적으로 보장되는 것은 아니며 정치적 투쟁과 대화, 타협의 산물로써 비로소 현실세계에서 의미를 가질 수 있다는 점을 간과해서는 안 될 것이다. 인권의 이러한 정치적 성격은 현대사회에 쟁점화된 젠더 갈등, 강제 징병거부, DNA 인권, 물과 공기에 대한 권리 등을 해결해 나가는 민주적 정치 과정과 입법 과정을 보면 곧 이해된다.

인권이란 인간 본연의 권리를 말한다. 인권의 보장은 민주사회의 초석이라고 할 수 있다. 교육은 인간형성과 관계되고 가치지향성을 띠고 있으므로 인간의 기본적 권리인 인권과 관련지어 논할 수 있다. 특히 인권을 보장하고 신장시킨다는 것은 교육의 실천적 행위와 관련이 있음은 물론 교육을 받은 결과와도 관련이 깊다. 교육을 통하여 공동체 정신을 배우고 함양함으로써 다른 사람들의 인격과 권리를 존중하고 그들의 인권이 자신의 인권과 마찬가지로 중요하다는 사실을 배울 수 있기 때문이다. 또한 교육을 통하여 자기실현을 위한 잠재력을 계발해

가는 한편, 한 인간으로서 존엄성과 권리를 바로 인식해 나갈 수 있기 때문이기도 하다(임용수 1994, 179-180). 이런 점에서 인권은 민주주의 시민형성 과정에서 정치교육적 접근을 필요로 하는 핵심 주제이다. 본질적으로 인권은 인간 개개인에 대한 개별 귀속성을 가지고 있지만, 동시에 종족과 국가, 지역, 글로벌 수준의 집단 귀속성도 갖고 있다. 매우 포괄적인 개념적 범주성을 확보하고 있는 것이다. 이런 면에서 인권의 본질은 '함께 잘사는 공동체' 속에 내재되어 있는 것이다. 현대사회의 정치교육은 일국시민교육, 세계시민교육, 평화교육, 다문화교육, 글로벌교육 등을 포괄하는 개념이다. 정치교육은 마을, 지방, 국가, 지역, 글로벌 수준의 시민형성을 지향하고 있기 때문이다. 이것은 정치교육의 본질이 '함께 잘사는 사회와 공동체'를 겨냥하는 의도적인 학습을 내포한다는 점에서 분명하다. 정리하면 정치교육과 인권은 인간생활의 포용성을 전제로 성립한다는 측면에서 함께 논의될 필요가 있다는 것이다.

민주주의는 기본적으로 인간의 존엄성을 기반으로 자유와 평등 실현을 추구한다. 언제나 민주주의는 견제와 균형을 통하여 사회적 강자와 약자의 형평성을 추구하여 공정한 정의 실현을 위한 제도화를 이루어 내기 위해 역동적으로 작동한다. 따라서 인간의 존엄성 보장을 위하여 출발한 인권의 역사적, 사회적 테제는 곧 민주주의 구현 과정에서 비로소 현실세계에 드러나고 실행되는 정치 과정을 겪어야 하는 것은 필수적이다. 입법자들은 민주적 절차와 선거에 의해서 선출된 정치인들이며 이들은 곧 공정한 질서 부여자로서 역할을 수행해야 한다. 각종 인권법들은 정치 과정을 통해서 나타난 합의와 타협의 소산들인 것이다. 예를 들어 우리나라에서 발생한 세월호 참사의 해결을 위한 진행 과정을 보면 개별 시민들의 약한 인권들이 어떤 방식으로 주장되고 강한 인권으로 전환되는지에 대한 정치적 과정을 인식할 수 있다. 인권은 정치적 쟁투와 대화, 합의의 연속적 산물이라는 점은 명백하다. 이처럼 민주정치에 있어서 가장 중요한 것은 정치체제 구성원들의 의견이 정치과정에 정확하게 반영되어야 한다는 것이다. 정치 대상에 대한 신속하고 정확한 정보에 근거하여 정치 활동이 이루어져야 정치는 소기의 목적을 달성할 수 있기 때문이다. 따라서 정치 과정은 효율적인 의사소통을 필수 요건으로 한다(김용신 2007, 54). 초연결사회의 인공지능과 기계지능들은 이를 더욱 활성화하고 직접적인 관여와 참여, 정치적 효능감을 확장시켜 주기 때문에 민주정치의 안정화와 투명성, 민주성, 참여성을 신장시켜줄 가능성이 크다, 하지만 블록체인 기술이나 사물인터넷의 속성으로 볼 때 그 분산성과 파편성의 작동은 민주정치 과정을 왜곡시킬 가능성도 아울러 존재한다. 이 점이 정치교육의 새로운 지향과정에서 논의되고 성찰, 실행되어야 할 요점이다. 지금의 인간 지원적인 인공지능이 진화하여 인간과 같은 독립적인 의지와 자유, 행동, 정서를 갖춘 로봇이나 사이보그 형태로 나타날 가능성이 논의되고 있다. 이들에게 기본적인 인간으로서의 존엄성을 의미하는 인권을 부여할 수는 없을 것이다. 따라서 자본 소유적인 형태의 인공지능보다는 사회 공유적인 형태의 인공지능으로 나아갈 수 있도록 지능정보기술에 대한 민주정치사회의 적정 수준의 논의가 이루어질 것으로 본다.

참고문헌

권호정 외. 2016. 『호모 컨버전스』. 경기: 아시아.

김범수. 2008. "민주주의에 있어 포용과 배제." 『국제정치논총』 48(3). 173-198.

김용신. 2007. 『사회과교육과 강한 정치교육론』. 서울: 교육과학사.

김용찬. 2005. 『민주시민교육과 정치교육』. 경기: 교육과학사.

김왕식. 2010. 『정치교육론』. 서울: 동명사.

김진영. 2018. "블록체인기술 활용에 관한 공법적 과제와 개선방안." 『과학기술법연구』 24(2). 43-79.

박영숙·Goertzel, Ben. 2016. 『인공지능 혁명 2030』. 서울: 더블북코리아.

박지웅. 2018. "초연결사회의 정치경제학적 기원과 성격." 『사회경제평론』 57. 271-305.

박찬국. 2017. "제4차 산업혁명과 함께 인간은 더 행복해 질 것인가?" 『현대유럽철학연구』 46. 313-348.

손화철. 2016. 『포스트휴먼 시대의 휴먼』. 한국포스트휴먼연구소·한국포스트휴먼학회 편. 서울: 아카넷.

양천수. 2017. "제4차 산업혁명과 정보보호 법정책의 방향." 『공법학연구』 18(4). 369-395.

양천수. 2016. "현대 초연결사회와 새로운 인격권 보호체계." 『영남법학』 43. 209-239.

오정훈. 2018. "제4차 산업혁명, 블록체인, 그리고 암호화폐." 『KU-GSIS Policy Brief』 3. 2-6.

원동규·이상필. 2016. "인공지능과 제4차 산업혁명의 함의." 『Ie 매거진』 23(2). 13-22.

이준복. 2015. "사물인터넷시대에서 정보인권 보장을 위한 법적 고찰." 『홍익법학』 16(3). 85-114.

임용수. 1994. "인권의 교육학적 의의와 인권교육에 대한 고찰." 경희대학교 『교육문제연구소 논문집』 10(July). 179-194.

전숙경. 2016. “초연결사회의 인간 이해와 교육의 방향성 탐색.” 『교육의 이론과 실천』 21(2). 55-80.
최병두. 2017. “관계적 공간과 포용의 지리학.” 『대한지리학회지』 52(6). 661-682.
표철식 외. 2013. “IoT(M2M) 기술 동향 및 발전 전망.” 『정보와 통신』 2013(August). 3-10.
하원규·최남희. 2016. 『제4차 산업혁명』. 서울: 콘텐츠하다.
Campbell, Patricia J., et. al. 2010. *Global Studies.* West Sussex: Wiley-Blackwell.
Ykari Ito, 조은진 역. 2009. “글로벌 한국과 인권: 동북아시아의 맥락에서 본 한국 인권정책의 함의.” 연세대학교 사회발전연구소. 『현대사회와 문화』 28. 51-69.
Haas, Peter M and Hird, John A. 2013. *Controversies in Globalization.* 이상현 역. 2017. 『세계화의 논쟁』. 서울: 명인문화사.
Payne, Richard J. 2013. *Global Issues.* 조한승·고영일 역. 2014. 『글로벌 이슈』. 서울: 시스마프레스.
Rawls, John. 1999). *The Law of Peoples.* 장동진 외 역. 2009. 『만민법』. 서울: 아카넷.
Scheab, Klaus. 2016. *The Fourth Industrial Revolution.* 송경진 역. 2016. 『클라우스 슈밥의 제4차 산업혁명』. 서울: 새로운 현재.
Snarr, Michael T. and Snarr, D. Neil. 2012. *Introducing Global Issues.* 김계동 외 역. 2015. 『세계화와 글로벌 이슈』. 서울: 명인문화사.

Chapter

12 글로벌교육과 인권

Ⅰ. 서론

초연결사회는 정보사회의 인터넷 문명을 기반으로 하는 지능정보기술사회 혹은 4차 산업혁명 시대를 의미하는 용어이다. 정보사회의 정보통신기술을 활용하여 나타난 문명적 흐름이라는 점에서 정보사회 2.0에 해당될 수도 있으나, 인공지능과 더불어 기계지능이 등장하는 새로운 시스템이 지능화 되어 가상현실(VR)과 증강현실(AR), 기계 대 기계(M to M)의 소통과 진화 등이 등장하고 있다는 측면에서 기존의 질서 체계를 대체할만한 기술혁명 4.0 혹은 문명 4.0이라고 지칭할 수도 있을 것이다. 초연결사회란 만물 대 만물의 소통과 교류, 생활 편의성의 극대화, 생명의 혁신적 지속 등이 현실세계에 구현되는 것을 가능하게 하는 초연결성이 성립되는 사회를 말하는 것이다.

기술혁신의 역사라는 측면에서 1차 산업혁명은 증기기관에 기반을 둔 본래 의미의 산업혁명, 2차 산업혁명은 전기에 바탕을 둔 대량생산혁명, 3차 산업혁명은 컴퓨터와 인터넷이 초래한 정보화혁명을 의미한다. 3차 산업혁명과 4차 산업혁명과는 본질적 차이가 있을지 의문의 제기가 가능하다. 3차 산업혁명과 마찬가지로 4차 산업혁명 역시 인터넷과 컴퓨터에 기반을 두고 있기 때문이다(양천수 2017, 370-373). 그러나 4차 산업혁명은 사물인터넷, 인공지능, 빅데이터 등으로 표상되는 지능정보기술을 토대로 하는 초연결사회라는 점에서 차이가 있다. 인간과 인간 간의 소통으로부터 인간과 기계, 심지어는 기계와 기계 간 연결이 이루어진다는 점은 디지털 정보사회를 넘어서는 혁신이 발생했다는 증빙들로 판단할 수 있다.

글로벌화로 인한 탈영토성, 시간과 공간의 압축, 동시성, 상호성 등 전지구성(globality)의 확장은 인공지능, 빅데이터, 사물인터넷, 블록체인 등으로 표상되는 지능정보기술의 혁신에 의한 초연결사회의 등장으로 한층 더 심화되고 있다. 이러한 초연결사회는 인간과 기술의 관계 설정이라는 해묵은 논쟁을 다시 불러 내오고 있다. 지능정보기술에 기반한 초연결사회의 교사와 학습자들이 함께 풀어 나가야 할 인권에 관한 쟁점으로 부상한 것이다. 본 연구는 이런 관점에 기초하여 지능정보기술, 제4차 산업혁명, 초연결사회, 글로벌화, 인권의 유형과 주요 쟁점, 글로벌교육의 인권 실현 가능성 등을 추구하기로 한다.

Ⅱ. 초연결사회의 의미

스위스 다보스포럼(2016)에서 시작되어 우리나라에서 강조되고 있는 4차 산업혁명은 지구라는 행성을 기술 혁신의 역사에 따라 물리적 행성, 사이버 행성, 디지털 행성 간의 대경쟁으로 표현하기도 한다. 여기서 물리적 행성은 현생 인류가 살아온 삶의 터전이며, 사이버 행성은 인터넷의 탄생으로 인류의 제2의 삶의 터전이 된 사이버 세계이다. 디지털 행성은 사물인터넷(IoT), 가상물리시스템(CPS)의 혁명으로 나타나고 있는 제3의 삶의 터전을 의미한다(하원규·최남희, 2016: 34). 초연결사회의 인간은 물리적 지구와 가상적 지구의 단점을 보완하고, 장점을 강화할 수 있는 제3의 행성 시스템의 구축, 즉 지속가능한 지구시스템을 구현하는 합리적인 대안을 도출할 수 있다(하원규·최남희 2016, 36). 그러나 초연결사회가 가져온 다양한 공리에도 불구하고 인간과 기술혁신의 관계는 긍정과 부정의 양 측면을 내도하기 마련이다.

사물인터넷은 사물들이 향상된 컴퓨팅 능력과 상황인식 능력, 전원공급의 독립성 등을 확보하게 되고 새로운 정보에 접근할 수 있게 되면 모든 만물이 상호 밀접하게 연결되어 프로세스를 중심으로 연결된 수많은 사람들과 사물, 데이터가 다시 프로세스 간의 연계를 통해 수십억 또는 수조 개가 연결될 수 있는 네트워크들의 네트워크 개념인 만물인터넷(IoE, Internet of Everything)으로 발전하고 궁극적으로는 인간을 중심으로 사물, 데이터, 프로세스, 시간과 공간, 지식 등의 인류문명의 모든 요소가 상호 연결되는 만물지능인터넷(Intelligent IoE)으로 발전하여(표철식 외 2013, 3) 인간사회에 유용한 공유된 여가의 보장과 필요한 지식의 자유로운 소통이 이루어 질 수 있게 해준다.

그러나 반면에 지능정보기술에 의한 초연결사회가 구현은 인터넷을 통해 진행되는 소통의 안정성에 대한 의문과 함께 정보보호에 관한 사회적 관심을 제고하고 있는 것이 현실이다. 인터넷에 대한 침해 수단이 급속도로 진화하고 이를 통해 개인정보를 포함한 각종 정보가 침해되는 사례가 빈번해지면서 정보보호의 중요성이 증대하고 있다(양천수 2017, 373). 인터넷망 해킹이나 바이러스의 침투 등은 사물인터넷과 연결된 각종 정보를 왜곡하거나 조작하여 금융, 국방, 교육 등 주요 사회적 기능과 함께 개인의 스마트폰과 자동차에까지 영향을 미쳐 심각한 인권침해 양상으로 나타날 개연성이 언제나 상존하는 것이다.

경제와 교육, 안보와 외교 등 각종 정치사회 과정에 활용되고 있는 빅데이터는 무선인터넷과 사물인터넷 등으로 초연결사회가 구현되면서 인터넷을 통해 진행되는 소통의 비약적인 증가에 따라 기하급수적으로 증대된 데이터의 집약으로 나타났다. 사회의 거의 모든 영역에서 빅데이터가 축적되고 있으며, 이는 단순히 데이터 그 자체만으로 그치는 것이 아니라 빅데이터 과학을 통해 새로운 가치나 통찰을 창출하는 새로운 자원으로 활용되고 있는 것이 사실이다(양천수 2017, 371). 하지만 빅데이터가 오히려 민주정치과정이나 상업 활동 등에 악용되면 특정 세력이나 정파, 혹은 기업집단 등에 편파적으로 유리한 기제로 작동할 수 있다는 지적이 가능하다.

비교적 최근 비트코인의 등장으로 부각된 지능정보기술인 블록체인에서 블록이란 새로운 거래가 발생했을 때 해당 거래를 기록하는 코드를 의미하며, 블록이 가진 거래기록이 올바른 거래기록이라는 증명이 이루어지면 이전까지 신뢰성이 인정된 거래 블록에 연결된다. 블록체인은 사용하는 모든 사람들에게 일어났던 모든 거래 기록을 제공하고 새롭게 가입하는 사람들도 기존 거래정보를 보유하게 된다. 따라서 블록체인 기술의 근간에는 기존 중앙집권 권력기관의 인증시스템이 아닌 다수 참여자의 신뢰가 발생한다고 볼 수 있다(김진영 2018, 46). 따라서 블록체인 기술은 정보의 개방성과 투명성, 분산성과 보안성을 담보할 수 있게 한다. 그러나 개인이나 집단 간 블록 정보격차가 발생하면 개인 정보의 유출이나 의사결정의 왜곡 등을 유발하여 공정성의 왜곡이나 심지어는 개별 인권침해로도 이어질 수 있다.

생각건대 초연결사회는 지능정보기술의 발달에 의해 심층적으로 확산되고 있는 것이 사실이지만, 지금까지의 기술혁신 과정에서 인류가 경험해온 역사적 측면의 쟁점들을 고스란히 가지고 있는 것도 현실이라는 점을 인정해야 할 것으로 본다. 초연결사회에서 인간의 자유와 평등, 정의의 실현의 기본 전제 요건으로 볼 수 있는 인권의 보편적인 보장과 이와 관련된 제도의 성안과 운영을 위해서는 지능정보기술에 대해 다양하면서도 균형에 도달할 수 있는 논의가 더 촉발되어야 하며, 의사결정 과정에서의 민주적 통제와 소통, 정보의 공유가 필요한 시점으로 볼 수 있다.

Ⅲ. 인권의 글로벌화

글로벌화된 초연결사회는 인간 생활에 대한 보편적 성찰과 적정 수준의 삶의 보장이라는 본질적 논의들을 더욱 촉발시키는 양상이 나타나고 있으며, 이는 인간으로서의 자연적이며 천부적인 기본권을 의미하는 인권에 대한 관심을 제고시키고 있다. 역사적 생성과 발달단계에 따라 인권은 제1세대, 제2세대, 제3세대 인권으로 분류할 수 있다.

제1세대 인권은 자유권을 중심으로 시민적·정치적 권리를 강조하는 인권 개념이다. 이 권리 개념은 권리 향유를 위해 국가의 개입을 요구하기보다는 국가의 활동으로부터 개인을 보호하는 것이다. 따라서 그 속성은 적극적이라기보다는 소극적인 것으로 이해되었다. 이것은 17세기 계몽주의의 영향을 받은 프랑스 대혁명에 이은 '인간과 시민의 권리 선언'에 자연권적 성격의 고전적 인권 개념으로 나타났다(박찬운 2015, 40). 인간이 자의적이고 폭력적인 권력으로부터 사람으로서 또한 사람으로 인정받기 위해서 보장되어야 하는 가장 기초적인 권리로서의 자유와 인신보호를 보장하는 인권 유형이 제1세대 인권이다.

제2세대 인권은 19세기 이후 산업혁명과 자본주의의 발전으로 평등을 중심으로 부각되었다. 평등은 실질적 평등을 기초로 하는 사회권이라는 이름의 사회적·경제적·문화적 권리를 탄생시켰다. 시민적·정치적 권리가 자의적인 정부의 간섭으로부터 자유를 수반하는 개인의 권리라는 것에 비하여 이것은 사회적 평등에 그 근본을 두고 분배적 정의의 기준에 따라 자원을 배분함에 있어서 국가의 개입을 필요로 하는 권리이다. 적극적인 인권 개념을 의미한다(박찬운 2015, 40). 이것은 사람들의 적정 수순의 행복한 생활을 보장하기 위한 기회의 실질적 균등 실현과 그에 따른 결과로서의 부의 공정한 분배를 요구하는 인권 유형으로 볼 수 있다.

제3세대 인권은 제2차 세계대전 이후 증진되어 온 국제화와 정보통신기술의 발전에 따른 글로벌화에 따라 등장한 인권 개념이다. 인권이란 기본적으로 개인 혹은 국가와의 관계 속에서 생성되는 권리일 뿐만 아니라 연대의 권리(solidarity rights)를 의미한다는 것이다. 진행 중인 인권 개념으로 여기에는 국제적 연대가 필요한 인종차별금지, 환경권, 발전권, 평화권, 인류공동유산의 혜택에 대한 권리, 개인의 자유로운 커뮤니케이션에 대한 권리, 국제사회에서 인도적 원조를 받을 권리 등이 포함되어 있다(박찬운 2015, 41). 글로벌사회의 개별주체인 사람들에 직접적인 관심을 가지는 인권 유형으로 구성원의 안전과 행복 추구에서 국민국가의 실패가 발생하면 이에 대해 다양한 형태로 연대하여 개입하고 개선해 나갈 수 있다는 의미로 해석할 수 있다.

지구사회의 글로벌화 과정은 인권의 장소와 공간을 확장하여 한 국가의 국내법 질서를 넘어 전지구적인 차원에서 인권을 문명사회의 공통규범으로 진전시켰다. 국내의 헌법적 권리에 속하던 인권이 20세기 중반에 이르러 모든 국가의 모든 인간의 인권으로 격상되었고, 한 국가의 인권문제를 국내문제를 넘어서 국제관심사가 되었으며, 인권은 세계 곳곳에서 인권의 증진과 보호를 위한 공동의 가치이자 규범의 지위를 갖게 된 것이다(임재홍·정경수 2017, 16-17). 이러한 진행은 인권의 본질을 보편성과 평등성, 불가양성, 상호연계성 등으로 규정할 때 문명화된 글로벌사회의 성격을 반영한 역사적 흐름으로 평가할 수 있다.

구체적으로 글로벌화된 인권의 기본 성격을 간단히 살펴 보기 위해 1948년 12월 10일 국제연합총회에서 채택된 세계인권선언(UDHR)의 주요 보편 규정을 정리하면 다음과 같다(박찬운 2015, 712-715 참조).

〈표 1〉 세계인권선언 보편 규정

〈전문〉 인류 가족 모든 구성원의 고유한 존엄성과 평등하고 양도할 수 없는 권리를 인정하는 것이 세계의 자유, 정의, 평화의 기초가 됨을 인정하며, … 〈제1조〉 모든 인간은 태어날 때부터 자유로우며 그 존엄과 권리에 있어 동등하다. 인간은 천부적으로 이성과 양심을 부여받았으며 서로 형제애의 정신으로 행동하여야 한다. 〈제2조〉 모든 사람은 인종, 피부색, 성, 언어, 종교, 정치적 또는 기타의 견해, 민족적 또는 사회적 출신, 재산, 출생 또는 기타의 신분과 같은 어떠한 종류의 차별이 없다. …

세계인권선언에 나타난 인권은 보편성, 불가분성, 상호의존성을 기본 성격으로 한다. 인권의 보편성은 모든 인간이 어떠한 종류의 구별도 없이 누릴 수 있는 권리라는 의미이자 인권이 모든 사람에게 적용된다는 것을 뜻한다. 인권의 불가분성이란 전 지구상에서 모든 인권을 동일한 기반에 근거하고, 동일하게 강조하면서 공정하고 평등하게 다루어야 한다는 권리를 말한다. 따라서 일정한 부류의 인권들이 다른 부류의 인권들보다 우위에 서지 않는다. 인권의 상호의존성이란 모든 인권이

서로 긴밀하게 연결되어 있고 어느 인권의 향유는 다른 인권의 향유를 전제로 하고, 어느 인권의 실현은 다른 인권의 실현에 기여를 한다는 의미이다(임재홍·정경수, 2017: 7). 인권의 보편성과 불가분성은 〈전문〉과 〈제1조〉에서 확인할 수 있으며, 상호의존성은 〈전문〉과 〈제2조〉에서 발견할 수 있다. 이러한 인권의 보편, 불가분, 상호의존적 성격은 초연결사회의 지능정보기술이 가속화시키고 있는 글로벌화와 연결되어 있다.

글로벌화된 인권은 초연결성을 기반으로 보장 영역의 확장과 심도를 고양시킬 수 있다. 하지만 인권의 글로벌화를 가져오는 초연결사회의 사물인터넷과 인공지능, 빅데이터, 블록체인 등 4차 산업혁명의 지능정보기술들은 다수의 정보를 연결하고 활용하기 때문에 언제든지 개인정보 침해문제를 일으킬 수 있다(김진영, 2018: 44). 그것의 집중성과 통제성이 일단의 자의적인 권력집단이나 사익추구적인 기업집단에 의해 일방적 차원에서 활용되면 사람들의 인권침해는 숨겨진 형태로 은밀하게 진행될 개연성이 상존하는 것이다. 따라서 지속가능한 글로벌사회의 평화를 보장하는 인권 구현에 관한 보다 지능화된 논의와 연대가 요청된다. 이것은 물론 초연결사회의 지능정보기술들이 공유와 소통의 차원에서 활용되어야 가능한 일이 될 것이다.

Ⅳ. 글로벌교육의 인권 지향성

글로벌교육에서 초연결사회의 인권과 관련하여 가장 중요한 논제는 인권의 실행 범주 설정과 관련된 것이다. 초연결성으로 더욱 쟁점화된 인간의 보편적 자유와 평등, 정의의 확장에 대한 논쟁은 인권과 관련되면 더욱 첨예해진다. 글로벌 인권은 1948년 세계인권선언과 1966년 체결된 두 개의 국제인권협약과 다수의 단일 이슈 협약(대부분, 인종차별, 여성권리, 고문, 아동권리에 관한)에 근거한 법적 구속력이 있는 형식에 뿌리를 두고 있는 광범위한 법체계가 있다. 이러한 협약의 참가국들은 국제적으로 광범위하게 인정된 인권을 보호하고 실천할 의무를 받아들여야 한다(Haas & Hird, 이상현 역 2017, 273). 그러나 전통적으로 보장되어 온 국제규범의 원칙으로써 단일국가의 주권과 인권의 보편성은 항상 갈등의 가능성을 내포하고 있다. 특히, 소말리아와 같은 실패한 국가가 아닌 강한 국가들이 당사자일 경우 불가침 주권에 대한 내정간섭으로 갈등을 일으키고 실제 인권은 구현되지 못할 수도 있다. 이것은 인권의 세계시민 혹은 만민 차원의 적용과 구현이라는 글로벌 교육의 지향이 허구이거나 제한될 수 있다는 의미를 가지기 때문에 중요하다.

Rawls(1999)는 이에 대하여 비교적 명료한 입장을 표명한다. 그는 만민법(Law of Peoples)에서 자유정체와 적정 수준의 위계 정체가 존중하는 인권 항목들은 보편적 권리로 이해되어야 하며, 이들은 본질적이어서 특정 지역에서 지지되건 그렇지 않건 간에 정치적 영향력이 있다고 본다. 따라서 인권의 정치적 힘은 모든 사회들에 확대될 수 있으며, 무법 국가를 포함한 모든 만민과 사회들에 구속력을 발휘해야 하고, 인권을 침해하는 무법 국가는 비난받아야 하며 중대한 경우에는 강제적 제재와 심지어 내정간섭을 받을 수도 있다고 말한다(Rawls, 장동진 외 역 1999, 134-135). 이러한 무법 국가를 관용하는 것에 대한 거부 이유는 자유주의적 적정성의 결론이기도 하지만, 만약 이런 국가들이 자신들의 방식을 바꾸거나 바꾸도록 강제되면, 모든 국가는 더 안전해지고 좀더 안정될 것이고, 만약 그렇지 않으면 힘과 폭력이라는 국제적 분위기가 심대한 영향을 줄 것이기 때문이다(Rawls, 장동진 외 역 1999, 135). 이 점은 간과될 수 없는 중요한 글로벌교육에의 함의를 지니고 있다. 인권의 보편적 범주 설정과 실행이 경시되거나 무시될 경우 인간의 기본적 자유와 평등, 평화와 정의, 민주주의와 같은 기본 가치들도 함께 위협받을 수 있다. 따라서 글로벌교육이 추구하는 인권의 보편적 범주 설정과 지향은 언제나 이미 실행 가치를 확보할 수 있고 또한 그렇게 되어야 하는 것이다.

실제로 글로벌사회는 국제인권법을 국가적으로 이행할 수 있는 체제를 만들었다. 시민들이 자신들의 권리를 자신들의 국가로부터 보호받는다는 것이 전제이다. 그러나 국내적이며 인종적인 집단학살의 경우에는 근본적인 법적 구제가 불가능해 진다. 그러한 일이 발생할 시에는, 국제사회가 보호할 책임을 가지게 되는 것이다(Haas & Hird, 이상현 역 2017, 284). 인종청소 혹은 집단학살과 같은 인간의 존엄성을 근원부터 침해하는 기본적 인권 보장에 대한 국가의 보호책임(R2P)을 실질적으로 보장한 제도가 국제형사재판소(ICC)이다. 1988년 로마규정에 의하여 설립된 국제형사재판소는 '국가 간 조약에 기초하고 있는 최초의 영구적인 기구로, 법에 의한 지배를 증진시키고 중대한 국제범죄는 반드시 처벌된다는 것을 보여주기 위하여 설립되었고, 각국의 형사재판 권할 권한을 보완하게 될 것이다'라고 규정하여 100여 개 국가의 인준절차를 거쳐 네덜란드 헤이그에 본부를 두고 활동하고 있다(Snarr & Snarr, 김계동 외 역 2015, 98). 인권의 실제적이고 명시적이며 급박하고 대규모적인 침해 상황에 대한 인도주의적 개입(humanitarian intervention) 원칙이 실질적으로 작동되기 시작한 것이다. 이것은 글로벌교육이 지향하는 가치의 제한되었지만 - 강대국의 권력과 종교적 교리 등에 의해서 - 명백하게 실천된 상징적 사례라는 점에서 중요한 의의를 가진다.

글로벌교육의 구성개념(constructs)은 글로벌 관점, 평화, 정의, 문화, 다양성, 발전, 생태적 사고, 민주주의, 형평주의, 의식적 참여 등으로 규정할 수 있다(김용신 2013, 84). 이러한 구성개념들은 인권의 기본 속성으로 여겨지는 보편성, 평등성, 상호연계성을 추구하게 해준다. 글로벌 평화와 정의, 관점의 공유는 인권의 보편적 적용을 촉진하며, 문화와 다양성, 발전과 민주주의 등은 평등성을 담보하고, 상호연계성은 생태적 사고와 형평주의, 의식적 참여를 보장하는 개념으로 작동된다. 이것은 역으로도 성립될 수 있다. 구성개념들이 제대로 성립하려면 보편적이고 동등한 인권보장이 전제되어야 한다. 천부적 자연권으로서의 인권이 실질적으로 인정되어야 글로벌 관점의 공유와 평화와 정의에 대한 논의, 발전과 민주주의, 참여 등이 가능해질 수 있는 것이다. 그러므로 글로벌교육의 인권 지향성은 구성개념들의 구체적인 실천에 대한 교육적 안목과 의지에 착안하고 주목해야 더욱 초연결사회의 가능성이 현실로 전환되어 나갈 수 있을 것으로 본다.

V. 결론

인권이란 사람들이 적정 수준의 삶을 살아가기 위해 필요한 기본적이며 보편적인 질서체계를 의미한다. 인권의 보장은 글로벌사회의 기반이며 토대라고 말할 수 있다. 인권은 이론과 실천의 양면에서 글로벌교육과 친화적인 관계를 맺고 있다. 글로벌화로 동기화된 글로벌교육은 인권을 전제로 자유와 평등, 정의가 균형 있게 구현된 평화로운 지구촌을 설정한다. 따라서 글로벌교육의 실천이란 곧 인권의 전반적인 지향이라는 결과를 가져오는 것이다.

글로벌교육의 목표로서의 시민성과 관련하여 초연결성을 기반으로 움직여 나가는 지구사회의 시민성 개념은 한 사회의 구성원이 부의 재분배 과정이나 정치적 의사결정 과정에 참여할 뿐만 아니라, 나아가 자신의 고유한 정체성이나 문화를 영위할 권리와 의무를 가진다는 점을 함의한다. 따라서 오늘날 시민성은 보편적 자유와 평등을 향유할 권리로써 지구적 시민성, 일정 장소에 생활하는 주민으로서 가지는 사회적 권리로써 지방적 시민성, 그리고 이러한 지구적, 지방적 시민성을 제도화한 국가적 시민성들이 다규모적으로 작동하는 것으로 설명할 수 있다(최병두 2017, 677). 결국 초연결사회에서의 시민성이란 개별 문화와 국가, 세계가 연결된 지구시민사회의 전제가 되는 글로벌교육의 인권 지향과 동일성을 띠는 것이다. 글로벌교육 의 실천 과정에서 인권의 보편성, 평등성, 상호연계성의 체계적 반영은 필수적인 귀결로 이어질 수 있는 것이다.

글로벌 스케일의 측면에서 초연결성을 고려한 일국시민교육과 세계시민교육의 인권적 책무성이 글로벌 포용교육의 지향과 방법을 통하여 현실세계에 구현되도록 더욱 숙고될 필요가 있다는 제안을 한다. 필자가 말하는 포용교육이란 흔히들 말하는 '모두를 위한 교육'(education for all)이라기보다는 다양성을 상호 인정하면서 동등한 참여를 실질적으로 보장하여 글로벌 차원에서의 자유와 평등을 균형 있게 실행하는 교육이라고 정의할 수 있다. 포용교육이란 '형평을 위한 교육'(education for equity)으로 보는 것이 타당하다는 견해이다. 따라서 글로벌 포용교육에는 자동적으로 상호성과 심의성이라는 문명화된 민주주의의 규준들이 인권이라는 실행 주제와 함께 따라 붙을 것이다.

참고문헌

김용신. 2013. 『글로벌 시민교육론』. 경기: 이담북스.

김진영. 2018. "블록체인기술 활용에 관한 공법적 과제와 개선방안." 『과학기술법연구』 24(2). 43-79.

박찬운. 2015. 『인권법』. 서울: 도서출판 한울.

양천수. 2017. "제4차 산업혁명과 정보보호 법정책의 방향." 『공법학연구』 18(4). 369-395.

임재홍·정경수. 2017. 『국제인권법』. 서울: 한국방송통신대학교 출판문화원.

최병두. 2017. "관계적 공간과 포용의 지리학." 『대한지리학회지』 52(6). 661-682.

표철식 외. 2013. "IoT(M2M) 기술 동향 및 발전 전망." 『정보와 통신』 2013(August). 3-10.

하원규·최남희. 2016. 『제4차 산업혁명』. 서울: 콘텐츠하다.

Haas, Peter M. and Hird, John A. 2013. *Controversies in Globalization*. 이상현 역. 2017. 『세계화의 논쟁』. 서울: 명인문화사.

Rawls, John. 1999. *The Law of Peoples*. 장동진 외 역. 2009. 『만민법』. 서울: 아카넷.

Snarr, Michael T and Snarr, D. Neil. 2012, *Introducing Global Issues*. 김계동 외 역. 2015. 『세계화와 글로벌 이슈』. 서울: 명인문화사.

찾아 보기

ㄱ

가속성 173, 187
개념과 지표 136, 149, 153
개념화 234, 251
개인안보 226, 251, 255, 257, 264
거버넌스 73, 102
경계의 규모 71
경성 235, 255, 266
경성안보 240, 254, 265
경제안보 226, 251, 257, 264
공감 207
공동체안보 226, 251, 264
공포로부터의 자유 226, 227, 252, 254, 259, 265
관용 7, 96, 135, 141, 151, 207
관용형 141, 148, 151, 152, 164, 165
교량의 원리 136, 150, 151, 153, 165
교리 99
교차 스펙트럼 255
구성범위 192, 196
구성주의 188, 190, 196
구조적 폭력 259
국가 시민성 105, 209
국가안보 7, 221, 223, 230, 234, 239, 249, 254, 256, 262
국가중심접근 221
국경없는 의사회 179, 186, 231
국내 정의 원칙 79, 80, 81, 86, 101, 107
국내분쟁 225, 238
국내적 스케일 78, 86
국민국가 69, 73, 85, 87, 105, 113, 133, 175, 178, 182, 223, 249, 263
국제기구 70, 115, 237, 254, 256, 265
국제분쟁 91, 135, 185, 223
국제비정부기구 115, 177, 237, 239, 254, 265
국제사면기구 179
국제안보 235, 249, 254, 256, 262, 265
국제연합 75, 212, 239, 254
국제정부기구 177, 179
군사개입 180, 185
군사안보 7, 221, 245, 254, 264
궁핍으로부터의 자유 229, 254
균형과 지도 77
그린피스 179
근접발달범위 192, 194, 196
글로벌 225
글로벌 거버넌스 242
글로벌 기회 균등 원칙 102
글로벌 네트워크 184
글로벌 다문화사회 115, 142, 163

글로벌 레짐 177
글로벌 문제 69, 95
글로벌 범죄 180
글로벌 불평등 180
글로벌 수업 185, 208, 212
글로벌 스케일 7, 75, 81, 84
글로벌 시민 103
글로벌 시민교육 210, 262
글로벌 시민성 105, 107, 187, 209
글로벌 안보 180
글로벌 이슈 7, 93, 180, 185, 194, 209, 211
글로벌 이슈 수업 212
글로벌 인식 187, 237
글로벌 정의 8, 71, 77, 82, 85, 94, 99, 101, 104, 106
글로벌 정의 원칙 80, 83, 84, 99, 100, 101, 102, 105, 107
글로벌 차등 원칙 102
글로벌 테러리즘 177
글로벌 평화교육 103, 107
글로벌 행위자 179
글로벌교육 289
글로벌리스트 99
글로벌리제이션 180
글로벌리즘 102, 182
글로벌사회 115, 133, 142, 166, 187, 196, 236, 253, 264
글로벌세계 71, 85, 101, 117, 173, 210, 224, 240
글로벌시민공동체 236, 239
글로벌안보 224, 231, 240, 249, 254, 258, 264
글로벌화 7, 69, 82, 91, 98, 174, 182, 195, 236
급진주의 182, 185, 187
급진주의자 184
기계지능 8, 278
기호적 중재 190
기후변화 185, 259

ㄴ

내면화 단계 193, 194
내적 중재 194
네트워크 175, 184, 188, 231, 259, 272, 275
노벨평화상 179
농경사회 173
능동 시민성 261, 262

ㄷ

다국적기업 179
다문화사회 115, 142, 163, 200, 204, 205, 208
다문화적 통일의식 201
다문화주의 147, 202, 205
다문화주의 통합 202, 205, 207
다수 정주자 117, 141, 164
다양화 173, 175
다층적 정체성 209
단문화주의 200, 204, 214
단일화 175, 176
대기환경보호 180
대화학습 194
동시성 7, 187, 195
동종화 173
동질화 175, 176
동화와 조절 190, 194

동화주의적 통일교육 204
디스토피아 274
디지털 혁명 173

ㅁ

만민법 79, 87, 99, 101
모자이크이론 206
무법국가 94
무정부상태 188
문명화 96, 114, 177, 236
문화 렌즈 116
문화 정체성 95, 166, 251, 263
문화다원주의 120, 208
문화적 정체성 207, 261
문화적 충돌 180
민족주의 180
민주시민교육 202, 284
민주시민성 208
민주적 글로벌 정의 84
민주주의 71, 82, 104, 114, 121, 180, 258, 284, 289
민주주의 시민교육 284
민주주의 헌정체제 71, 85, 121, 208, 258, 262

ㅂ

방어형 141, 148, 151, 157, 161, 164
법적 시민성 261
베스트팔렌 체제 7, 92
변화론 181
변화론자 181
변환 시민성 261
변환시민교육 261
보편주의 120
보호책임 227, 232, 258
북한이탈주민 104, 135, 200, 213
분배 7, 78, 100, 107, 178, 185, 253
분쟁 91, 105, 119, 178, 221, 237, 247, 263
블록체인 272, 276, 280, 285
비계설정 192, 194
비국가 행위자 184
비폭력 95, 179
빅데이터 272, 275, 286, 294
빈곤 76, 91, 103, 144, 163, 184, 210, 225, 237, 258, 286

ㅅ

사물인터넷 8, 188, 271, 275, 282, 294
사회과 교육과정 208, 210, 211
사회과교육 248
사회구성주의 190
사회이슈 181
사회적 공정성 207
사회적 단계 191
사회적 소수자 119, 126
사회정의 76, 81, 95, 120, 260
산업혁명 272, 273, 276, 278, 287
상호교수자 194
상호성 123, 128
상호작용 76, 174, 188, 231, 285
상호주의 204

상호지원적 단계 193
생명 178, 186, 221, 227, 246, 288
생태계 187, 228, 286
생태민주주의 126
성과 젠더 181
성립선행조건 263
성찰 128, 187, 194, 239, 290
세계문제 178, 184, 195
세계시민 75
세계시민주의 75, 102, 120
세계은행 179
세계인권선언 252, 274, 282
세계주의 81, 85, 102, 107, 182, 183, 187, 212
세계주의자 80, 99, 102, 184
세계화 127, 174, 177, 183
소비에트 블록 222
소수 이주자 135, 164
소수자 7, 103, 113, 115, 119
소수자 민주주의 7, 115, 123, 128
소수자우대정책 124, 125
소수종족 139, 141, 185
소수집단 128, 138
수업 디자인 193, 208, 212
숙의민주주의 125
순수형 141, 148, 151, 157, 159, 165
스펙트럼 133, 164, 184, 206, 234, 241, 255
시공간의 압축 175, 187
시민교육 8, 106, 211, 246, 258, 284
시민사회 70, 119, 147, 222, 246
시민사회 181
시민성의 경계 105
시장 자유주의자 183
식량 117, 178, 186, 223, 226, 257
식량안보 226, 251, 257, 264
신안보 233
신조 가치 205, 208
신패러다임 통일교육 202
심의민주주의 125
심의성 123, 128, 129

ㅇ

안보 7, 93, 180, 221, 225, 239, 245, 258, 264
에너지 92, 178, 185, 186, 286
에이즈 181, 185
연결성 179, 272
연성 235, 255, 265
연성안보 240, 265
연합주권 84, 102
온건론 182
월드비전 179
위생안보 226, 251, 257, 264
유엔 179
유엔아동기금 179
유토피아 84, 101
유형화 71, 76, 81, 137, 166, 185, 251, 266
융합성 179, 201
융합주의 208
이방인 102, 117, 133, 135, 140
이슬라모포비아 139
이주노동자 119, 139, 147

이주자 117, 175
인간개발 224, 228, 265
인간안보 97, 204, 223, 225, 226, 230, 237, 246, 250, 257, 262, 265
인간중심접근 222
인공지능 8, 271, 277, 283, 286
인구와 이주 180
인권 8, 71, 95, 97, 104, 117, 144, 180, 204, 251, 263, 277, 285, 290
인권 침해 178, 274, 283
인권보장 102, 288
인종대립 179
인종주의 136, 138, 147, 164
인종차별 125, 146
인지구성주의 190
인지구조 190, 191, 194, 196
일국시민교육 289
입헌주의 73, 85, 86

ㅈ

자국이익우선주의 183
자기범주화 137
자기주도학습 8, 187, 188, 190, 193, 196, 211
자기주도학습 디자인 192, 212
자기중심적 언어 190
자민족중심주의 116
자연자원 180
자유 72, 84, 97, 101, 128, 178, 186, 233, 252, 275, 288
자유무역 163, 180, 183, 185
자유주의 182, 183, 185, 187
자유주의적 세계주의 84, 102
자율교수 194
재귀 190, 194
적십자 179
전지구성 7, 177, 187
정의 7, 71, 78, 178, 253
정의의 스케일 77, 81, 100
정체성 86, 105, 113, 122, 129, 163, 178, 203, 209
정치교육 202, 278, 284, 289
정치안보 226, 235, 251, 257
정치적 소외 92
정치적 현실주의 182
제국주의 163, 184, 186
제노포비아 8, 119, 136, 137, 141, 151, 161, 164
젠더 95, 96, 178, 185, 237, 257, 288
종족집단 141, 147, 163
종족청소 97
주권 7, 70, 72, 177, 181, 221, 245, 265
주권국가 73, 143, 221, 237
지구 생태계 175, 187
지구온난화 70, 103, 177
지구적 문제 103, 179
지구적 스케일 173
지구촌 138, 182, 210, 212, 223, 259, 274, 286
지능정보기술 8, 173, 279, 283, 287
지속가능성 95, 196, 228
지속가능한 개발 180
지정학 8, 71, 199

지정학적 불안정성 91
질병 103, 178, 210, 223, 230, 249, 256, 278
집단강간 97
집단학살 97

ㅊ

차등의 원칙 78
차별배제형 206, 208
참여성 123, 126, 129, 290
초격차 274
초경계자 74
초국적 사회 70, 73, 92, 177
초국적 스케일 178
초연결 사회 8, 176, 275, 282, 284, 294
초연결성 8, 173, 279, 281, 285, 287
최소 기준 충족 원칙 84, 102
최소 시민성 261

ㅌ

탈냉전 69, 207, 222, 240
탈영토화 70, 176
테러리즘 185, 225, 247
토착주의 118
통일교육 8, 200, 202, 205
통일교육 패러다임 202, 206, 214
통일대비교육 202
통일지향교육 202
트라우마 98

ㅍ

평등 72, 84, 97, 120, 178, 180, 256, 260, 275, 289
평화 7, 8, 71, 86, 91, 94, 105, 178, 187, 204, 210, 222, 263
평화교육 스케일 103
평화구축 94, 97, 103, 106
평화기반교육 98
평화문화 95, 107
평화유지 97, 104, 212
평화체제 103, 212, 274
포괄성 230, 253
포괄안보 230, 234, 235, 241, 256
포괄적 안보 230, 232, 233, 240, 250, 254
포스트휴먼 278
포용 120, 124, 151, 159, 164, 204

ㅎ

한반도 7, 91, 104, 199, 202
해양안보 185
핵무기 103, 180, 185, 199
행위자 86, 173, 188, 221, 233, 249, 274, 277
현실주의 84, 87, 98, 182, 185, 187, 188
현실주의자 98, 183, 249
현실주의적 유토피아 85, 87
현재발달범위 192, 194

혐오증 135, 145, 175
혐오형 141, 148, 151, 164
협동학습자 191
협력학습자 191
호환성 175, 195
혼종화 173, 175
환경 7, 93, 180, 188, 210, 227, 237, 247, 252, 286
환경안보 226, 251, 257, 264
환경파괴 183, 225
회의론 182
회의론자 182

저자 소개

김 용 신

정치학박사
서울교육대학교 교수

경기 용문고를 졸업하고 서울교대 사회과교육과, 한국교원대 대학원 사회과교육학과, 한국외대 학부와 대학원 정치외교학과에서 수학하였다. 서울교대, 강남대, 대진대, 한국외대 시간강사, 서울특별시교육청 교사, 서울특별시교육연수원 교육연구사, 서울특별시동부교육지원청 장학사를 거쳐 서울교대 사회과교육과 교수로 재직 중이다. 한국외대 글로벌정치연구소 연구교수, 중국중앙민족대학 방문학자, 글로벌교육연구학회 회장, 한국정치학회 부회장, 한국사회과수업학회 부회장, 한국평화연구학회 부회장, 미네르바정치학회 회장으로 활동하였다. 주요 연구 및 강의 분야는 사회과교육, 정치교육, 글로벌교육, 지정학, 국제관계사 등이다.

- 글로벌 시민교육론(2013)
- 다문화 시민교육론(공역, 2009)
- 사회과교육과 강한 정치교육론(2007)
- 사회과교육론서설(2012)
- 글로벌 다문화교육의 이해(2011)
- 동아시아 지역질서와 국제관계(공저, 2002)
- 2007개정 초등학교 교육과정 해설(공편, 2007)

외 다수의 논저가 있다.

현대사회와 글로벌세계

2024년 1월 26일 초판 인쇄
2024년 1월 31일 초판 발행

저 자 김용신
발행자 오동석

발행처 강현출판사
주 소 경기도 의정부시 가능로 156.201호
전 화 010.5712.9630
등 록 2007년 5월 21일(제307-2007-29호)
E-mail oods1205@hanmail.net

♧ 잘못된 책은 교환해 드립니다.

ISBN 978-89-94320-97-7 93370